融普惠　新金融

——中国普惠金融典型案例集锦（2022）

21 世纪金融研究院
上海金融与发展实验室　编

中国金融出版社

责任编辑：杨　敏
责任校对：李俊英
责任印制：陈晓川

图书在版编目（CIP）数据

融普惠　新金融：中国普惠金融典型案例集锦（2022）/21世纪金融研究院，上海金融与发展实验室编. —北京：中国金融出版社，2023. 3

ISBN 978 – 7 – 5220 – 1903 – 1

Ⅰ. ①融…　Ⅱ. ①2…　②上…　Ⅲ. ①金融事业—经济发展—案例—汇编—中国—2022　Ⅳ. ①F832

中国国家版本馆CIP数据核字（2023）第035290号

融普惠　新金融：中国普惠金融典型案例集锦（2022）
RONGPUHUI XINJINRONG: ZHONGGUO PUHUI JINRONG DIANXING ANLI JIJIN（2022）
出版
发行　中国金融出版社
社址　北京市丰台区益泽路2号
市场开发部　（010）66024766，63805472，63439533（传真）
网 上 书 店　www.cfph.cn
（010）66024766，63372837（传真）
读者服务部　（010）66070833，62568380
邮编　100071
经销　新华书店
印刷　河北松源印刷有限公司
尺寸　169毫米×239毫米
印张　22.5
插页　4
字数　418千
版次　2023年3月第1版
印次　2023年3月第1次印刷
定价　78.00元
ISBN 978 – 7 – 5220 – 1903 – 1

编委会

目　录

开　篇

第一篇　普惠金融助力乡村振兴

第二篇　普惠金融服务新市民

第三篇　普惠金融产品与服务创新

第四篇　金融消费权益保护

开　篇

促进金融健康高标准建设 助力普惠金融高质量发展

中国人民银行金融消费权益保护局 尹优平

党的二十大报告提出，我们要坚持以推动高质量发展为主题，把实施扩大内需战略同深化供给侧结构性改革有机结合起来，增强国内大循环内生动力和可靠性。为贯彻落实党的二十大精神，更好地推动高质量发展，金融服务实体经济要更加重视需求端，从供需两端同时发力，以供需缺口的弥合为重要发力点，高度关注以广大终端消费者为代表的内需主体，通过促进居民金融健康[①]助力增强国内大循环内生动力和可靠性，使之成为高质量发展的一个有效途径。金融健康在全球是一个普遍性问题，也是普惠金融发展面临的重要问题。本文拟通过聚焦金融健康建设研究应对个体的脆弱性，有效提升个体对金融资源的承载力，从而增强金融韧性以助力普惠金融高质量发展。

一、金融健康是普惠金融发展的高级形态

近年来，国际社会高度关注金融健康，特别是新冠肺炎疫情暴发以来，金融消费者的脆弱性更加凸显，金融健康问题在全球范围内受到更加广泛的关注。虽然国内外各方目前尚未形成统一的金融健康定义，但普遍给出了金融健康的一些重要特征：金融消费者处于一种良好、健康的金融状态，在这种状态下，金融消费者通过正确运用金融知识，科学使用金融工具，合理采取金融行为来达到良好的财务状态，能够有效管理自身日常金融活动；对大额支出有提前计划，收入总体可覆盖支出；保持良好的信用记录，负债在可承受范围内；拥有适合自身的储蓄和保险，面对意外财务冲击时有一定韧性；享有正规投资渠道，风险与承受能力相匹配，资产具有足够的流动性和安全性，在财务上形成良性循环。金融健康是金融消费者保护、金融教育和普惠金融三者的交集。金融健康既是一种状态，又是一种目标，应是普惠金融服务的最终目的。从这个层面上说，金融健康是普惠金融的高级形态。

总体来看，金融健康是指居民日常收入基本能覆盖支出，能够应对重大意外事件等带来的财务冲击，具备基本的金融素养，能够循序渐进地实现自身财

① 2013 年，美国联邦储备银行发布小企业金融健康分析报告，率先关注小企业金融健康问题。2015 年，美国金融服务创新中心提出个人金融健康概念（Financial Health or Financial Wellbeing）。

务目标，从而达到健康的个人财务状态。可以看出，金融健康意味着居民能够平衡日常收支，有良好的金融韧性、金融能力，有合理的金融规划，能通过储蓄、保险、信贷等金融工具应对重大疾病等突发事件带来的财务冲击，能做到诚实守信、有借有还、理性投资、风险为本，能合理运用金融产品和服务使未来的生活在财务上得到基本保障。具体来看，金融健康重点关注日常收支及平衡管理、风险应对及保险保障、金融素养及行为理性、财务规划及未来信心等方面的基本要素。

普惠金融和金融健康在本质上是相似的，都强调以人为本，其最终目标都是通过提升人们的金融状态来改善其生产生活水平，从而满足人民群众美好生活的需要。两者对经济社会发展和稳定都具有重要影响，都需要金融管理部门、金融行业、社会各界以及居民自身积极承担责任，发挥各自作用而形成合力。

普惠金融和金融健康也存在一定差异。在关注对象上，普惠金融主要针对特定群体，目标是将小微企业主、农民、老年人等群体有效纳入正规金融服务体系，解决这些群体的金融排斥问题；而金融健康进一步关注群体中的每个个体，强调让每个个体保持一种良好的金融状态，使其能够摆脱金融脆弱性，更好地应对生产生活中遇到的风险与挑战。在着力点上，普惠金融侧重从供给端发力，推动金融机构扩大金融服务的覆盖面，提升金融服务的包容性；而金融健康在此基础上更加重视在需求端发力，通过提升居民的金融素养，帮助其合理规划日常生活开支，理性选择适合自身的金融产品，使其财务状况保持在较好水平。在发展阶段上，金融健康是普惠金融发展的高级形态。普惠金融主要关注金融服务“有没有”，而金融健康更多地关注金融服务“好不好”，也就是在金融服务“有”的基础上，使个体努力和外部支持相结合，不断改善金融消费者财务状况，进一步加强对金融消费者的教育和保护，提升其财务韧性和抵御风险的能力，最终实现金融健康。

二、促进金融健康对普惠金融高质量发展意义重大

政府、企业和住户（居民）是市场经济主体的三大组成部分，都对经济发展产生巨大作用。随着我国进入新发展阶段，经济发展的引擎需要更加突出消费驱动，更加重视住户（居民）在经济“双循环”中的功能发挥。住户（居民）基数庞大，形成了广泛而相互交织的网络分布，促进金融健康有利于夯实经济社会活动的微观基础，并以此推动共同富裕、维护金融稳定、完善宏观调控。

（一）促进金融健康是以人民为中心的发展思想在金融领域的生动体现

以人民为中心的发展思想要求我们始终把人民放在心中最高位置、把人民对美好生活的向往作为奋斗目标，坚持发展为了人民、依靠人民、成果由人民

共享，这也是我国金融健康建设的特色和根本特征。我国的社会主要矛盾已经转化为人民日益增长的美好生活需要和不平衡、不充分的发展之间的矛盾。我们不仅要关注发展规模，更要关注发展质量，关注社会公平正义，关注人民群众的获得感、幸福感和安全感，这在普惠金融领域的集中体现就是要促进每个个体实现金融健康。金融健康建设是个体努力和外部支持的有机结合，是个体金融需求和金融体系包容的有机结合，是发挥我国制度优势和调动人民力量共建的有机结合。当个体拥有较为健康的金融状态时，其所具有的融资需求能通过正规金融体系得到较好满足，余钱能通过投资理财更好地实现保值增值，可能面临的较大风险冲击能通过保险等方式获得保障。总之，金融健康的持续改善有助于人民群众更好地追求美好生活和实现自身的全面发展。

（二）促进金融健康是实现全体人民共同富裕的重要推力

回顾中国共产党百年征程，党团结带领全国各族人民经历了从新中国成立初期的一穷二白，到打赢脱贫攻坚战全面建成小康社会的历史跨越，如今已经到了推动共同富裕的历史阶段。当前首要任务是在新发展理念的引领下，扎实推进高质量发展，不断创造和积累社会财富，通过高质量发展把“蛋糕”做大做好。金融是现代经济的核心，在经济社会发展中发挥着重要作用。要通过促进金融健康来为勤劳致富营造良好的金融环境，让市场主体和居民个体在勤劳致富过程中不再受到金融排斥或制约，使金融成为勤劳奋斗的有力帮手，持续支持小微企业发展壮大，在实现高质量发展中推动就业优先导向政策落地，并充分调动和激发人的积极性、主动性、创造性，进而更好地促进人民群众收入的稳步提升和生活的日益改善，重点帮助更多低收入群体迈入中等收入行列，助力缩小地区差距、城乡差距、收入差距。我国有相当规模的群体刚刚摆脱贫困，新市民在城镇中融入时间不久，还有规模庞大的个体工商户、小微企业主等市场主体，帮助这些微弱经济体实现金融健康，是防止规模性返贫和稳住宏观经济大盘的关键。

（三）促进金融健康是增强个体行为理性的有效途径

近年来，个体非理性行为产生的不良后果得到了越来越多的关注，不少经济学家开展了相关研究，如理查德·塞勒、罗伯特·希勒等多位经济学家发现金融消费者往往具有过度自信、反应不足、“羊群效应”、动物精神等非理性特征，再叠加金融市场的复杂性，很容易出现行为偏差和不理性行为。同时，消费者由于金融素养和金融能力不足，不知道如何选择适合自身需求的金融产品和服务，对于可以提供风险保障的保险等产品和服务缺乏认知，存在漠视甚至使用空白。同时，由于金融消费者和供给者地位不对等，金融消费者在交易中往往处于弱势地位，市场逐利的特性意味着金融机构难以完全对金融消费者提供完善的保护，甚至推出了一些违背金融伦理的产品和服务。这些都要求我们推进金融健康建设，其中的两个核心要义就是开展金融教育和金融消费者权益保护。从金融健康的角度看，金融教育要更加强化诚实守信、有借有还、理性投资、风险为本等意识；金融消费者权益保护要更加强化“负责任金融”理念，夯实金融机构保护金融消费者的主体责任，增强民众对金融体系的信任，使其长远利益和根本利益得到更好的保护。总体而言，推进金融健康建设有助于促进广大民众更好地学金融、用金融，更可持续地享受金融改革发展的成果。

（四）促进金融健康是维护金融稳定的内在要求

维护金融稳定是现代中央银行追求的主要政策目标之一，是经济社会稳定发展的重要保障。促进金融健康有助于微观个体增强金融韧性，是构筑宏观风险屏障的重要基石。居民个体在经济生活中，难免遇到各类风险冲击，如果不具备一定的金融韧性，则可能被迫陷入生活和发展困境。诺贝尔经济学奖获得者阿比吉特·班纳吉和埃斯特·迪弗洛在《贫穷的本质》一书中指出，一些穷人在受到意外等风险冲击时，往往缺乏应对和抵御这些风险的金融工具和手段，其生产生活往往受到严重冲击，恢复发展难度较大。特别是这次突如其来的新冠肺炎疫情给经济社会带来了严重冲击，我们在取得很多疫情应对经验的同时，也要认真总结和反思。从国际国内的一系列实践经验可以看出，金融健康较好的群体即使短期受到严重冲击，也能相对有力地维持正常生活，或更快地实现恢复发展。事实上，个体往往具有一定的金融脆弱性，在不利时机、不利条件、不利环境下，个体之间的金融风险容易相互传染，尤其是当经济社会中处于金融健康状态的群体占比较低时，较易形成局部性金融风险，甚至演化成系统性金融风险。随着互联网等数字技术的蓬勃发展，个体金融的脆弱性较以往能在更大范围内更快蔓延。而一旦宏观层面金融稳定受到影响，又会反过来削弱个体的金融健康水平，进而陷入恶性循环。因此，需要密切关注个体的金融健康，只有当经济社会中处于金融健康的个体比例越高时，宏观层面的金融稳定才会更坚实、更可持续。总体而言，金融健康与金融稳定可以相互促进，产生良性互动；相反，如果忽视了个体的金融健康，金融稳定就容易成为无源之水、无根之木。

（五）促进金融健康是货币政策有效实施的重要保障

货币政策有效落地实施的关键之一就是其传导终端的广大个体能否具备一定的金融健康水平，从而能够更好地知晓、领悟货币政策意图，使货币政策能更好地发挥引导预期、调整行为的作用，进而推动政策效应在个体层面切实发挥实效。在促进金融健康过程中，全面客观的金融健康评估还有助于更好地了解消费者多元化、差异化的金融需求，了解消费者对于物价的敏感度，找准金融供需存在的缺口，推动制定更有针对性的货币政策。同时，围绕个体改善收入、就业、福利等生产生活状况的需求，金融健康建设能够促进货币政策与财政政策、产业政策、就业政策等同向发力、有机协调，提升货币政策有效性和人民福祉。

三、促进金融健康助力普惠金融高质量发展的政策建议

近年来，我国普惠金融发展水平不断提升，普惠金融已由过去关注“有没有”上升到当前的“好不好”，直至未来的“强不强”，这要求更加关注居民家庭和个人的金融状况，谋划和促进金融健康高标准建设，从而有助于提升个体的金融获得感、幸福感和安全感，筑牢金融稳定和共同富裕的微观基础。当前我国的金融健康建设还处于探索起步阶段，相关工作任重道远。

（一）注重顶层设计，提升普惠金融发展能级

在现有普惠金融覆盖面较广的基础上，探索在乡村振兴和共同富裕中构建促进金融健康的政策框架。注重研究探索宏观、中观、微观相结合的政策框架，因地制宜、因时施策、多措并举、多管齐下地推进金融健康建设，有力地支持乡村振兴和共同富裕。通过提升农村居民的财务韧性，助力巩固脱贫攻坚成果，防止返贫致贫；通过优化城乡居民财务状况，助力激发居民的创新创业动力和潜能，为共同富裕奠定更加坚实的群众基础，更好地满足人民群众和实体经济多样化的需求；通过解决普惠金融发展不平衡、不充分问题，实现普惠金融高质量发展，助力缩小地区差距、城乡差距和收入差距，推动以普惠金融高质量发展促进全体人民共同富裕。

（二）注重需求导向，发挥金融机构主力军作用

金融机构应不断加强金融健康能力建设，围绕促进金融健康的内在要求，创新优化产品和服务，将金融健康理念融入产品设计，覆盖事前、事中、事后的服务全流程，使普惠金融从面向普惠群体更进一步落实到普惠个体，为普惠个体提供针对性更强的金融产品和服务。根据每个客户的金融健康水平为其提供量身定制的支付、储蓄、保险、信贷、理财等各类金融服务，与其财务状况和风险承受能力精准匹配。同时，要将提升客户金融健康水平作为经营的主要目标之一，与金融机构自身的风控环节有机结合，最终实现金融机构稳健经营与客户金融健康的“双赢”，更好地走出一条普惠金融“成本可负担、商业可持续”之路。

（三）注重目标导向，完善行为监管体系

探索将金融健康作为行为监管的核心目标之一，充分发挥金融教育和消费者保护在金融健康建设中的支柱作用，不断健全金融教育和金融消费者保护体系。应在金融教育的顶层设计中有效融入金融健康理念，系统推进金融知识

纳入国民教育体系，统筹开展集中性金融知识普及活动，不断提升消费者金融素养，培养其科学作出财务决策和适当选择金融产品的能力，从需求侧为消费者自我追求金融健康充分赋能，通过系统性、持续性的教育，不断提升国民金融健康水平。不断强化金融消费者权益保护力度，持续加强对供给侧的行为监管，打击侵害消费者合法权益的行为，为广大人民群众的金融健康保驾护航。

（四）注重统筹协调，加强宏观调控与微观主体良性互动

要推动金融健康与货币政策有效性、金融稳定的相互促进。在货币政策制定中要适时将金融健康纳入考量范围，既可以发挥金融健康在畅通货币政策传导机制中的作用，提升货币政策的有效性，又可以发挥货币政策的引导作用，激励金融机构和微观主体作出有利于金融健康的行为，通过合理影响个体的资产（投资）、负债与消费而对金融健康产生积极作用。同时，应充分通过金融健康建设增强个体应对风险事件的韧性，防范化解普惠金融领域风险，实现与金融稳定的相互促进；在风险监测和风险处置中充分考虑相关群体的金融健康状况，既要避免大量个体的金融不健康积聚形成金融风险的隐患，也要防止金融风险外溢而对大量个体的金融健康产生负面影响。

（五）注重固本强基，为金融健康提供坚实的制度保障

加强金融健康理论研究，建立健全相关基础设施和法律法规，积极树立金融健康观念。对消费者而言，应为其提供更加高效、便捷、安全的支付、征信等金融基础设施；对金融机构来说，需要充分借助大数据、云计算、人工智能、区块链等科技创新成果，深化高效能的数字普惠金融服务，在有条件的范围内探索建立客户金融健康档案。同时，可考虑将金融健康理念纳入相关法律法规的框架，在推进金融稳定、金融消费者权益保护、个人破产等立法工作中充分考虑金融健康的要素；建立完善与金融健康要求相适应的监管规则体系，打造有利于金融健康建设的良好金融生态。

（六）注重标准建设，为金融健康提供科学的衡量标准

指标数据对金融健康的政策制定和批量化的“体检诊断”至关重要，探索建立评估评价指标体系，是金融健康实践的基础。应在现有普惠金融指标体系的基础上，加快探索构建金融健康指标体系和评价标准。可以借鉴吸收财务日记调查等国际先进的微观调查方式方法，将其与传统普惠金融调查结果相结合，使其在广度和深度上相互补充，为金融健康建设提供更全面的衡量标准和客观依据。可考虑在普惠金融改革试验区等大胆探索，先行先试，研究选取金融健康相关指标和统计口径，试点开展金融健康跟踪调查。

银保监会积极构建普惠金融服务和保障体系

中国银保监会普惠金融部 毛红军

党的二十大报告指出，要坚持以人民为中心的发展思想，维护人民根本利益，增进民生福祉，让现代化建设成果更多、更公平地惠及全体人民。要着力解决好人民群众急难愁盼问题，扎实推进共同富裕。《推进普惠金融发展规划（2016—2020年）》印发以来，银保监会认真贯彻落实党中央、国务院决策部署，坚持以人民为中心的发展思想，协同相关部门和市场主体深化普惠金融领域体制机制改革，积极构建普惠金融服务和保障体系，强化对小微企业、乡村振兴、脱贫攻坚等重点领域的金融服务，不断提升新市民、老年人、低收入人群等特殊群体的金融获得感。

一、金融服务覆盖面和可得性逐步提升

一是基础金融服务基本实现全覆盖。引导银行保险机构向农村地区设立网点、延伸服务，有效解决金融服务“最后一公里”问题，目前已基本实现“乡乡有机构、村村有服务”。截至2022年9月末，全国乡镇银行机构覆盖率达98.12%，行政村基础金融服务覆盖率达99.99%，全国乡镇基本实现保险服务全覆盖。

二是重点领域信贷持续实现“增量、扩面、降本、提质”。截至2022年9月末，全国小微企业贷款余额58.0万亿元，涉农贷款余额48.5万亿元，同比分别增长18.6%、13.7%；普惠型小微企业贷款余额22.9万亿元，普惠型涉农贷款余额10.3万亿元，增速持续高于各项贷款增速。2022年1—9月，全国新发放普惠型小微企业贷款利率为5.28%，近年来持续下降，特别是新冠肺炎疫情爆发以来一直保持较低水平，有效发挥助企纾困作用。脱贫攻坚期内，累计发放扶贫小额信贷7 100多亿元，累计支持超过50%的建档立卡贫困户。过渡期延续推出脱贫人口小额信贷产品，2022年9月末余额为1 832亿元，支持脱贫户和边缘易致贫户430万户。

三是普惠保险保障水平持续提升。2022年1—9月，全国农业保险保费收入为1 082.3亿元，同比增长28.3%，为超过1.5亿户次农户提供风险保障约3.6万亿元。大病保险已覆盖12.2亿城乡居民。

二、重点领域服务机制不断优化

一是长效机制建设成效初显。银行机构普遍设立普惠金融（“三农”、

扶贫）事业部或专营机构，通过单列信贷计划、内部资源倾斜、差异化绩效考核、尽职免责等措施，初步形成了敢贷、愿贷、能贷、会贷的普惠金融经营机制，推动小微企业、“三农”金融服务量增、面扩、价降。

二是产品服务质效明显提升。积极稳妥推动银行保险机构依托互联网、云计算、大数据、人工智能、区块链等现代信息技术，在依法合规、风险可控基础上，优化小微企业、“三农”等重点领域服务模式，扩大服务半径，提升服务效率、拓展服务深度。引导银行机构不断优化业务结构，创新支持“首贷户”、新型农业经营主体和新市民群体，鼓励大力拓展信用贷，加大对“专精特新”、先进制造业、战略性新兴产业、乡村产业发展和乡村建设行动中长期贷款支持，倾斜信贷资源优先保障国家粮食安全。

三、基础设施和保障体系建设稳步推进

一是积极开展普惠金融信用信息体系建设。积极联动发展改革委、税务总局、市场监管总局开展“信易贷”“银税互动”“银商合作”等工作，浙江、江苏、河南、重庆等多地建设信用信息和综合金融服务平台，探索将公共信用信息用于信贷流程，为缓解信息不对称、降低交易成本提供了解决方案。各地扎实推进农村信用信息体系建设，积极开展农户和新型农业经营主体信用建档评级工作，为农村金融发展营造了良好环境。2022年6月末，全国建档评级农户数约占农户总数的66%，授信农户数约占农户总数的40%，用信农户数约占农户总数的20%。

二是进一步完善普惠金融担保增信体系。加快政府性融资担保体系建设，引导各级政府性融资担保机构支农支小、降费让利。自新冠肺炎疫情暴发以来，明确扩大政府性融资担保业务覆盖面，对符合条件的住宿、餐饮、零售、文化、旅游、交通运输等困难行业的中小微企业、个体工商户，鼓励对其提供融资担保支持，及时履行代偿义务。国家融资担保基金累计再担保合作业务超过7 000亿元，合作机构平均担保费率降至1%以下。农业信贷担保体系强化涉农信贷风险市场化分担和补偿，累计担保金额4 123亿元。

四、监管引领和政策支持作用进一步强化

一是建立普惠金融监管考核评价制度。围绕小微企业、农户等普惠金融重点领域贷款，不断优化监管考核政策。依托《商业银行小微企业金融服务监管评价办法》和《金融机构服务乡村振兴考核评估办法》，对银行机构开展普惠金融业务进行常态化考核评估。完善监管激励机制，对小微企业和涉农贷款的不良贷款容忍度、小微企业贷款风险资产优惠权重、小微企业续贷业务风险分类等作出差异化安排。

二是发挥政策协同作用。联合人民银行、财政部、税务总局等部门加大普惠金融政策支持力度。实施优惠存款准备金率政策，完善普惠金融定向降准政策，加大支农、支小、扶贫再贷款、再贴现和宏观审慎评估的激励引导作用。实行普惠金融领域贷款利息收入免征增值税的政策，推动将小微企业贷款利息收入免征增值税范围由100万元提高至1 000万元。开展农业保险保费补贴，进一步发挥普惠金融发展专项资金作用，实施中央财政支持普惠金融发展示范区奖补政策。

五、下一步发展思路

当前，我国普惠金融发展取得了积极成果，账户普及、数字支付等方面处于世界领先水平。但是，与人民群众需要和新发展阶段的要求相比，普惠金融发展仍然存在一定差距，需要坚持不懈、久久为功。下一步，银保监会将认真贯彻落实党的二十大精神，坚持以人民为中心的发展思想，全面落实高质量发展的首要任务，以更大的力度、更扎实的措施推动金融发展成果更多、更公平地惠及全体人民。

一是坚持和加强党的全面领导。坚持加强党对普惠金融工作的全面领导和党中央集中统一领导，强化各级党组织作用，把党的领导贯穿统筹规划、政策制定、监管规制、基础设施建设等发展的各个环节。加强金融系统党的建设，将党的领导与公司治理深入融合。加强对普惠金融政策落实情况的监督，发挥好巡视、督查、审计等工作机制作用。

二是更好地满足重点领域和薄弱环节金融需求。加大对小微市场主体的融资支持力度，促进小微企业、个体工商户减负纾困、恢复发展。完善金融支持小微企业科技创新机制。健全农村金融服务体系，加强对农户、新型农业经营主体和乡村产业发展、城乡融合等领域的支持，助力全面推进乡村振兴。加强对妇女、高校毕业生、返乡入乡群体及新市民等群体就业创业的金融支持，提高经济增长的就业带动力。补齐低收入人群、老年人、残疾人等群体的金融服务短板，提升大众金融素养和金融能力，助力保障和改善民生。

三是丰富普惠金融领域供给。重点发展农业保险、商业养老保险和健康保险产品，支持农业生产、养老需求和基本民生保障。增强资本市场的普惠性，促进中小微企业、涉农企业、创新创业企业利用多层次资本市场融资。有序推进数字普惠金融发展，引导金融机构利用互联网、大数据等科技手段，实施普惠金融业务的数字化转型。加强和完善数字普惠金融监管，坚决防控相关风险。

四是优化普惠金融发展环境。针对小微市场主体信用支撑不足和信用体系不完备的问题，继续推动加强信用信息共享应用的顶层设计和统筹协调，提升信用信息共享服务普惠金融效能。推动完善农村产权登记流转体制机制建设和知识产权、应收账款融资等各类基础平台建设。结合乡村治理活动开展农村信用体系建设，强化契约和诚信意识，优化信用生态环境。

五是统筹金融发展与安全。加强和完善现代金融监管，依法将各类金融活动全部纳入监管。根据形势把握好发展普惠金融与防范风险的动态平衡。坚持守正创新，倡导负责任金融理念，确保金融创新在审慎监管的前提下进行。加强金融立法，健全新业态、新产品的制度规则。建立健全风险监测、防范和处置机制，压实各方风险防范化解责任，坚决守住不发生系统性金融风险的底线。

以高质量发展为主线 奋进普惠金融服务中国式现代化新征程

中国银行业协会 刘 峰

当前，全党全国上下正在深入学习宣传贯彻党的二十大精神。党的二十大是在迈入全面建设社会主义现代化国家新征程的关键时刻召开的一次十分重要的大会，事关党和国家事业继往开来，事关中国特色社会主义前途命运，事关中华民族伟大复兴。大会科学谋划、前瞻部署了未来5年以及更长一段时期党和国家事业发展的目标任务和大政方针，为新时代、新征程金融业发展指明了方向、提供了遵循，银行业必须深入学习、认真领会、准确把握党的二十大精神的丰富内涵，扎实推动包括普惠金融高质量发展在内的各项改革发展任务做深做实。

普惠金融作为国之大者，是银行业服务实体经济、履行社会责任的内在要求。高质量发展普惠金融是践行金融工作政治性、人民性，解决发展不平衡、不充分问题，促进实现共同富裕的关键。近年来，银行业积极贯彻落实党中央、国务院决策部署和监管部门工作要求，把发展普惠金融摆在更加重要的战略位置，准确把握让利实体经济的政策要求，统筹做好信贷投放总量增长、结构调整、效率提升，集中涌现出一大批优秀创新成果和实践范例。为挖掘发展普惠金融实践中具有代表性、可供行业参考借鉴的典型做法，中国银行业协会连续五年面向全国银行业金融机构开展普惠金融典型案例征集活动，得到了会员单位的积极响应和热情参与，2022年共征集银行业典型案例939个，精选了100个入围典型案例集。这些案例不仅展现了国有大行发挥“领头雁”作用，在新市民服务、供应链融资、基础设施建设等领域推陈出新，通过产品、流程和管理工具的创新应用推动服务下沉，破解信息不对称，而且做到较好地把控风险。同时，还呈现了中小银行利用扎根基层的优势，通过数字技术赋能为长尾群体提供快速精准的定制化服务，着力破解传统普惠金融服务中面临的“做不了，做不好，做了不经济”问题。这些案例在目标群体、创新方式和服务手段等方面各有侧重，以务实行动有效地解答了现阶段普惠金融发展面临的一些困惑和问题，为银行业金融机构提供了有益参考和借鉴。

正如诺贝尔经济学奖获得者罗伯特·希勒所指出的：“金融有充足的潜力为我们塑造一个更加公平、公正的世界。”普惠金融在消除贫富差距、弥合城乡二元鸿沟、降低融资成本等方面充分彰显了金融的温度和包容性。发展普惠金融是国家战略的重要组成部分，在金融发展进程中具有里程碑意义，也体现了将满足人民群众对美好生活的追求融入银行业经营管理各个环节。在相关市场主体共同支持下，银行业作为先行者和主力军，积极推动普惠金融实现跨越式发展，取得了历史性突破，可得性、便利性和有效性显著提升。

一是普惠金融可得性显著提高。银行业通过优化改进基层服务网点布局、设立乡村普惠金融综合服务站、进一步普及线上服务等方式，基本实现乡镇地区基础金融服务全覆盖。截至2021年末，全国乡镇银行业金融机构覆盖率达98.17%，以银行卡助农取款服务为主体的基础支付服务行政村覆盖率达99.6%；平均每万人拥有银行网点1.55个，全国助农取款服务点达81.1万个。同时，加大对小微企业服务力度，2022年第三季度末普惠金融领域贷款余额为31.39万亿元，同比增长21.6%，较各项贷款平均增速高10.4个百分点；前三季度增量达4.89万亿元，同比多增5 757亿元。其中，普惠小微贷款余额为23.16万亿元，同比增长24.6%，连续41个月保持20%以上增速；授信户数达5 291万户，同比增长33.9%。积极用好用足普惠小微企业贷款延期支持和普惠小微企业信用贷款支持计划两项直达工具，已累计支持中小微企业贷款延期还本付息13.1万亿元，发放普惠小微信用贷款10.3万亿元。此外，金融资源不断向县域地区倾斜，以县域客户为主且在县域地区拥有最多网点的中国邮储银行为例，存贷比从5年前的41%提升至2022年第三季度末的接近60%。

二是普惠金融服务降本增效。一方面，通过银行、政府、担保机构和保险机构互动合作，构建合理的风险分担机制，拓宽风险补偿和分散渠道，有效降低长尾客群综合融资成本。另一方面，银行业积极落实对接差异化监管考核、定向货币支持工具、财政贴息、下调担保费率等优惠政策，有效降低综合融资成本。监管统计数据显示，2022年上半年全国新发放普惠型小微企业贷款平均利率为5.35%，较2021年全年下降0.35个百分点。持续创新服务模式，聚焦以动产和权利为主的中小微企业资产结构，降低对传统不动产抵押模式的依赖，提升动产和权利抵质押融资比例，科学合理地拓宽有效抵押品范围，积极创新基于知识产权、生物活体、农业机具和土地林权等的融资服务和产品，有效盘活企业资产，提升融资服务效率。

三是数字化赋能提升服务便利性。银行业通过数字化转型积极适应新形势、新变化和新挑战，降低信息不对称，突破时空限制，随时随地提供便捷金融服务，有效地改善了地区间、城乡间数字普惠金融发展水平差异。依托数字技术赋能普惠金融可持续发展已经成为银行业广泛共识并纳入战略部署，持续加大数字化转型投入。根据相关银行年报统计，仅17家全国性银行2021年科技总投入已达1 685亿元，占营业收入的3.65%。值得关注的是，根据中银协陀螺评价指标体系，在后发优势和低基数效应下，以城商行和农商行为代表的地方中小银行金融科技资金投入呈现高速增长态势，同时不断强化专业化复合型金融科技队伍建设，金融科技人员占比明显提高，银行正向服务智能化、业务场景化、渠道一体化、融合深度化的高效经营模式转变。

高质量发展是中国式现代化的重要特征。当前，普惠金融虽然取得历史性成就，但距离高质量发展的要求还存在一定差距，需要进一步实现质的有效提升和量的合理增长，增强与新发展格局和现代化经济体系的适配性。

一是积极拓展普惠金融服务的广度与深度。我国市场主体总量超过1.6亿户，但其中仍有相当一部分群体的金融服务需求未能得到有效满足，需针对性加大对新型农业经营主体、新市民、银发群体等微弱经济体的服务力度，简化业务办理流程，优化信用评价和授信管理方式，积极推进金融产品、触达渠道、服务流程改造。同时，通过加大内部资金转移定价优惠、下放信贷审批权限、完善落实尽职免责机制等举措，努力实现普惠小微贷款稳步增长，积极提升信用贷款和首贷户比重，建立健全敢贷、愿贷、能贷、会贷长效机制。

二是加强信用信息共享优化融资信息服务。当前，不少微弱经济体因缺乏银行传统风控所需的合格财务信息、抵押担保物以及征信信用数据等，其金融需求难以得到满足。相关统计显示，有三分之一的市场主体尚未纳入金融信用信息基础数据库，普惠小微贷款余额中传统抵押贷款占比仍然较高，亟须通过技术手段获得有用可靠的非信贷数据，以数字信用信息代替传统的企业主体信用。一方面，银行自身需要完善数据治理机制，整合涵盖内外部数据的大数据平台，统一内外部数据采集标准和质量要求，在此基础上加大创新知识产权、商标权等新型抵（质）押融资产品。另一方面，亟待加强与外部信用信息共享，着力打破内部数据孤岛，主动连接工商、征信、税务等外部公共数据源，推动建立健全跨行业、跨领域、跨区域的全国性数据服务平台。

三是坚持统筹好普惠金融发展与金融安全。普惠金融经历前期快速增长后，部分风险可能累积并逐步显现，特别是近三年受疫情冲击影响较大的行业企业，预计有一定规模的信贷风险将迟滞暴露。银行机构在保持信贷合理增速的同时，要未雨绸缪提高风险防控的预判性、前瞻性和主动性，做实资产分类，补足资本拨备。要持续提升普惠金融从业人员的职业操守，强化贷款“三查”制度执行，确保信贷真实性、安全性和流动性，健全金融风险预防、预警、处置、问责机制，在金融基础设施及制度性建设方面夯实普惠金融长效健康发展的基础和环境。

财务公司：立足集团　普惠企业

中国财务公司协会　陶东平

实体经济是金融发展之源，金融又是实体经济发展的引擎，尤其是在经济下行压力加大时期，中小微企业融资难、融资贵问题更为突出，金融的作用更加凸显。普惠金融的目标是让金融服务走“群众路线”，更好地支持实体经济发展，这需要提升金融服务的覆盖率、可得性、满意度等。

近几年，为帮助中小企业顺利渡过难关，财政部、税务总局、人民银行、银保监会等部门协同发力，出台了一系列支持中小微企业发展的政策。2022年，中国银保监会围绕提升普惠金融效能、帮助小微企业、“三农”主体应对疫情冲击和各种不确定因素出台了一系列有针对性的政策。财务公司行业也结合自身特点，统筹疫情防控和经济发展，在普惠金融方面作出了积极贡献。

截至2022年6月末，全国共设立财务公司法人机构254家，服务集团成员单位数量数万家，全行业表内外资产规模达12.28万亿元，财务公司提供的金融服务在小微、“三农”等薄弱环节以及民生消费领域均有涉及，且力度不断加大。数据显示，2021年，财务公司中小微企业余额1.11万亿元，贷款户数30 240家，个人经营性贷款270.26亿元。财务公司普惠金融方面的主要措施和成绩主要表现在以下几个方面。

一、运用政策精准滴灌

2021年，财务公司通过持续优化内部存贷款产品定价机制、助力集团成员单位发挥外部金融产品服务“压价”效应等方式，助推利率市场化改革，将降低实体经济产业资金融通成本的政策意图传导到位。参与同业市场业务，发挥货币政策传导机能，在尚未被纳入部分货币政策工具适用范围的情况下，积极开展再贴现等货币政策业务品类，助力政策精准滴灌实体经济，有的放矢地支持“三农”产业、战略性新兴产业与中小微企业发展。

二、“降本”普惠企业

财务公司的普惠金融服务体现在通过专业金融服务和资源整合能力，一方面努力为集团及成员企业减费让利，另一方面帮助成员单位提高资金优化统筹管理效益。这是财务公司普惠金融区别于其他金融机构的特色所在。财务公司充分利用这一独特服务优势，从所在企业集团经营管理过程中产生财务成本的各个环节出发，通过扩大存贷款利率优惠与中间业务费率优惠、扩展免费服务与增值服务范围、提供金融服务便利以降低客户实际成本、为受疫情灾情影响的成员单位提供专属优惠、协助集团整体降低负债水平与杠杆水平等多种方式，为集团成员单位降低财务成本，使财务公司的金融服务能够最大限度地普惠到所有服务对象，在一定程度上缓解了成员单位尤其是中小企业的资金压力。

三、产业链金融业务发力普惠小微企业

财务公司产业链金融业务始终将服务小微企业作为服务的重点对象，为支持中小微企业发展作出了积极贡献。除直接服务所在企业集团与成员单位外，财务公司通过上游的票据贴现业务和应收账款保理业务，下游的买方信贷、消费信贷和融资租赁业务，借助集团成员单位作为产业链核心企业的信用资源，以优惠的利率，助力小微企业降低融资成本。帮助集团产业链上下游的企业，特别是中小微企业解决融资难、融资贵问题，一些财务公司面向产业链客户中的小微、民营、绿色、高新、涉农企业推出了专门的金融产品，进一步丰富了面向中小微企业的金融产品服务供给体系。

2021年，财务公司行业产业链金融业务进一步发展，共有89家财务公司开展产业链金融业务，业务规模达到3 724.49亿元。产业链业务涉及中小微企业17 119家，占总客户数的97.50%。中小微企业业务余额达1 397.81亿元，占比达到83.54%。

根据最新的《企业集团财务公司管理办法》，财务公司未来可以开展的产业链金融业务只有下游业务中的买方信贷和消费信贷。2021年末，财务公司全行业共有39家财务公司开展买方信贷和消费信贷，业务余额分别为600.63亿元和1 469.30亿元，发生额分别为2 435.63亿元和1 280.05亿元。

四、金融服务普惠民营企业

截至2022年6月，民营企业财务公司共有46家，机构数量在全行业的占比为18%，涉及农林牧渔、民生消费、机械制造、电子电器、有色金属等十几个行业。民营财务公司各项贷款余额为3 094.81亿元。财务公司积极发挥“雪中送炭”作用，在疫情冲击下，为民营企业集团发展作出了巨大贡献。

五、金融服务普惠弱势行业

财务公司遍布能源电力、石油化工、电子电器、汽车、钢铁、民生消费、农林牧渔等17个行业。其中，核心主业为农林牧渔业的财务公司共15家。截至2022年6月末，农林牧渔行业财务公司各项贷款余额为937.49亿元，不良贷款率为1.70%。其他行业财务公司所属集团中也有不少成员单位为涉农企业。民生消费行业财务公司共12家。截至2022年6月末，民生消费行业财务公司各项贷款余额为595.10亿元，不良贷款率为0.56%。

六、金融服务普惠中西部地区

除西藏外，全国各省（自治区、直辖市）均有财务公司法人机构，其中四川、陕西、甘肃、青海、云南、贵州、重庆、广西、新疆等中西部地区共有财务公司25家，并呈逐年增长态势，如新疆维吾尔自治区2018年新设2家财务公司。截至2022年6月末，上述西部地区25家财务公司各项贷款余额达1 701.14亿元。

综上所述，财务公司普惠金融业务不仅提供了规范化的产品，丰富了金融服务产品体系，也为中小微企业发展作出了积极贡献。展望未来，财务公司行业将在国家经济大背景下，结合自身禀赋条件，继续积极探索符合行业特色的普惠金融产品服务和业务模式，为中小微企业发展贡献力量。

融资担保普惠金融服务创新与发展

中国融资担保业协会　杨紫华

新冠肺炎疫情暴发至今，我国普惠金融始终保持较好的发展势头，有效地缓解了由于疫情反复等对经济增长造成的冲击。融资担保作为普惠金融体系的重要组成部分，积极发挥分险增信作用，为广大小微企业、“三农”和弱势群体提供急需的融资担保服务，成为疏通融资渠道最直接、最有效的手段，在降低融资门槛和融资成本方面发挥了重要作用。

当前，融资担保支持普惠金融发展总体呈现以下特点：

一、普惠业务显著增长

融资担保机构进一步聚焦普惠金融主业，支持小微企业、农户和新型农业经营主体发展作用进一步彰显。截至2021年末，直接融资担保在保余额41 765亿元，较上年增加9 145亿元，同比增长28.0%，增幅创近年来新高。融资再担保在保余额7 284亿元，较上年增加2 012亿元，同比增长38.2%。全行业支持小微企业、农户和新型农业经营主体的融资担保业务占比超过55%。其中，小微企业融资担保在保余额17 616亿元，同比增长29.8%，创近年来最高增速，是上年同期增速的近两倍，小微业务占融资担保总体在保余额的42.2%。涉农融资担保在保余额5 574亿元，同比增加1 031亿元，同比增长22.7%，涉农融资担保占比 13.3%。

二、体系作用不断增强

近年来，在各方共同努力下，政府性融资担保机构发展取得长足进步，国家融资担保基金、国家农担联盟公司持续发挥体系引领作用，不断加大对小微企业和“三农”等普惠领域融资担保支持力度，银担合作持续深化，业务规模快速增长，合作业务综合融资成本进一步降低，为缓解小微企业和“三农”融资难、融资贵问题作出积极贡献。

2021年，国家融资担保基金新增再担保合作业务超过7 500亿元，户数72.5万户，较上年分别增长79%、165%。其中，支农支小再担保合作业务规模占98.8%，单户500万元及以下业务占61%，户均融资金额降至104万元。全国农担联盟体系始终坚持支农支小，对重点行业及主体形成精准支持。2021年农担体系户均在保金额为31万元。种养殖业在保金额占70%左右，农产品初加工及流通占25%左右。各省对粮食、生猪等基础产业形成重点支持，截至 2021年底，粮食种植累计担保金额超过1 200 亿元，相当于支持了超过 2.5 亿亩的粮食种植；生猪养殖累计担保金额超过360亿元，相当于支持了约 4 000万头生猪养殖。家庭农场（种养大户）及农民专业合作社在保金额占比超过80%，服务对象精准聚焦。

三、业务创新能力持续提高

本次入围的多家机构案例分别从供应链融资担保、绿色担保、支持乡村振兴担保、服务新市民担保等多个方面展现了融资担保行业服务普惠金融领域所做的积极尝试。供应链融资担保，通过对物流和订单数据的等供应链信息的整合、跟踪和分析，确保客户的风险在风控标准范围内，解决了传统融资方式下无法获得充足资金支持问题，大幅提升了企业运营周转率和利润水平。绿色担保产品通过助力节能减排，提供绿色金融产品担保服务，努力在推动经济社会发展实现绿色转型。面对乡村振兴过程中不同新型农业经营主体的差异化需求，担保机构根据区域经济发展特点，推出符合新农村建设需要的惠农担保产品。根据新市民创业资金需求，提供创业担保贷款，充分发挥了创业担保贷款扶持创业、促进创业带动就业的作用。

四、数字化水平逐步提升

疫情应对和技术进步持续推动了数字普惠金融纵深发展，数字化已经成为融资担保机构转型发展的趋势和方向。一方面，数字化发展拓展了金融服务的获取渠道，推动金融服务更加可得可及，有力地提升民生领域金融服务水平。另一方面，借助大数据、人工智能等技术，对传统风控模式进行智能化和标准化改造，有利于增强风险防控能力，提高融资便利度，推动减费让利，是融资担保公司降低运营成本、提高服务效率、解决行业痛点的关键举措。

近年来，融资担保机构积极强化科技赋能，逐步走上风险防控、信息整合、产品研发、业务拓展等多方面能力综合发展的成长之路，通过“数据+科技+业务”的模式，持续提升服务中小微企业和“三农”主体能力，金融科技标准化业务逐年增长。本次入围的3家融资担保数字化普惠案例都体现了上述特点，其中，国家融资担保基金牵头建设的全国政府性融资担保数字化平台更是借助其体系优势极具特色。一是提供适配各级政府性融资担保机构特点的数字化转型方案，按照“全口径业务、全流程管控、全线上操作”的要求为体系成员提供一体化、规范化、“一站式”全闭环数字化业务操作和分析平台，构建了“安全的基础设施+强大的数据中台+灵活的业务操作系统”三位一体数字化解决方案。二是建设政府性融资担保行业统一的数据标准、技术标准，推动行业上下整体联动、规范发展。三是避免体系成员重复建设和多级投入，为体系成员构建“低成本、广覆盖、安全可靠”的数字化平台。四是围绕小微、“三农”等普惠领域融资主体打造权威的融资担保数据中心，实现数据汇聚、挖掘价值、赋能业务、辅助决策。

党的二十大报告明确提出，坚持把发展经济的着力点放在实体经济上。随着《推进普惠金融发展规划（2016—2020年）》的如期收官，我国已基本建成与全面建成小康社会相适应的普惠金融体系。2022年2月，中央全面深化改革委员会第二十四次会议审议通过《推进普惠金融高质量发展的实施意见》，为下一阶段融资担保助力普惠金融发展明确了方向和目标。

一是稳步加大政策支持力度，进一步深化金融供给侧结构性改革。持续优化供给结构，不断加大对欠发达地区的金融支持力度，精准聚焦小微企业、“三农”、低收入群体等重点领域，推动金融服务资源与实体经济精准对接。继续发挥融资担保机构在稳经济大盘、稳市场主体、保就业中的积极作用，不断增强小微企业、“三农”主体融资担保的获得感，积极通过融资担保产品满足新市民在创业、就业、住房、教育、医疗、养老等重点领域的金融需求，提升金融服务的均等性和便利度。

二是进一步优化政策支持，建立健全适应普惠金融发展的制度机制。融资担保业务金融属性强，机构经营管理具有高风险性，要平衡好支持普惠金融和可持续发展的关系。在融资担保尽职免责、财税支持政策、资本补充和风险补偿等方面要进一步加强政策制定和完善，规范担保机构经营管理，提高社会公信力，充分保护担保机构的合法权益，这是涉及担保行业健康发展的基础性工作，也是更好地服务普惠金融的现实需要。

三是持续推进数字化转型，切实提升服务质效。要深入贯彻新发展理念，立足新发展阶段，主动适应新发展格局，聚焦数字化核心能力体系建设，充分利用大数据、区块链、人工智能等新技术，构建全方位、一体化的数字普惠金融平台，提高融资效率，以技术驱动金融服务精准化，打通普惠金融“毛细血管”，精准直达小微“三农”微观个体，真正实现中小微普惠金融业务“降本增效”。

四是推动政府、银行、担保机构加强合作。近年来，政府、银行、担保机构的三方合作效果已逐步显现，但仍有待于进一步加强。一方面加强监管政策引导，激发合作的内生动力。另一方面要充分发挥各方作用，实现融资担保相关业务风险在政府、银行业金融机构和融资担保机构之间的合理分担，促进融资担保业在改进中小企业和“三农”金融服务、稳定宏观经济大盘等方面发挥积极作用。

聚焦普惠发挥优势　持牌经营规范创新

中国小额贷款公司协会　王　非

党的二十大报告指出，坚持人民立场，贯彻新发展理念，做好普惠金融工作，是党赋予金融行业的光荣使命，是推进建设中国式现代化的内在要求。党的二十大为我们踔厉奋发、守正创新，探索中国特色普惠金融发展之路指明了前进方向。无论是设立背景还是政策导向，小额贷款公司都是中国普惠金融的有效补充力量，责无旁贷地要与其他类型机构共同承担中国特色普惠金融发展的重任。

近几年，全国小贷行业在助力全面推进乡村振兴、助力小微企业复工复产、增强供应链产业链韧性、支持实体经济、发展数字金融、探索绿色金融实践等方面都积极作为，涌现出了一批具有小贷特色、展现小贷风采的典型机构和典型案例。

2022年，在中国小额贷款公司协会的组织下，上百家小额贷款公司积极参与“中国普惠金融典型案例征集”活动。经过组委会专家严谨的评审，8家小额贷款公司案例最终入围。涵盖服务模式创新、服务乡村振兴、提升金融消费者素养、供应链金融、绿色金融等方面的小贷典型案例编入《融普惠　新金融——中国普惠金融典型案例集锦（2022）》。如合肥兴泰科技小贷公司以“信贷投放”和“股权投资”相结合的方式，为科创企业提供持续的资金支持，打通服务科技小微“最后一公里”。厦门诚泰小贷公司主动履行社会责任和对债务人的人文关怀，对非恶意逃债所产生的债务主动、适当减免，以普惠金融和司法协同理念和谐处置金融不良债权。重庆度小满小贷公司启动“小满助力计划”公益助农项目，通过免息贷款精准助农，截至2022年9月，累计投放农户免息贷款超过1.5亿元。重庆小雨点小贷公司自2015年成立以来，每年开展“反诈骗宣传月”常态化金融知识普及活动，实现消费者保护工作从事后处置向事先预防的转变，营造和谐健康的金融消费环境。山东富源小贷公司积极响应国家政策号召，开发“高标准农田贷款”产品，为涉农中小微企业提供高标准农田建设融资服务，助力科技型农产品公司高质量发展。广东粤普小额再贷款公司依托主发起人广东省粤科金融集团在科创投资领域的资源优势，创新性地通过开展“1+N”债股联动模式，赋能科创型中小微企业成长。甘肃公航旅小贷公司积极围绕大型核心企业开拓供应链金融创新，推出“货单贷”“油服贷”，高度契合产业规律，既服务了小微企业，也培养了忠诚客户。浙江佐力科创小贷公司紧跟政策指引，通过自建绿色贷款信息管理系统，开发创新数字化绿贷产品，引进境外资金、技术及理念等，在小贷行业绿色金融发展道路上勇敢探索实践。

小额贷款公司自2005年开始试点以来，经历了探索期、成长期、整合期几个发展阶段。当前，受外部复杂环境的影响和自身经营管理能力的制约，小额贷款公司发展空间被压缩，部分小贷公司发展路径不清晰，经营出现困难。从行业数据来看，截至2022年9月末，全国共有小额贷款公司法人机构6 054家，实收资本7 709.31亿元，贷款余额9 076亿元。全行业在受疫情冲击、经济增长放缓的大背景下，机构总量有所下降，信贷投放总量保持基本平稳，贷款结构继续呈现“小额、分散”的特征。

小额贷款公司作为地方金融的重要组成部分，最重要的还是要把服务地方实体经济作为立业之本，全面提升金融服务供给的效率和水平，回归服务实体经济的定位本源。从这个角度讲，小额贷款公司天生具有普惠性，既是因普惠金融而生，也要依普惠金融而兴。

从中长期来看，聚焦主业、发挥优势、规范创新、做好分内事是小额贷款公司生存和可持续的根本。

一是必须专注服务小微企业和“三农”的发展理念。小额贷款公司要注重发挥自身优势，扎根本地、下沉重心、服务基层，充分运用自身业务灵活、接地气的特点，以小产品服务长尾市场、强队伍提供高质量服务，大力提升小微企业和“三农”业务占比，突出服务支持地方实体经济的质量和效益。二是要积极探索“双链一核心”创新金融服务模式。小额贷款公司要探索借助大数据风控技术，依托“数字化”“线上化”等金融科技手段，在真实交易背景下，整合物流、资金流、信息流等信息，构建供应链、产业链中占主导地位的核心企业与上下游企业一体化的金融供给体系和风险评估体系，为双链上的长尾小微企业营造良好的发展环境，为提升双链现代化水平作出贡献，更好地支持实体经济的发展。三是要发挥特色功能优势。小额贷款公司的服务优势、功能定位不同于银行等传统金融机构，在金融供给体系中发挥着独特的作用，要按照“专业化、特色化、差异化”原则，找准定位、深耕主业，结合实体经济多样化的金融需求，做深服务市场、做细实体经济、做精金融服务。四是要加强贷款用途管理。小额贷款公司要进一步加强借款人资质和信贷需求审核，对贷款用途进行“穿透式”监督、实质性核查，引导客户严格落实贷款资金用途，确保贷款资金用于支持实体经济发展。

当前，随着互联网普及、数字科技进步和具有场景的大数据技术运用，部分有资金实力、有开发能力的科技金融服务机构将数字技术运用于小贷业务，不仅拓宽了普惠金融的覆盖广度，也延展了普惠金融的覆盖深度，表现出了良好的发展趋势。中国小额贷款公司协会也将统筹行业资源，协调相关部门，帮助有意愿、有需求的小额贷款公司，与行业先进金融科技公司对接，引入先进、成熟、可复制的数字技术，提升小额贷款公司的服务触达能力和信息利用能力，帮助小额贷款公司充分享受金融科技的红利。

但是，面对金融科技，小额贷款公司在充分肯定自身积极作用的同时，还应保持清醒、理性的认识。一是科技转型过程中务必坚持依法合规经营，坚持金融科技的本质是金融，金融业务必须持牌展业，规范经营。二是秉持“金融为本、科技为器”原则，厘清金融机构与科技公司的合作边界，由金融机构直接提供金融服务，由科技公司为金融机构提供技术支持。三是金融创新需注重数据安全。小额贷款公司在与科技公司合作时需防范法律风险，要强化金融信息安全和消费者权益保护。

小额贷款这个行当历史悠久，也必将在新时代继续守正创新，服务好实体经济。中国小额贷款公司协会作为银保监会主管的全国性自律组织，将进一步积极发挥自律组织职能，加强行业服务的标准化和规范化建设，打造良好行业生态，带领小额贷款公司坚定发展信心，推动行业健康发展。

第一篇
普惠金融助力乡村振兴

概　述

上海金融与发展实验室　曾　刚

在乡村振兴战略路径日益清晰的背景下，近两年，配套金融政策开始密集出台，强化金融行业对全面乡村振兴的支持力度。2019年2月，人民银行、银保监会、证监会、财政部、农业农村部五部门联合发布《关于金融服务乡村振兴的指导意见》，该意见对标实施乡村振兴战略的三个阶段性目标，明确了相应阶段内金融服务乡村振兴的目标。短期内，突出目标的科学性和可行性，到2020年，要确保金融精准扶贫力度不断加大，金融支农资源不断增加，农村金融服务持续改善，涉农金融机构公司治理和支农能力明显提升。中长期，突出目标的规划性和方向性，推动建立多层次、广覆盖、可持续、适度竞争、有序创新、风险可控的现代农村金融体系，最终实现城乡金融资源配置合理有序和城乡金融服务均等化。

2021年4月，银保监会发布了《关于2021年银行业保险业高质量服务乡村振兴的通知》，对银行保险机构服务乡村振兴进行了全面的部署。2021年6月，人民银行、银保监会发布《金融机构服务乡村振兴考核评估办法》，进一步强化对金融机构支持乡村振兴战略的监管引导。2021年9月，银保监会印发《支持国家乡村振兴重点帮扶县工作方案》，对银行业保险业支持国家乡村振兴重点帮扶县工作作出安排部署。同年9月，银保监会向各银保监局下发《关于金融服务乡村振兴创新示范区建设工作的通知》，通过体制机制、服务模式创新，探索更好发挥金融要素支持乡村振兴的有效途径，破解农村金融服务难点、痛点、堵点，形成一批贴近实际、切实有效、可复制可推广的金融服务乡村振兴模式和做法，打造一批各具特色、经验成熟、治理完善的示范样板。在监管政策的引导下，金融机构深入探索金融服务乡村振兴高质量发展的有效途径，推动乡村振兴金融服务工作落实落细。从聚焦重点行业、营销重点客户、创新产品模式、倾斜资源配置等方面，促进县域企业转型升级和产业链供应链协同发展。

总结起来，金融支持乡村振兴的重点工作集中在以下几个方面：

一是优化金融服务体系。支持乡村振兴，应着力优化普惠金融服务体系，加快构建以农村金融生态、环境为基础的，适应乡土社会经济、文化和发展趋势的，功能互补与分工协作的现代金融服务体系。为此，政府部门方面，应进一步厘清政策性、商业性、合作性金融的功能特色和作用边界，明确各自业务重点、客户群体与主攻方向；加快农村资本市场建设，完善农村融资租赁市场，探索发展大宗农产品期货市场，多元合力驱动金融分工合作机制完善。金融机构方面，应根据自身功能定位和业务范围，结合自身发展优势，聚焦区域内农业农村发展特点与方向，为各类农业农村从业主体提供特色化、多层次金融服务；完善内部管理与激励机制，建立与服务乡村振兴相适应的业务拓展模式、运作模式、风险控制模式以及企业文化；创新发展场景式、嵌入式等金融服务方式，创新数字化、定制化、特色化金融产品，积极重塑乡村伙伴式产融关系。

二是完善村级联动机制。金融服务乡村振兴的主体不仅包括个人，还包括多类集体或组织，这使金融机构要面对的客户群体更为复杂、风险控制难度更大。因此，各类金融机构需要扎根农村金融市场，利用“人缘”“地缘”优势资源，例如农村基层组织资源等，完善村级联动机制，加深对涉农经营主体金融需求的了解，增强信息对称性，提高农村金融服务可获得性，提升普惠金融机构的经营可持续性。具体应包括：充分利用大学生村官、村委会、妇女联合会等基层组织，推动金融机构与产业园区、特色小镇、合作社、农村新型经营主体的合作；试点建设村级普惠金融服务站，利用引导驻村干部、村“两委”及村里经济能人参与服务站工作，鼓励各类金融机构以协议方式积极对接服务站，并给予服务站工作人员一定比例的管理费用，多渠道降低改革创新成本，打造农村金融公共服务平台。

三是建立风险分担长效机制。传统农业信贷业务风险由银行自担，是阻碍银行为农村农业主体提供资金支持的关键因素。大力推进金融服务乡村振兴，应加快构建风险分担长效机制，包括积极采用财政政策，大力推动担保、保险、期货期权等市场及产品的发展等，这将有效分担农村金融风险，促进农村金融的可持续发展。具体措施应包括：一方面，健全财政金融协同机制。切实推动现行涉农贷款财税优惠政策落地见效；综合运用多种货币政策工具，拓宽金融机构支持乡村产业发展的资金来源；完善与落实金融机构涉农贷款增量奖励政策、农村金融机构定向费用补贴政策和税收优惠政策。另一方面，加强银行与担保公司、保险公司等机构的合作。加大“保险+信贷”融合，合理定位各金融主体的市场职能，有效推动保险化解涉农贷款中的各类风险，推动银行、保险在农村金融中的普惠功能定位，形成有效防控金融风险、分散金融风险的分担机制；扩大“保险+期货”覆盖面，推广农产品风险补偿机制；研究发挥农业信贷担保机制和国家融资担保基金的作用，缓解借款主体因缺少抵（质）押物所造成的融资困境；加大银保合作，配套完善农业保险，扩大保险范围，引入保证保险制度，有效分担金融风险。

四是推进农村金融基础设施建设。乡村网络体系、移动手机终端等信息基础设施建设以及征信体系建设，是农村地区居民、企业等破除地理障碍，获取高效的数字金融、智慧金融服务的有力保障。虽然近年来我国农村金融基础设施不断优化，特别是在数字金融基础设施方面发展迅速，城乡之间的差距不断缩小，但是还存在农村数据采集渠道不健全、各部门之间存在信息壁垒等问题，这将在一定程度上制约金融服务乡村振兴。因此，未来还应从以下几个方面努力：投入推行物联网、云平台体系建设，强化农村数据采集渠道建设，不断完善农村征信体系建设，构建透明的基层信用评价系统，加快建立农户信用信息数据库，充分利用大数据、人工智能及时更新信息，实现动态化管理，整合农业农村、市场监管、税务、国土等部门和金融机构的涉农信用信息，打破各主体信息的分割格局，实现数据的直连对接、共享使用，缓解金融市场主体之间信息不对称等问题，为金融科技的深度应用、普惠金融的基础环境优化、乡村振兴提供良好的基础。

五是完善相关制度和政策。金融服务乡村振兴，所涉及的主体更为广泛，所需提供的金融服务与产品更为多元，为保障此类金融活动有序进行，需要相关部门制定与完善的相关制度与政策包括：支持大中型商业银行发展普惠型涉农金融服务，在内部资金转移定价、考核激励制度等方面予以政策倾斜，形成专业化助力乡村振兴的金融服务供给机制；提高对发展落后地区不良贷款的容忍度，完善尽职免责制度，激励金融机构一线人员参与农村金融工作的积极性；完善农村产权制度体系，加快农村产权的确权，推动农村产权抵押制度改革；完善法律顶层设计，研究建立农村产权评估机制、处置机制、仲裁机制及相关配套措施等。

巩固首倡地脱贫成果 推进城乡供水一体化

国家开发银行湖南省分行

【案例概述】

国家开发银行湖南省分行深入贯彻党中央、国务院决策部署，把农村饮水安全工作作为推动助力乡村振兴的重要抓手，根据地方诉求，深入调研花垣县农村供水情况。从项目难点入手，找准根源，发挥融资融智作用，创新投融资模式，统筹城乡供水资源，运用两个“一体化”做好项目构建、资金平衡和风险防控，以市场化方式支持湖南省花垣县城乡供水一体化项目落地。截至2022年10月，授信2.3亿元，已实现贷款发放1.95亿元，可解决长期困扰当地13.3万名城乡居民的饮水安全问题，满足当地农业、旅游、物流等特色产业发展用水需求，对推动精准扶贫首倡地花垣县巩固脱贫成果，助力乡村振兴具有积极意义。

【案例背景】

2013年11月，习近平总书记在湖南省湘西州花垣县考察时首次提出了“精准扶贫”概念。近年来，虽然通过前期投入解决了一批农村贫困人口饮水问题，但受早期铅锌矿、锰矿粗放式开采影响，花垣县地下水质存在较大的重金属污染，农村供水保障水平依然薄弱，城乡供水服务差距依旧显著。2020年5月，花垣县政府针对当地农村供水存在的困难寻求国家开发银行融资融智支持，希望国家开发银行帮助花垣县构建项目建设内容、谋划项目还款来源、搭建项目运营机制，以市场化方式帮助花垣县解决农村供水问题，提高城乡供水保障水平。

【主要做法】

花垣县地处山区，地下水源又受重金属污染，新建一处优质地表水源是解决喝水问题的关键。因此，花垣县希望国家开发银行就五龙冲水库建设提供融资支持，但仅靠水库项目自身难以实现收益平衡。国家开发银行按照“水库+水厂+管网”构建项目，以水库为核心，以自来水厂为枢纽，以中心镇为关键节点，以周边农村为枝干，优化输水线路、配水管网，将农村分散的、独立的供水模式转变为集中的、联网的供水模式，构建城乡供水一体化供水网络，统筹城乡供水资源，缩小城乡供水差距。依据“城乡供水一体化”思路，在自来水供应上，城镇地区作为稳定水费收入的“压舱石”，农村地区则按照先预缴后供水的方式，完善农村供水市场收费机制，做实自来水费收入。与此同时，结合项目需要，将供水产业链上下游打通，构建“源头龙头一体化”，从水库到自来水厂，再到用户，一条龙的供水全产业链实现了水务资源的统一调配。通过全产业链的整合，一方面通过掌握原水供应有效降低运营成本，另一方面在自来水供应的基础上，也将原水供应销售收入作为补充收入，拓宽了收入来源，在降成本和增收入两端同时发力，夯实项目整体收益。通过两个“一体化”双管齐下，授信2.3亿元，已发放1.95亿元，帮助花垣县实现农村供水可持续发展。

【取得成效】

一是解决吃水问题，保障饮水安全。项目建成后，花垣县将获得一处优质水源、一个稳定的城乡供水系统，摆脱困扰多年的地下水重金属污染，告别走远路、爬高山挑运山泉水的困境，解决农村安全饮水问题，满足周边13.3万名城乡居民的安全饮水需求，当地群众喝上放心水、安全水、幸福水，有效巩固脱贫成果、推进乡村振兴。二是打破供水屏障，提供均等用水服务。项目打破城乡区域供水屏障，构建统一建设、统一运营、统一管理的供水机制，保障城乡享受均等供水公共服务。项目建成后将农村居民用水成本从目前深井抽水的5~6元/吨降至统一水价2.8元/吨，让农村居民同城镇居民一样用上平价水，最终实现享受同网、同质、同价、同服务的自来水。三是满足用水需求，助推产业发展。项目将自来水供应至周边农业园区、湘西机场和边城茶峒景区，将“黄水”变“清水”，满足农业生产、机场运营、游客住宿游玩的用水需求，在乡村产品生产、物流转运、旅游体验三个方面提供基础设施支撑，为当地第一、第二、第三产业的发展注入源头活水。

【经验启示】

农村供水项目具有“建设投资大、资金缺口大”“建设标准低、管理服务弱”“经济效益差、融资难度大”等困难，面对农村供水存在的众多问题，本案例从供水行业自身出发，深入研究我国城乡供水体制，抓住城乡供水二元割裂的根源，从打破城乡壁垒的角度切入，运用统筹思维，按照两个“一体化”构建项目，解决了农村供水项目收益差、融资难的问题，满足了农村地区群众的安全饮水需求。

保障饮水安全　助力乡村振兴

中国农业发展银行潍坊市分行

【案例概述】

峡山水库水环境治理工程位于峡山生态经济开发区，工程切实践行习近平总书记提出的"绿水青山就是金山银山"发展理念，紧密围绕水环境治理的主题，结合区域发展规划，立足峡山水库作为国家重要饮用水水源地、山东省省级战略水源地和胶东地区调蓄枢纽的战略定位，总投资14.92亿元，综合采取清除内源、控制外源、生态净化、自然修复等生态措施，确保水库水质稳定达标，库区周边环境明显改善，促进生态系统良性循环，达到人水和谐，带动峡山区绿色可持续发展，使峡山水库成为美丽幸福河湖的典范。2022年1月，中国农业发展银行潍坊市分行为本项目授信11亿元，目前已投放2亿元。

【案例背景】

潍坊峡山水库主要承担防洪、供水、发电、水产养殖等功能。多年来，峡山水库受上游来水影响，水质尚未稳定达到水功能区划目标要求，部分指标时有超标，水质安全保障能力一直存在"短板"，而水质提升工程投资较大，亟须信贷资金支持。中国农业发展银行潍坊市分行得知项目建设意向后，第一时间抢抓机遇，达成合作，通过上下联动、多方配合，有效加快项目的落地。

【主要做法】

一是政、银、企三方协调。受理企业提出融资需求后，中国农业发展银行潍坊市分行多次赴项目现场进行调研，与政府、财政、企业及相关职能部门联合成立项目推进专班，研究、设计融资方案。共同确定通过峡山区管委会授权城投公司对库区上游潍河入河口至西营村、逄家庄村区域的清淤固废进行处置，对资源进行经营，项目实施过程中清淤形成的废弃砂石处置权和收益权均归城投公司所有，利用废弃砂石的处置形成现金流，作为还款来源。二是做实项目还款来源。通过实地走访调查，本着审慎原则，按照清淤量最低数值进行测算，对项目疏浚过程中产生的砂石量进行论证，确保还款期内每年获得的分成收入均能覆盖贷款本息。同时，根据从潍坊市住建局等部门了解的相关数据，对潍坊地区房地产行业砂石需求情况进行分析，在峡山区的周边开拓销售市场，确立分销渠道，以市场价出售给下游客户，确保收入的合规性。

【取得成效】

一是保障全省战略水源地水质安全。前期受上游来水影响，峡山水库水质尚未稳定达到水功能区划目标要求。工程根据峡山水库流域污染物产生、迁移、排放的特征，从源头到终端对污染物进行控制和治理，有效削减污染物的产生量和入河量，从根本上解除水库水质安全威胁，从而保障全省战略水源地的水质安全，实现安全供水、生态补水、农业灌溉等多方面效益。二是促进峡山区绿色高质量发展。通过农发行贷款的投放，支持项目新建各类湿地、生态浮岛约721万平方米，水生植物为水生动物提供了丰富的食物来源，有利于鱼类、虾蟹等水产品的增产，可新增水生植物种植200万株。以内源污染清除工程、生态湿地工程、生态浮岛工程等为主要建设内容，使峡山水库成为地区城郊旅游、绿色发展的动力引擎，能够有效带动区域城市发展、乡村振兴。三是推进小康社会建设进程。通过清除峡山水库多年沉积的底泥，将进一步增加水库库容，预计可新增库容4 000万立方米，每年可增加淤积物300万立方米，淤积物中含沙率高达70%。工程的实施以打造幸福峡山为目的，完善峡山水库滨水生态系统，让峡山的山更绿、水更清、空气更清新，使峡山水库更好地服务于民生，造福于民生。

【经验启示】

峡山水库控制流域面积4 210平方千米，总库容14.05亿立方米，素有“齐鲁第一库”之称，峡山区政府依托这座宝库，对峡山水库进行综合治理，农发行作为“水利银行”，在推进普惠金融事业发展进程中，立足于区域资源禀赋，大力支持水利建设模块的业务，在治理峡山水库的项目中，通过疏浚上游潍河入河口至西营村、逄家庄村区域，在增强防洪排涝、改善水域环境的同时，将清淤疏浚过程中挖出的淤泥进行清理，产生建筑用的砂石。目前我国处于基建的高速增长期，对砂石等建材的需求量较大，将出售砂石获得稳定的现金流作为可靠的还款来源，这样项目公司可以实现自营模式，迈出信贷支持项目建设的第一步。

兴农融智 服千村伴万户

中国工商银行股份有限公司

【案例概述】

“服务千村 陪伴万户”新型农业经营主体融智行动（以下简称融智行动）是工行“我为群众办实事”重点项目，既是惠民生、办实事的具体举措，也是工行履行大行担当、为亿万名农民提供身边的、有温度的“工行服务”的重要载体。服务模式主要包括：一是强化党建引领，与乡村各级党支部开展形式多样的联合党建活动，践行“办实事”的初心使命；二是密切银政合作，对接当地农业农村厅、乡村振兴局等相关政府机构，银政合力共推乡村振兴；三是深入田间地头，在田间阡陌、村落农院，为广大农民送去有温度的金融服务；四是创新服务模式，利用直播等多种大众喜闻乐见的新媒体传播载体，开展多种生动于形式、实在于成效的助农活动。

【案例背景】

新型农业经营主体主要包括专业大户、家庭农场、农民合作社及农业产业化龙头企业。党中央、国务院历来高度重视其发展，2020年7月，习近平总书记在吉林考察时强调：“要积极扶持家庭农场、农民合作社等新型农业经营主体，鼓励各地因地制宜探索不同的专业合作社模式。希望乡亲们再接再厉，把合作社办得更加红火。”2021年5月，人民银行、农业农村部等六部门印发《关于金融支持新型农业经营主体发展的意见》，为金融服务新型农业经营主体指明方向。新型农业经营主体已逐步成为保障农民稳定增收、农产品有效供给、农业转型升级的重要力量。

【主要做法】

一是党建引领抓落实。强化党建引领，积极与农村各级党支部开展联合党建活动，用实际行动践行“办实事”的初心使命。如工行贵州省分行与遵义道真县旧城镇旧城社区党总支开展“党建结对谋发展 服务乡村助振兴”党建结对活动；工行湖北省分行与咸宁崇阳县畈上村村干部围绕整村授信开展党建调研活动。二是银政合作谱新篇。密切银政合作，主动对接当地相关政府机构，共谱金融服务乡村振兴新篇章。如工行甘肃省分行联合甘肃省税务局，调研天水秦安县经济发展情况；工行山东省分行联合潍坊临朐县金融办，赴蒋峪镇为29个村开展金融联络员专题培训会。三是田间地头下深功。深入田间地头，在田间阡陌、村落农院，为广大农民送去有温度的金融服务。如工行广西壮族自治区分行在南宁隆安县联动糖业公司向蔗农介绍甘蔗种植技术及榨季收购安排；工行内蒙古自治区分行赴赤峰巴林右旗林西县调研肉牛产业发展，与养殖大户对接融资需求。四是服务模式求突破。创新服务模式，充分利用直播等多种大众喜闻乐见的传播载体，开展多种形式的助农活动。如工行广东省分行联动江门荷塘镇南村村，举办“乡村振兴齐发展　银行保险共助力”直播带货专场活动；工行辽宁省分行在盘锦乡村振兴产业博览会上，向观展涉农企业介绍金融产品。

【取得成效】

工行28家分行、142家试点二级分行（支行）开展了近600场融智行动，共覆盖1 800余个村、100余个农业产业强镇、30余个国家现代农业产业园及80余个优势特色产业集群，惠及近11 000名农户、1 600余名村官。多地政府、村委会纷纷表示，工行的融智行动讲知识、送产品、覆盖广、举措实，为当地发展注入了金融“活水”。

【经验启示】

在认真总结前期工作经验的基础上，工行将持续扎实开展融智行动，优化服务方案，丰富活动内容，提高服务质量，心怀“国之大者”，始终把对解决群众“急、难、愁、盼”的思考落实到融智行动服务中，着力解决农民群众关心的“硬骨头”问题，助力疏解服务堵点、市场难点、民生痛点，进一步提升乡村金融服务的可得性、覆盖面、便利度。以金融智慧，为巩固拓展脱贫攻坚成果、助力乡村全面振兴和农业农村现代化贡献“工行力量”。

小托管实现大变革：金融支持土地流转探索与实践

中国工商银行股份有限公司山东省分行

【案例概述】

土地托管是土地流转的一种形式，是指部分不愿耕种或无能力耕种者把土地托给种植大户或合作组织，并由其代为耕种管理的做法。通过规模化的土地托管，有利于实现土地的集约化经营，便于机械化耕作及现代化的农业生产管理。

工行山东省分行围绕金融支持“粮食增产、农民增收”，强化战略引领，省行、市分行、支行三级联动，积极营销，主动对接，在聊城市率先与供销社“为农服务中心”取得联系，开展土地托管经营业务合作。2021年11月，工行山东省分行成功发放首笔土地托管贷款，同时为村经济组织办理账户结算、电子银行，为农户办理银行卡用于接收分红款等全方位一揽子金融服务，助力村集体和村民持续稳定增收，为服务国家粮食安全和助力乡村振兴发挥了积极作用。

【案例背景】

2021年11月初，山东省聊城市全面启动供销社综合改革，在基层成立“为农服务中心”，“为农服务中心”与村党支部领办合作社合作开展土地托管经营。本着自愿原则，由村党支部动员村民加入合作社，在确保农户收益不减少的前提下，将归集的土地经营权托管给“为农服务中心”。土地托管后释放出来的农村劳动力，可以从事其他职业增加个人收入。山东省以聊城市高唐县姜店镇供销社“为农服务中心”为试点，首次土地托管行政村11个，种植面积3 000亩。“为农服务中心”对受托土地实行机耕、机种、机收，灌溉、施肥、飞防（无人机喷洒农药防止病虫害）等全流程管理。“为农服务中心”帮助合作社实现对粮食产品的储存和销售。

【主要做法】

金融服务乡村振兴是银行贯彻落实国家乡村振兴战略的重大政治责任。工行山东省分行紧抓市场机遇，省行、市分行、支行三级联动，积极营销，全力支持供销社“为农服务中心”土地托管经营，成功办理土地托管贷款。一是完善机制建设。工行山东省分行与山东省供销合作社联合社签署《全面战略合作协议》，创新推出“土地托管+综合金融”服务方案。聊城工行与市供销社建立信息互通机制，带领支行营销对接村党支部领办合作社。二是提高审批效率。在综合考虑小麦、玉米每亩投入成本、土地托管种植面积、村党支部领办合作社规模及资信状况等因素的基础上，合理核定授信额度，开辟绿色审批通道。三是加强银担合作。一方面，为化解缺少抵押物问题，工行山东省分行与山东省农担公司开展合作，由省农担公司分担80%风险，工行山东省分行承担20%风险；另一方面，为解决融资贵问题，提供LPR市场化最低优惠利率，并联动政府机构、农担公司分别给予2%的政府贴息和免除0.5%的担保费用，进一步降低粮食种植融资成本。四是提供综合服务。创新推出“农耕贷”特色场景粮食种植支持方案，推广应用“种植e贷”涉农产品，对村党支部领办合作社提供集开户、结算、银行卡、电子银行等于一体的一揽子金融服务，助力村集体和村民持续稳定增收。

【取得成效】

工行山东省分行探索了一条在“土地托管”模式下金融支持粮食种植的新路径。该案例在2022年工总行“贷动振兴　福到乡村”乡村振兴业务旺季营销活动“案例争霸赛”中荣获全国“金点子奖”，为工行系统深化乡村金融综合服务工作提供了宝贵借鉴经验。截至2022年5月末，工行山东省分行已为11家村党支部领办合作社发放土地托管贷款202万元，开立“为农服务中心”和村党委领办合作社一般法人账户12个，行政村账户25个，镇党费账户2个。为参与土地流转试点的284户农户开立银行卡、手机银行等业务，成功拓宽在“三农”领域业务发展渠道，为后续业务发展打下坚实基础。聊城高唐县委县政府对工行金融支持供销社综合改革，助力粮食种植给予高度评价。工行在全县粮食工作会议上进行了典型案例发言。今后，聊城市供销社在高唐县试点取得初步成效的基础上，将扩大试点至东阿县、冠县、茌平区，并将在全市组建113家“为农服务中心”，逐步推广土地托管经营模式。

【经验启示】

土地托管既给县级基层供销合作社发展带来蓬勃生机，也为商业银行进入乡村市场带来了契机机遇。工行山东省分行土地托管贷款的顺利发放，既是积极贯彻落实国家乡村振兴战略的生动体现，又是金融服务精准滴灌农业农村的有益探索。现阶段，农村市场对金融服务的需求已不再是“存、贷、汇”等传统需求，已逐步升级为生产、消费、电商等综合性服务需求，新型农业经营主体呈现多元化特点。金融业要适应变化，顺势而为。工行将发挥以城带乡、数字科技等领域优势，创新更多适合农业、农村、农民市场的线上、线下金融产品。充分发挥自身优势，深挖农业农村潜力市场，为服务“三农”市场贡献更多工行力量。

金融助力高标准农田建设

中国银行股份有限公司内蒙古自治区分行

【案例概述】

为贯彻落实党中央、国务院关于全面推进乡村振兴、加快农业农村现代化的决策部署，中国银行内蒙古自治区分行结合地区整体乡村振兴工作实际，以支持高标准农田建设为切入点，与自治区财政厅、农牧厅开展合作，制定专属《服务方案》，创新研发“高标准农田建设监管系统”，全面开展金融支持乡村振兴战略实施，提高“三农”金融供给能力。

【案例背景】

2021年1月4日，中共中央、国务院发布的《中共中央　国务院关于全面推进乡村振兴　加快农业农村现代化的意见》指出，要坚持把解决好“三农”问题作为全党工作的重中之重；要落实“藏粮于地、藏粮于技”战略，开展高标准农田建设，真正实现旱涝保收、高产稳产，保障粮食安全生产。中国银行总行制定了《中国银行助力乡村振兴行动方案》，明确服务乡村振兴战略，中国银行内蒙古自治区分行结合地区整体乡村振兴工作实际，全面开展金融支持乡村振兴战略实施。

【主要做法】

发挥“政银”合作优势，推动“政银”合作落地。为高质量支持高标准农田建设项目，2021年3月1日，中国银行内蒙古自治区分行与自治区农牧厅、财政厅共同签署《金融支持高标准农田建设战略合作协议》，充分发挥政银各自优势，助力高标准农田建设项目。

契合项目建设特点，设计专属方案。一是跟踪招投标，金融服务全过程。针对投标阶段企业资金紧张问题，提供投标保函产品服务；对中标企业提供流动资金贷款。二是创新风险缓释手段，解决企业抵押难题。企业在取得成交/中标通知书后，在项目施工合同中将在中国银行开立的账户作为约定回款账户，对其回款账户进行账户监管，全程跟踪资金拨付，做到财政付款资金在中国银行封闭运行，确保第一还款来源。

创新服务模式，科技赋能高标准农田建设项目。为更好地支持高标准农田建设，提升服务乡村振兴能力，中国银行内蒙古自治区分行与自治区农牧厅合作创新研发了“高标准农田建设监管系统”，打破各主体间的信息壁垒，降低信息获取成本。

【取得成效】

2021年3月16日，发放首笔高标准农田贷款，金额为315万元，为后续全区业务的操作流程、工作质效的优化提升奠定了基础。截至2022年5月，累计授信支持从事高标准农田建设项目企业65家，金额为3.25亿元。

高标准农田建设监管系统有效地解决了农牧主管部门对中标企业的全流程管理难题，解决了企业在高标准农田建设前期资金困难问题，有效地推动了内蒙古自治区高标准农田建设高质量发展。截至2022年5月底，已有从事勘察、设计、施工、采购、监理等700余家企业注册，实现了1 580标段实时监控。

【经验启示】

农牧业作为内蒙古自治区的支柱产业，涉农小微企业有着稳定的市场规模。做好金融支持高标准农田建设项目各项工作既是中国银行内蒙古自治区分行贯彻落实党中央、国务院关于加快高标准农田建设的决策部署，同时也是中国银行内蒙古自治区分行做大涉农业务规模，服务乡村振兴业务发展的要求。

深化与地方政府相关部门的合作，打好“农牧+财政+金融”系统创新“组合拳”，充分发挥各方优势，共同为内蒙古自治区乡村振兴战略的实施贡献力量。

我国农业正处于产业和模式变革时期，智慧农业将是未来农业主要发展方向。高标准农田建设监管系统的建成，为高标准建设项目参与企业、银行、政府机构提供较为全面的数据，降低各主体的沟通成本与时间成本。

农村信用体系建设赋能乡村振兴

中国邮政储蓄银行股份有限公司

【案例概述】

邮储银行充分发挥全国范围内4万个网点的网络优势，培养了一支2万人的信贷员队伍，长期扎根农村，贴近农户。建立“一筛二访三审核，四采五评六公示”的农村信用体系建设流程，全面开展信用村建设、信用户评定。开发“线上信用户贷款”产品，支持信用户手机支用，随用随支随还，助力乡村振兴，支持普惠金融。截至2022年9月底，已建设信用村36万个，评定信用户634万户，“线上信用户贷款”自2021年8月底上线以来，累计授信51万户、431亿元。

【案例背景】

近年来，我国“三农”数字化进程加速，通过金融科技、数字技术推动农村金融创新已成趋势。2021年中央一号文件提出“支持市县构建域内共享的涉农信用信息数据库，用3年时间基本建成比较完善的新型农业经营主体信用体系”。2022年中央一号文件提出“引导更多发放首贷、信用贷”。邮储银行坚决落实服务“三农”战略定位，开展农村信用体系建设。围绕普通农户，通过整村推进，运用科技手段，实现线上信息采集、系统评分分级和主动授信，扩大农村信用体系建设覆盖面。创新基于农村信用体系建设的“线上信用户贷款”产品，采取“一次核定、随用随贷、余额控制、循环支用、动态调整”的方式，向信用户提供小额信用贷款，实现小额授信广覆盖。

【主要做法】

积累数据基础，丰富农户数据。一是邮储银行利用2万人的信贷员队伍，开展信用村建设，积累农户数据。二是加强数据分析，形成行政村和农户“白名单”，下发分行精准走访。三是深化政银企外部平台合作。对接农业农村部大数据中心数据，打通工商、司法等其他平台数据渠道，引入农业保险等方面的数据。

建立“123456”机制，挑选诚信农户进行评定。建立“一筛二访三审核，四采五评六公示”的一整套农村信用体系建设机制。一是筛选。选择信用好、有产业、有需求的村开展建设。二是走访。搭建银村合作平台，进村宣传优惠政策，实现整村开发和服务。三是审核。将村支“两委”纳入邮储银行农村信用体系建设评定小组，剔除不符合准入条件的客户。四是采集。信贷员线下接触，利用移动展业设备现场采集农户信息、拍摄影像。五是评定。系统将自动根据采集的信息评分评级。六是公示。将评定结果在村内公示，接受监督。

研发专属产品，提升农户体验。创新研发“线上信用户贷款”产品。建立多维度风控模型，利用采集信息从行政村、产业以及客户角度，完善风险策略，叠加征信和第三方数据等风控手段，实现自动风控和审批，打造纯信用农户线上贷款，手机实时申请实时审批，提升客户体验。

【取得成效】

截至2022年9月末，邮储银行已建设信用村36万个，评定信用户634万户，储备有贷款需求的优质客户2 000万户。丰富的农业农村大数据为邮储银行下一步“三农”金融业务发展奠定了扎实的客户储备基础，有效助力邮储银行更好地服务乡村振兴战略。线上信用户贷款通过整村开发，批量作业，全流程数字化，显著提高作业效率，提升信贷员工作效能。截至2022年9月末，线上信用户贷款累计授信51万人、431亿元，贷款结余50万笔、267亿元。当前，各地政府、人民银行都在积极推进农村信用体系建设，邮储银行的农村信用体系建设开展较早，方案成熟，已成为部分地区建设标准，获得了政府和监管好评。尤其是线上信用户贷款重点服务信贷首贷户，真正还原普惠金融的“普惠”本质，提升农户的信贷可得性。

【经验启示】

邮储银行农村信用体系建设模式，探索出一条农村普惠金融可行道路，充分发挥了邮储银行网络和人员优势，信贷员队伍现场线下接触客户，对农户身份真实性、经营项目真实性、资金需求真实性进行判断，采集农户信息，丰富农户数据。线下组织村支“两委”等对农户的道德品质进行无记名评价，并在村内进行公示，对农户诚信度进行了有效筛选。线上结合大数据丰富农户画像，完善风险判断。通过“线上+线下”相结合，纾解农户“贷款难”、银行“难贷款”问题，助力普惠金融和乡村振兴。

“睡林权”换来“活资本”

中国光大银行股份有限公司

【案例概述】

自推出林权抵押贷款管理办法以来，光大银行深耕广西林业资源，有效打破以传统抵押模式为主的单一格局，引入林地使用权和林木所有权作为新型抵押物，向广西三门江生态茶油有限责任公司发放林权抵押贷款1 000万元，成功落地系统内首笔林权抵押贷款，助推“沉睡”的林权资源变现，绘就“青山”变“金山”的绿色新版图。

【案例背景】

林业在人与自然和谐相处、均衡发展过程中承担重要历史使命，兼具生态、经济和社会三大效益，而广西林业是当地的特色产业，林木资源丰富，但由于生长地域偏远、运输成本较高等特征，致使其流动性相对较差。随着林权制度改革，林权抵押贷款成为解决林业融资困境，支持“三农”信贷发展的新渠道。为更好地盘活林木资产价值，光大银行引入林地使用权和林木所有权作为新型抵押物，拓宽了农业产业融资渠道，推动农业产业实现新突破。

【主要做法】

广西三门江生态茶油有限责任公司是国家高新技术企业、广西壮族自治区级林业产业重点龙头企业，拥有沙梨乡万亩油茶种植基地。2021年，该公司通过“公司+基地+农户”产业帮扶模式，通过收购茶籽、季节性用工方式带动农户脱贫致富，其中收购茶籽3 168吨、带动农户1 654户，实现农户人均增收1 208元；带动周边农户季节性用工308人、实现农户人均增收876元，促进了当地农民群众持续增收，助力巩固拓展脱贫攻坚成果。近年来，因持续扩大经营生产规模、加大产品研发力度的需要，公司亟待金融“活水”缓解周转压力。

在了解到企业的融资需求后，光大银行南宁分行积极与企业对接，多次现场实地走访考察，针对企业产业特点，迅速制订了林权业务专项工作方案，转换传统抵押模式思维，通过引入林地使用权和林木所有权作为新型抵押物，全流程跟踪业务进度，与企业协力克服林权抵押权证流程烦琐等重重困难，成功投放林权抵押贷款1 000万元，在缓解企业资金压力的同时，大大降低了融资担保成本。同时，这也是光大银行推出林权抵押贷款管理办法以来，在系统内落地的首笔林权抵押贷款业务。

【取得成效】

解决了客户的融资需求。既解决了申请人向上游采购油茶籽的流动资金贷款需求，又保障了客户的正常经营生产，还助力了农户脱贫攻坚。

盘活了林木资产。授信申请人提供了793.5亩林地用于抵押，盘活了林木资产，实现了“绿水青山”向“金山银山”转化，形成了双向转化通道，为助力助推乡村振兴作出贡献。

实现了抵押物的新突破。相较传统授信方式，引入林地使用权和林木所有权作为新型抵押物，拓宽了林业融资渠道，起到了积极示范效应。

【经验启示】

林权抵押贷款是光大银行依据企业产业特点及融资需求，创新运用乡村振兴信贷政策及产品，实行“一户一策”精准营销的有效尝试。该笔林权抵押贷款的投放，是光大银行持续拓宽农业产业融资渠道、推动农业产业实现新突破的一次重要实践，打通了金融资源与生态资源的连接渠道，盘活了林企、林农的生态资源，实现生态价值转化增值。下一步，光大银行将继续发挥金融支农生力军作用，把更多的金融资源配置到农业重点领域和薄弱环节，让“阳光兴农”金融服务更好地满足乡村振兴多样化、多层次的需求，不断巩固拓展脱贫攻坚成果同乡村振兴有效衔接，扎实推进金融助农、惠农、兴农，为乡村振兴贡献光大力量。

筑牢脱贫成果 助力乡民走上振兴之路

招商银行股份有限公司昆明分行

【案例背景】

云南省楚雄彝族自治州永仁县维的乡维的村地处永仁县西北部，地理位置偏僻，信息不畅通，经济发展较为缓慢。全村辖7个自然村，11个村民小组，共500余户。村民收入以烤烟、板栗、蚕桑种植和黑山羊、生猪养殖为主。维的村村民在种养殖等方面存在启动资金不足和流动资金周转困难的问题，同时种植管理水平参差不齐，缺乏科学化的技术支持。

【主要做法】

一是紧跟乡村振兴战略，深入走访调研，有序推动振兴工作顺利开展。招商银行高度重视乡村帮扶工作，总行领导多年来数次亲临一线，分行党委书记、行长每年多次前往联系点走访调研。在深入乡村过程，总分行领导广泛与乡村干部、农村党员和群众座谈交流，认真听取基层生活及工作情况汇报，充分听取意见和建议，共同研究制订解决问题的方案，为筑牢扶贫成果打下了坚实基础。二是立足市场，因地制宜，筑牢脱贫成果，助力乡民走上振兴之路。充分结合当地实际和农户条件，适应市场需求，围绕板栗特色农业优势，聚焦促农增收目标，从产业体系、生产技术双层面进行金融助力。以打造维的村现代化农业为方向，立足市场环境，通过实施“招银维的板栗示范园”“招银维的板栗加工厂”等项目，加快推进乡村农业高质量发展，最大限度地释放特色农产品市场价值，带动乡民产业增收。

【取得成效】

自2017年实现脱贫后，招商银行先后筹措资金16.9万元实施“招银维的板栗示范园”建设项目，开展板栗的品种选育、栽培技术培训、病虫害防治。该项目使维的村村民板栗种植管理水平得到提高，栗农重栽轻管的思想观念得到明显改进，板栗病虫害得到有效控制，农民收入显著增加。2018年，先后投入58.49万元实施“招银维的冷冻厂”建设项目，有效地帮助维的村民解决了板栗、石榴、牛羊肉、鸡蛋、蔬菜等生鲜食品的保鲜问题，错开集中供货期，增加了农副产品收入，进一步缓解了维的村集体经济薄弱问题。2019年，筹措资金298.2万元协助乡民实施建成了“招银维的板栗加工厂”项目，有效地填补了维的板栗加工领域的空白。2020~2021年，直接投入资金10万元支持定点村开展板栗病虫害防治项目，引进帮扶资金共计30.15万元，其中10万元用于招银板栗示范园病虫害防治；10.15万元用于安装太阳能路灯，提升人居生活环境；10万元用于开展“招银普惠万家工程”培训，提高老百姓防范金融诈骗的意识。

【经验启示】

一是领导重视，调研细致工作深入。总分行领导高度重视乡村振兴工作，不忘初心，始终坚持脱贫不脱钩的原则，持续关注、关心乡民脱贫后的生产生活，为后续工作开展奠定了扎实的基础。二是资源整合，集中力量攻坚克难。在国家政策着力于全面推进乡村振兴的战略背景下，招商银行聚焦“造血”，总分行上下联动，充分调动了行内人力、财力、物力。同时主动作为，积极与优质电商、行内客户、爱心人士等开展联系协作，构建行内外共同参与的大助农格局。三是因地制宜，合理布局精准施策。在实施扶贫贷款及产业项目时，借助总行视野，立足市场围绕云南高原特色农业资源，因地制宜，合理布局助农产业生态链，助推维的村现代化农业高质量发展，实现产业兴旺。

科技赋能　普惠金融助力乡村振兴

平安银行股份有限公司

【案例背景】

乡村振兴，产业先行。由于区域、行业限制，乡村企业在规模上大多偏向“中小微”，存在融资难、融资贵问题。多年来，平安银行始终高度重视涉农小微企业金融服务，并充分发挥“金融+科技”优势，利用数字化技术来更好地服务实体经济，为中小微企业提供融资。

【主要做法】

一是精准定位。平安银行个人贷款以客户为中心，提出“全时空、全方位、全产品——更懂您的小微综合解决方案”的价值主张，推出“平安惠农贷”，支持涉农小微企业高质量发展。二是科技引领。自主搭建了系统性物联网中台，融合了平安卫星、星云物联网、云计算、区块链等技术，实现了信息数据“采集、确权、溯源、验真”全流程走通。三是产品创新。“新微贷”发挥“金融+科技”优势，借助大数据、智能风控等技术，实现免抵押、免担保，为小微企业定制最优融资方案和贷款利率，并设有多种还款方式和支持最长3年的贷款期限，以更灵活的普惠信贷服务全面支持企业融资。四是搭建平台。提出“服务‘三农’、振兴乡村”爱心行动计划，面向农业带头人、农村经营者提供信贷计划及支持政策，搭建交易平台，通过金融科技和线上化服务能力，开发适合在县及县以下发放的贷款产品，专门开发助农贷款，提高对广大县域的金融服务支持力度。

【取得成效】

截至2021年末，平安银行普惠小微贷款余额超过3 900亿元。同时，平安银行创新金融产品和服务，以“新微贷”为例，最高额度达200万元，无须抵押和担保，线上化申请方便快捷，为小微企业发展、乡村振兴提供了有力的金融支持。截至2021年末，平安银行搭建的“星云物联网平台”累计接入设备数量超过1 100万台，为实体经济提供融资超过1 600亿元，并荣获人民银行、证监会2020年度金融科技发展奖二等奖。

【经验启示】

一是聚焦长尾客群。涉农小微企业融资存在“信用实力弱、融资获取难”的特点，是商业银行“不敢贷、不愿贷、不能贷、不会贷”的客群。但小微企业是社会毛细血管末端群体，关系就业岗位和社会稳定，因此平安银行不忘初心，不断探索创新，坚持为小微企业提供金融服务。二是科技赋能控风险。平安银行通过“星云物联网平台”的海量和多维数据，构建全流程反欺诈和风控模型，解决银企信息不对称问题，将信贷服务扩展至以前不敢经营、不会经营的产业链上下游毛细血管末端，创新解决小微企业融资难题。

惠农e贷——线上农户信用经营贷款

广发银行股份有限公司

【案例背景】

广发银行长春分行一直十分关注当地的农村普惠金融的发展情况，但作为一家主要经营区域为城市的股份制商业银行，受限于网点和人员，迟迟无法取得突破。吉林省金融控股集团下属的农村金融综合服务公司是一家政府平台企业，建立了全面的农村普惠金融线下服务体系、庞大的农户信息数据库，并被政府赋予“农村土地经营权流转”职能，在经过一段时间农村普惠金融业务数字化探索后，也需要借助银行资金、科技、服务上的优势来推动新型农村金融服务模式创新，在此背景下，广发银行与该企业合作推出了“惠农e贷”线上农户信用经营贷款产品。

【主要做法】

一是找准产品定位。吉林省是农业大省，农村普惠金融发展潜力巨大。广发银行将支持当地广大农户融资需求作为普惠金融发展的主要目标。二是准确把握时机。吉林省是农村金融改革试点省份，政府大力推广农村数字普惠金融，积极寻求与当地主导搭建农村普惠融资服务体系的政府平台企业合作。广发银行借助国有企业网点、信息、人员的优势，发挥金融机构资金、科技、服务上的强项，成功将手续烦琐的农户贷款全流程挪至线上办理，推动了当地农村普惠金融的数字化发展。三是开发线上渠道。以现有成熟的线上贷款和开户系统做基础，引入合作企业大数据信息，根据农户的社会属性和生产经营特点对系统流程进行改造并不断优化，适应和满足农户线上贷款需求。四是与合作企业配合。通过整村授信和定点宣传等方式，对产品进行宣传和推广，扩大产品覆盖面。

【取得成效】

“惠农e贷”业务实现了农村普惠金融服务的全覆盖。运用电子签章、人脸识别、活体验证等先进技术，集成了信息采集、大数据风控等多种功能，实现了农户贷款的全流程线上化，打通了农村金融“最后一公里”，具备可持续发展空间，能够解决当地农民贷款难及贷款手续烦琐问题。农户足不出户即可享受到便捷的普惠金融服务，展示了广发银行通过科技赋能服务乡村振兴的央企责任和担当。“惠农e贷”自2021年4月上线以来，已累计投放4.5亿元，惠及农户6 000余户，覆盖近20余个县域，近千个乡（镇）、村，成果显著。

【经验启示】

农村金融日益呈现出多层次、多元化、大额化、多样化的需求，农村金融改革则面临金融机构基础设施薄弱、“三农”信用不足、传统信贷技术落后、服务产品单一等问题。除信贷、保险、支付、理财服务薄弱外，投资、证券等金融服务在农村基本为零，农村普惠金融任重道远。线上化农户贷款产品的成功，打开了金融助力乡村振兴的新思路。未来，商业银行可以通过与政府平台企业合作，利用各自优势，延伸服务半径，做到金融服务城乡同质化，引导更多社会资源投向“三农”领域，从而更有效地在农村开展普惠金融。

深耕共同富裕 普惠助力山区

浙商银行股份有限公司

【案例背景】

实现共同富裕是推动高质量发展的现实承载，而普惠金融则是实现这一目标的中坚力量。作为一家根植浙江共同富裕示范区、以小微金融业务起家的商业银行，浙商银行深知责任重大、使命光荣，坚决贯彻落实党中央关于高质量发展建设共同富裕示范区有关决策部署，实施普惠金融助力共同富裕示范区工程，开展“五进五惠”专项行动，通过进农户、小微、科创、县域核心企业、产业园等，全力助推惠民、惠企、惠创、惠链、惠园。在及时掌握客户第一手需求的基础上，积极创新推出“数智共富贷”系列产品，为共同富裕示范区特别是山区26县的农户、新型农村经营主体、个体工商户、微型企业等普惠市场主体提供融资服务，扎实推进农民农村共同富裕，助力乡村振兴。

【主要做法】

“数智共富贷”系列产品分为三大模式，辅以数字化、智能化流程提升服务质效，精准助力共同富裕示范区建设。

一是建立当地特色产业“白名单”模式。浙商银行主动聚焦浙江省内山区26县“一县一策”发展规划，按“一业一品一方案”原则，成立专门行动小组，深入研究当地县域特色优势产业和融资难点，实地开展调研走访，快速定制推出具有当地特色的免抵押、高额度、期限活、低利率的“数智共富贷”，切实解决农户、个体工商户等的燃眉之急，有效支持山区县做大做强优势产业带动共富。

二是推出“银行+龙头企业/农村合作社+农户”产业链服务模式，创新突破以抵押物为主要考量标准的传统融资方式，主动对接当地农业龙头企业、农村合作社、特色基地等，“借用”供应链产业链上核心企业的信用，为小农户和新型农业经营主体扩大种养殖、购买农机具、加装户用光伏等提供全线上化融资支持。

三是与浙江省融资担保集团、浙江省农业融资担保有限公司合作推出“银担”合作业务模式，利用财政贴息、减免降费、数字化赋能等优势，支持全省各县市特别是山区26县农业特色产业、新型农业发展，大力推广“见贷即保”的批量担保普惠业务合作，缓解农户等小微客群普遍缺乏抵（质）押物的痛点。

【取得成效】

“数智共富贷”系列产品以契合当地产业实际需求为目标，致力于打造个性化、免抵押、高额度、期限活、低利率的专属融资方案，着力缓解普惠群体融资难、融资贵问题。同时，基于浙商银行深耕数字普惠领域经验，强化大数据手段和人工智能前沿技术应用，实现“客户掌上申、合同无纸签、模型自动审、要素套餐配、线上自助提、贷款循环用”等新型服务功能，最大限度地提升县域普惠金融服务的覆盖面和便利度，全面激发农村地区发展活力、创新力、竞争力，加快培育形成新发展格局中的新增长极。2021年，已累计为浙江省内1万多户农户、新型农村经营主体、个体工商户及微型企业提供超9亿元信贷支持。截至2022年5月末，已为浙江省内山区26县成功定制“仙居杨梅共富贷”“龙泉剑瓷共富贷”“龙游生猪共富贷”等多款特色子产品，新增授信额度超过12亿元，真正为农村地区共富“滴灌”“增氧”，获得政府部门及社会各界的一致好评。

【经验启示】

浙商银行“数智共富贷”系列产品将自身经营特色、业务优势与共同富裕示范区特别是山区县实际有机结合，围绕山区县产业链全景图和当地“链主”企业，充分发挥浙商银行平台化服务优势，推广对产业链上下游企业的特色金融服务模式，有效提升产业链运行效率，帮助山区县“建链、补链、强链”，并深化银担合作，助力山区县打造有影响力的农产品公共品牌。下一步，浙商银行将继续深挖共同富裕示范区小微客群需求，不断优化“数智共富贷”系列产品，进一步满足农户、新型农村经营主体、个体工商户、微型企业等普惠市场主体“短、小、频、急”等差异化、个性化的融资需求，为普惠金融服务乡村振兴注入金融“活水”。

好粮快贷——粮食规模种植贷

恒丰银行股份有限公司济南分行

【案例背景】

村集体经济往往面临“缺技术、缺资金、缺产业”的困境，土地长年碎片化零散经营，阻碍了农业规模化高质量发展，不利于人力资源调配，造成亩均产量低、种地人均收入低等问题。恒丰银行济南分行紧跟国家粮食安全战略，聚焦薄弱环节，坚持党建引领下的业务创新，紧扣“党组织+合作社”壮大村级集体经济主脉搏，瞄准粮食规模化种植场景，积极探寻推动农业规模化、集约化发展的业务模式。

【主要做法】

恒丰银行济南分行与山东省农业发展信贷担保有限公司（以下简称省农担）、鲁担（山东）城乡冷链产融有限公司（以下简称鲁担产融）开展深入合作，塑造适合大田粮食作物规模化种植的新型服务模式。

在土地流转层面，镇政府提供村党组织领办合作社“白名单”，农户与合作社签订土地流转协议，将土地流转至合作社。在种植托管层面，合作社与托管服务商签订托管协议，由具备种植基础和粮食销售能力且经鲁担产融公司准入的托管服务商，向合作社提供农资农服采购、粮食种植、日常田间管理、粮食收获、协议回购的全流程种植服务。同时，依托鲁担产融智慧托管服务平台，结合算法模型，帮助合作社建立生长决策系统，提供科学化种植方案，提升精细化耕种能力。在银行融资层面，恒丰银行济南分行对提出贷款申请的合作社进行审查审批，利用鲁担产融平台提供的土地信息核定授信额度，为合作社提供基于省农担担保的资金支持，贷款资金受托支付至托管服务商，专项用于土地流转及粮食种植托管服务支出，粮食收获后由托管服务商按照托管协议回购，合作社粮食销售回款优先偿还贷款。通过鲁担产融平台对贷后资金用途进行监测，同时关注产融平台对资金变动及自然灾害的预警信息，及时核实并采取相应措施，确保资金用途正常、还款来源稳定。

【取得成效】

2022年5月18日，恒丰银行首笔“好粮快贷——粮食规模种植贷”业务落地德州齐河县，随后，恒丰银行已于德州、潍坊、聊城等地落地多笔业务，为采取全托管方式进行大田粮食作物规模种植的村党组织领办合作社投放贷款资金，引金融“活水”浇灌田间地头。德州、聊城、菏泽、滨州、济宁、泰安等地区共计20家合作社正在积极对接，致力于解决合作社现阶段玉米种植资金的难题。经过收益测算，在该业务模式下，村集体经济一年可增收十几万元，让村集体及村民获得了实实在在的收益。

该业务模式吸引包括中化现代农业有限公司、金丰公社农业服务有限公司在内的多家优质托管服务商参与，取得了各地政府的高度关注，随着业务模式的不断完善，将在各地开展“整县整镇”推进模式，优化配置农村劳动力，助力村集体增收，实现“藏粮于地，藏粮于技”，推动农业规模化、集约化发展。

【经验启示】

银行在服务乡村振兴时，加强与政府部门、金融科技公司、农业担保公司等多方合作，强化资源整合，提升综合金融服务能力，切实解决制约村集体经济发展的深层次问题，才能有效发挥金融助力乡村振兴的作用。一是要坚持党建引领下的业务创新，把党组织的领导全面融入农村经济发展和治理，增强群众能动性；二是要坚持数字化赋能乡村振兴，传统金融在服务覆盖面、服务深度、服务效率等方面已显露不足，银行顺应时代推进数字化改革、探索“线上+线下”乡村振兴综合服务新模式，已成为赋能乡村振兴、促进共同富裕的重要战略共识；三是要坚持农业产业规模化、集约化发展，适应现代农业生产，便于农业产业统筹推进、信贷资源统筹配置，走共同富裕之路。

吉农e贷

吉林银行股份有限公司

【案例背景】

吉林银行作为吉林省最大的地方法人金融机构，积极响应国家和省委、省政府号召，大力推进基层乡村数字普惠金融。为进一步加大支农惠农力度，提高农村金融服务覆盖率，满足乡村振兴多样化金融需求，吉林银行拓宽农户融资渠道，加大对农业的信贷支持，创新推出“吉农e贷”金融产品，有效地解决了农户融资难、融资贵、融资慢问题。

【主要做法】

“吉农e贷”通过农金服公司采集覆盖吉林省、市、县、乡、村五级申贷客户的综合性金融信息，将农村土地承包经营权作为担保物，通过可视化卫星地图定位申贷农户的耕种地块。由村级协理员完成产品宣传及营销获客，农金服公司根据吉林银行授信要求，以“白名单”的方式线上向吉林银行推送农户数据。吉林银行受理符合条件的农户提出的贷款申请，结合全线上化的审批体系和多年积累的零售用户大数据风控模型，对征信查询、账户开户、贷款审批、合同签约、放款审查、贷款发放等环节进行线上审批及放款。同时，吉林省物权公司流转农户农村承包土地的经营权，为农户贷款业务提供保证担保。2022年3月，随着新冠肺炎疫情的反复爆发，为解决疫情防控期间农民备耕资金不足和融资难问题，吉林银行联合农金服、吉林省物权公司，依托金融科技优势，结合大数据平台和覆盖各地的村级农村金融服务站，积极获取有融资需求客户信息，实现在农户不出门、业务人员不见面的情况下完成线上申请、线上放款。同时积极通过微信、抖音等网络新媒体渠道，向社会公众宣传普惠金融产品和服务创新案例，扩大备春耕支持力度，有效防控疫情，及时把备耕资金送到农户手里，保障吉林省农户春耕生产顺利开展。疫情反复的3月初至4月末，累计发放“吉农e贷”0.31亿元。

【取得成效】

吉林银行创新推广“吉农e贷”产品，有效地解决了乡镇村屯无营业网点情况下的农户贷款难题，做实真小真微，将信贷资金精准滴灌“三农”市场，打通金融助农“最后一公里”。截至2022年5月末，吉林银行累计为农户授信“吉农e贷”3 330户，放款金额3.64亿元。该产品操作简单便捷，让农户足不出户即可随时获得吉林银行信贷资金。特别是疫情期间有效地解决了农户春耕备耕资金难题，通过线上方式为农户建立了一条信贷服务绿色通道。

【经验启示】

吉林银行将持续认真贯彻落实乡村振兴战略，从多处发力，切实加大涉农信贷资金的投入，致力打造符合现代农村产业体系、现代经营体系需求的金融支持模式，继续通过科技赋能，线上线下相结合，巩固脱贫攻坚成果并使之与乡村振兴有效衔接。

高标准农田建设融资支持乡村产业振兴

长沙银行股份有限公司

【案例背景】

2022年中央一号文件提出要“多渠道增加投入，2022年建设高标准农田1亿亩，累计建成高效节水灌溉面积4亿亩”。澧县作为湖南省农业大县，农业产业仍然存在一些亟待解决的问题：耕地地力水平已影响农作物产量；农田区域内基础设施条件非常薄弱；特色产业种植规模小难以做大做强。政府提出澧县乡村产业振兴（二期）建设项目，打造高标准农田、精品蔬菜种植基地、精品葡萄种植示范基地、现代化油茶种植基地，以期解决上述问题，在项目建设过程中存在较大融资需求。

【主要做法】

得知项目融资需求后，长沙银行为项目设计了融资方案，以澧县澧州城市发展实业有限公司作为承贷主体，由澧县城市建设投资开发有限公司进行担保，给予项目13年融资期限、3.5亿元的融资规模，采取按季付息、按计划还本的还款方式，同时支持项目以“LPR+120BP”较低利率融资，该项目以高标准农田出租收入、精品蔬菜种植基地出租收入、精品葡萄种植示范基地出租收入、新造油茶林种植销售收入、油茶低产改造销售收入作为后续还款来源，较好地支持了乡村振兴建设项目发展，具有较好的示范效应。

【取得成效】

该项目通过建设后，涵盖高标准农田、精品蔬菜种植基地、精品葡萄种植示范基地、现代化油茶种植基地4个子项目，更好地推动了澧县农村经济进一步发展，对增加粮食产量，稳步提高澧县农业综合生产能力具有重要意义。

【经验启示】

该项目通过流转农村集体用地，同时发挥国有企业融资的优势，利用“自有资金+银行借款”建设高标准农田、精品蔬菜种植基地、新造油茶林种植基地、油茶低产改造等基础项目的建设，解决农户前期对项目建设资金来源不足、一次性投入过大的问题，同时拉长贷款周期，将建设好的项目以租赁形式出租给区域内龙头企业、农民合作社，改善土壤，提高土地利用效率，增加农民收入。

“线上兴农贷”助力烟农经营

贵州银行股份有限公司

【案例背景】

长期以来，贷款难、贷款贵问题困扰着我国农业及农村的发展。传统农户授信，需要工作人员深入现场开展尽职调查，查阅资料、了解农户详细信息，再加上授信审批时间长，一套流程需要3~5天。这种完全依赖人的方式，不仅耗时、费力、成本高，还面临人工操作风险、道德风险、客户风险评估难、授信不准确等问题。

【主要做法】

贷前调查数字化。在贷前客户调查阶段，摆脱了烦琐且标准不清晰的传统尽调流程，依托数字技术，线下使用贵州银行“小掌柜”采集上传看得见的客观现场数据，如农户家庭住房、存货、经营场所、生产设备、车辆等能够直观反映农户家庭收入水平、偿债能力且相对容易现场采集和评估的“软信息”，线上调取人民银行征信数据及收集客户合规的互联网大数据，如法院公告、流水记录以及涉及借贷关系的网络行为数据等经过客户授权并脱敏的数据信息。最终将上述线上线下信息录入数字化模型进行运算和交叉验证即可完成调查。

资料审查智能化。在客户资料审查阶段，通过智能校验，减少录入信息的错误，如客户身份证信息、银行卡信息的自动校验，以及其他关键数据的逻辑检验。

风险评估系统化。在授信环节，使用风控规则、评分模型和风险策略由系统自动进行信用风险评估。风控规则主要通过行内数据、个人征信数据、第三方外部数据等对客户风险进行多维度的评估。评分模型主要围绕客户的基本信息和个人征信等进行风险评分，对客户进行风险等级划分。风险策略通过结合风控规则和评分模型，对不同客户输出差异性的审核结果，并对风险信息进行提示。

【取得成效】

一是整村授信工作稳步推进。“兴农贷”产品自推出后，已惠及1 100余个乡镇，当前已发放15 902户，金额23.2亿元。二是办贷效率大幅提升。在现场考察后，客户经理通过移动端或手工采集农户信息，采取信息采集和额度授信双流合一的方式，进行“现场+后台”作业，同步审查审批，为农户办理兴农贷款。原则上整个流程（含现场考察在内）仅需1小时，而此前一般农户办贷流程需要3~5天。三是操作成本大幅压降。原来需要在现场做的尽职调查简化为拍照，半小时内即可完成，原先的审贷会简化为数字算法计算，大大降低了时间、人力、培训和操作成本。

【经验启示】

一是利用“客户经理+普惠农经员+普惠金融站长”模式，将小微业务进一步下沉到农村，提前掌握农户种养殖经营情况及目前种养殖过程中遇到的资金需求问题，用人员解决线下信息采集的问题，用数字技术解决效率及风险深度评估的问题。二是不断提高作业效率。农村小额贷款通过数字技术手段和流程的优化，能够大幅降低作业成本，实现规模经济。三是坚持以人为本的理念，业务、宣传两不误。要开发使用适合当地客群需求的数字技术，在满足农村客户需求的前提下，向其普及数字普惠金融、个人金融信息保护、风险防范等知识和政策，逐步解决农村地区“数字鸿沟”问题，保障普惠金融各项政策落地实施。

“云农贷”服务乡村振兴　助力产业兴旺

富滇银行股份有限公司

【案例背景】

“三农”问题始终是国家重要的发展问题，党的十九大作出实施乡村振兴战略的重大决策部署。云南作为全国农业大省，基础设施相对薄弱、产业化程度不高以及产销方式单一等原因，导致产业链中各利益主体未形成高度联动的经济生态圈，产业化发展亟待升级转型。云南省委、省政府提出打造世界一流“绿色食品牌”“一县一业”发展战略。富滇银行切实响应号召，全面贯彻国家区域协调发展和实施乡村振兴战略，积极推动网点机构及金融服务向实体经济纵深发展、向“三农”领域下沉，主动构建做优城市金融服务、做宽乡村综合服务的“双轮驱动”发展格局。在整合原有系列惠农产品的基础上，创新推出“云农贷”产品。

【主要做法】

2013年8月，富滇银行优选大理州宾川县水果产业作为“三农”金融服务试验田，与宾川县委、县政府联手打造高原特色农业金融信贷产品——“金果贷”，成为全国首推的水果类金融信贷产品，依托宾川县农业局确认的水果种植户种植面积、种植物经济价值，以附着于流转土地上的水果收益权作为担保方式，向种植户提供信贷支持。在原有试点区域基础上进一步将高原特色农业金融服务范围扩大至云南地州县区及昆明周边县区等地，重点围绕云果、云菜、云药、云花、食用菌种植及牛羊畜牧产品养殖，形成特色农业金融产品在省内遍地开花的局面。持续运用移动计算、人脸识别、大数据风控等数字化技术对产品进行迭代升级，实现了线上化、数字化、智能化的“三农”信贷服务。通过数字赋能，“云农贷”业务办理效率比传统模式提高了10倍以上，实现了批量授信、秒放秒还的服务效能，更加贴近农户“短、小、频、急”的需求特点。采用信用、担保、抵押、供应链等多种担保方式，充分解决农业经营主体融资难题，提升信贷可获得性和便捷性。通过“线上+线下”“通用型+定制化”的金融服务，全面满足全产业链经营主体融资需求。

【取得成效】

富滇银行依托云南高原特色农业产业核心地位，紧密围绕产、供、销渠道路径，将服务延伸贯穿产业发展的各个环节，以产业链中的小微企业、专业合作社、专业能人、农户作为主要服务对象，通过金融理念创新、业务创新和服务创新，打造一体化、贯穿式的客户营销定位和布局。“云农贷”子产品——“金果贷”成功入选“亚洲金融合作联盟成员单位小微金融实践优秀案例”，荣获《银行家》杂志“中国十佳金融产品创新奖”，荣获中国银行业协会“服务小微及‘三农’百佳金融产品奖”。截至2022年9月末，富滇银行“云农贷”产品已累计投放超过56亿元，服务农户农企3.88万余户，在云南省15个州市、38个县域实现落地。通过活体抵押的方式推动“云农贷”肉牛养殖业务实现成功落地，截至9月末投放肉牛贷935笔，余额1.46亿元。

【经验启示】

富滇银行“云农贷”产品打造了金融支持高原特色农业全产业链发展的“富滇样板”，推动了水果、蔬菜、牛羊畜牧种养殖等特色农业产业转型升级，弥补了云南省“大资源”“小产业”“弱效益”的农业产业缺陷，促进优势特色产业向全产业链发展，助力国家乡村振兴战略及云南省委、省政府打造世界一流“绿色食品牌”“一县一业”发展战略实施。一是推动产品数字化转型，实现“线上+线下”双渠道办理，简化贷款申请手续，提升业务审批效率。二是扩大涉农业务范围，实现“种植+养殖”双产业融资，满足多类型产业金融需求。三是延伸客户服务半径，实现“农户+农企”双主体服务，更好地支持新型农业经营主体发展。

订单农业支持乡村振兴

西安银行股份有限公司

【案例背景】

西安某乳业（集团）有限公司始创于1978年，现已成为地方乳制品龙头企业，但也曾一度为其上游奶农户无法得到资金支持储备青贮饲料而犯愁。每年第三季度玉米收获时都是奶牛养殖户大量收购玉米秸秆的关键时点，若此时没有足够资金进行秸秆储备，则将会直接影响未来一年奶牛饲料的正常供应。作为地方性金融机构，西安银行始终坚持做服务实体经济、服务百姓民生的“好金融”。通过不断深入基层，主动下沉业务重心，以发展的思路重新整合区域资源，积极履行社会责任，响应监管要求，拓展“三农”业务，支持脱贫攻坚，通过“订单+公司+奶农”的金融模式，将惠农贷款落到实处。

【主要做法】

西安银行为了拓展订单农业，获取真实数据，安排专人逐个走访周边奶牛养殖基地，挨家挨户调查了解，进牛棚、盘库存，一步步探索为广大奶农户提供金融支持的可能性，寻找阻碍业务落地的症结。因为时间紧、任务重，在确定方案后，西安银行派遣客户经理前往临潼、阎良、富平、合阳等奶牛养殖区逐户上门调查，在了解到奶农融资难的痛点在于无法夯实还款来源及提供符合银行要求的担保后，西安银行通过调查研究，解决借款人担保不足的问题，完善风险模型，创新业务模式，经过反复沟通论证，最终拟订了“订单+公司+奶农”的业务模式，即奶牛养殖户以生鲜乳收购方向其支付的奶款为还款来源，银行根据奶农订单合同规模及存栏奶牛数量测算授信金额，农产品收购方提供担保的融资模式，将应收账款合理变现的概念引入广大农户，在乡村涉农领域搭建供应链金融，把单个农户的不可控风险转变为供应链企业整体的可控风险。

【取得成效】

一是务实有效地促进了乡村振兴。该业务自2013年开办至2022年9月末累计服务奶农100余户，累计发放贷款金额8 865万元；值得一提的是，凭借科学的业务模式及风险识别模型，西安银行奶农贷款从未出现过客户逾期情况，持续保持良好的资产质量。二是充分带动当地农民创业就业。“订单+公司+奶农”模式带动了广大奶农户脱贫致富，在金融“活水”的滋润下，实实在在地帮助奶农户解决了收储饲料时资金不足问题，同时更是带动了一大批农村人口就业。三是促进涉农供应链产业链融合发展。帮助奶农户解决了收储秸秆的资金难题，为核心企业奶源的稳定提供了保障，开创了农村地区奶农贷款的新思路。这项业务的成功落地受到了当地金融办、人民银行以及奶农户的一致好评并进行推广，为金融机构拓宽奶农融资渠道作出榜样，丰富了支农信贷模式，同时也受到了《金融时报》的宣传报道。

【经验启示】

一是高度站位，心系“三农”。保持高度政治站位，紧扣产业振兴促进乡村振兴，产业振兴是乡村振兴的关键，实现产业振兴促进乡村振兴，是金融机构的责任，强化银行信贷资金作为乡村振兴基本动力，突出金融对于其他要素盘活、资源配置的引导在巩固脱贫攻坚成果、助力乡村振兴发展方面的重要作用。二是下沉服务，贴心支持。作为城商行，尽管面临网点少、管理半径小的问题，但是西安银行克服困难，尽量将服务下沉至乡镇和农户，以金融服务打破产业链供应链上下游“瓶颈”，进一步提升金融服务水平。三是风控为基，务实创新。奶农贷款近十年来未发生逾期还款，就是在风险可控的基础上进行产品创新，谋求行稳致远。在乡村振兴工作中贴心务实、风控为先，创新举措、主动作为，以订单为媒介，既解决了农户贷款担保难问题，也保障了乳品企业供应链问题，切实处理好风险控制和乡村振兴的辩证关系，让群众获得实实在在的好处，进而促进产业链供应链渠道通畅，增加企业盈利，实现了多方共赢。

新举措深耕“三农”服务　新模式“贷”动乡村振兴

兰州银行股份有限公司

【案例背景】

甘肃德华牧业有限公司（以下简称德华牧业）是一家集良种奶牛养殖、繁育，鲜奶生产、销售及良种乳犊牛培育扩散为主的综合型民营企业，也是甘肃省张掖市重点扶持的“万头奶牛养殖基地产业化项目”落地企业。截至2021年末，企业已建成高标准双边对头后备牛舍14栋，引进优质高产带犊荷斯坦奶牛已超过5 000头，存栏奶牛价值约7 900万元。为充分抓住甘肃省乡村振兴政策机遇期，实现企业长期发展的目标，德华牧业计划建设万头奶牛养殖基地产业化项目，亟须引进先进技术、设备等约1.5亿元生产要素，但由于企业投资规模大，自有资金有限，缺乏有效抵（质）押资产，导致担保、抵押难以落实，特别是企业核心资产——活体奶牛难以作为抵（质）押物被金融机构接受，企业项目推进一度陷入困境。

【主要做法】

在得知该企业融资难题后，兰州银行迅速行动、积极作为。在新冠肺炎疫情反复暴发期间，其信贷团队在抓好疫情防控的同时主动多次深入企业调研，针对企业的“急、难、愁、盼”问题，兰州银行因地制宜地推出活体奶牛抵押的融资方案。

创新提出“生物活体抵押+物联网监管+银行”合作模式。经过反复商议，兰州银行最终提出“生物活体抵押+物联网监管+银行”的合作模式。该模式下企业以5 000头活体奶牛作为抵押物，依托物联网活体监管，在银行相应的监管方案下，实现活体生物资产金融化，探索出一枚新的“破题之钥”。

破解活体抵押登记确权难题。兰州银行通过中国人民银行征信中心“动产融资统一登记公示系统”对活体奶牛办理抵押登记，并以奶牛佩戴的唯一电子耳标作为登记标识，有效防止重复抵押，确保抵押物可随时随地监测。

多方监管有效防范抵押风险。引入第三方监管公司——甘肃金泰担保存货管理有限公司进行协议监管，随时掌握借款人奶牛存栏数、出栏数、防疫数、无害化处理等情况。依托内置数字芯片的电子耳标，实时监控抵押物状态。同时要求借款人以100%的股权作为质押，关联公司以2 000头活体奶牛、土地及地上建筑作抵押，最大限度地消除了银行对抵押物监控的顾虑。

【取得成效】

兰州银行首单“活体奶牛”抵押贷款业务在张掖市的成功落地，既为在全省范围内推广“活禽”“活畜”抵（质）押类贷款业务提供了先进的参考经验，也为传统养殖行业贷款难、担保难、抵押难问题探索出了一条全新的路径，彰显了乡村振兴战略实施下兰州银行的责任与担当。截至2022年9月末，兰州银行已为德华牧业提供了8 000万元项目贷款授信额度，发放贷款资金7 392万元，期限8年，帮助企业走出发展困境，有力地支持了企业项目的复工复产，并在企业增收、吸纳就业方面发挥了有效的推动作用。

【经验启示】

一是“活体抵押”融资模式是金融机构深入践行乡村振兴战略的新抓手，能够有效破解种养殖企业弱抵押、融资难等问题，值得全面推广和借鉴。二是活体抵押确权和抵押物估值是新模式推进的关键因素，需要相关政府部门在抵押业务受理、权证颁发等方面提供制度及平台支撑。三是活体抵押贷款业务的办理为其他动产业务提供了新思路，特别是对于其他市场价值高但运用传统方式无法抵押的农村动产也应开拓思路，借助新技术、新手段，积极探索多样的确权抵押融资模式。

卫星遥感和人工智能技术在智能化农村金融中的创新应用

浙江网商银行股份有限公司

【案例背景】

网商银行在为农户提供服务的过程中，发现农村金融领域信用体系正处在建设阶段，缺乏有效抵押物、运营成本高、覆盖程度低，使农户较难获得便捷优质的金融服务。从数据角度看，数据源呈现小、散、乱的特点，数据缺乏公信力。同时，农业生产经营数据获取难，数据更新不及时。从风控角度看，行业风险、区域风险差异大，数据缺乏交叉验证方式。“地在哪里？种的是什么？长得怎么样？有没有受灾及病虫害？”都成为授信难点。

【主要做法】

为更好地服务“三农”，解决生产端农户贷款难题，2019年起，网商银行积极探索通过卫星遥感技术结合普惠金融产品和服务创新案例Ⅰ模型算法获取可信动态数据，并创造性地将识别结果应用到涉农信用贷款模型中。

主要做法是用卫星遥感获取初步图像，并对应到地球上的土地。通过多张卫星遥感图像，银行可以得到这个地块过去一个月甚至一年的所有信息。把图像信息输入人工智能系统，利用深度神经网络算法，从一系列的遥感卫星图像里识别出对应地块上的农作物。同时，遥感影像的每个像素对应地球上的地表面积是已知的，根据图像像素的数目×每个像素的面积就可以得到一个地块的实际面积。2021年9月，网商银行还对卫星遥感技术“大山雀”进行了升级，在已有的小麦、水稻等主粮作物识别能力的基础上，新增了苹果、猕猴桃等经济作物品类的识别能力，这意味着许多果农贷款难的问题有了新的解决方案。此次升级的“大山雀”，其作物识别算法模型，实现了融合识别不同分辨率的影像，提升了水果等经济作物的识别精度，在业内属于首创。还可根据各类信息源建立农业知识图片，利用地形、降水、积温、历史产量等知识提升作物识别效果。网商银行让算法机器“掌握”了人工经验。

【取得成效】

现在，农户只要拿着手机，绕地走一圈，或是在支付宝上把自己的地在地图上圈出来，卫星就可以识别这块地的农作物面积、作物类型，分辨出水稻、玉米、小麦、花生、烟草等多种作物，准确率达到93%以上。农户圈出的地块是否准确，也可以和农户在政府机构登记的土地确权、土地流转等数据进行交叉验证。先有了这些相关信息，再结合气候、行业景气度等情况，网商银行通过几十个风控模型，就可以预估产量和价值，从而向农户提供贷款额度与合理的还款周期计划。不同于只在农户申请贷款时关注其生产经营状况的传统信贷金融机构，网商银行通过卫星遥感掌握农户历史过往所有生产经营的记录，先了解发放贷款以后农户的实时情况，再考虑他们可能遭受的自然灾害，更加精准地对农户的个人信用以及生产种植行为作出评价，从而评估农户的资产。目前，以5天为周期，网商银行通过实时更新卫星影像和识别结果，监测农作物的长势，判断作物所处的育苗期、拔节期或收割期等阶段，进而分析农户插秧、打药、追肥以及收割时期的不同资金需求。截至2022年9月，“大山雀”已覆盖全国28个省、自治区、直辖市，近百万户种植大户因此得到了信贷资金。

【经验启示】

作为数字金融从业者，网商银行保持开放合作，与当地政府、银行、商业机构一起努力，用科技降低了获得金融支持和金融服务的门槛，稳步提升合作县域的覆盖度，实现农业产业金融数字化，让更多农民群体享受到科技金融、普惠金融的福利。

“金融造血”助力乡村振兴 探索“互联网+金融”扶贫新样板

深圳前海微众银行股份有限公司

【案例背景】

“十四五”规划提出，要健全农村金融服务体系，完善金融支农激励机制，扩大农村资产抵押担保融资范围。2022年的中央一号文件也提到金融要成为支持实现乡村振兴的重要工具，并首次提出要发展农村数字普惠金融。党的二十大报告提出“全面推进乡村振兴”，这是缩小城乡差距、建设社会主义现代化强国的重大战略。

【主要做法】

微众银行微粒贷金融扶贫项目借助数字银行特性和金融科技优势，融合产业协同发展，变“输血”为“造血”，实现扶贫产业可持续发展，探索出“互联网+金融”扶贫新样板。2021年，微众银行依托“微粒贷金融扶贫项目”特色和经验，升级打造了“微粒贷金融乡村振兴项目”。通过微粒贷产品与合作银行开展支持乡村振兴，通过将微粒贷联合贷款中业务核算落地的方式，定向为国家乡村振兴重点帮扶县贡献税收，助力国家乡村振兴重点帮扶县的各项工作。此外，微众银行还依托微业贷供应链金融，积极开展农业供应链上下游的金融业务，以支持链属企业发展，带动产业链稳定发展，带动各地就业与生产，带动乡村振兴。

【取得成效】

作为数字银行及金融科技深度发展与日渐成熟的产物，微众银行微粒贷是创新型金融扶贫的践行者。截至2022年6月底，微众银行微粒贷乡村振兴模式已落地全国38个县域，其中包含5个国家级乡村振兴重点帮扶县，累计为全国各县域贡献税收超过2.7亿元。新增税收由落地县政府用于建设各项基础设施、打造特色鲜明的主导产业、修复乡村生态环境，在推进美丽乡村建设中发挥了重要而积极的作用，因而深受当地政府、企业和人民群众的好评。另外，微众银行微业贷供应链金融已与饲料、农机、化肥、种子、农药等农业细分行业的超过50家核心企业达成合作。截至2022年6月，微众银行已为133万名脱贫客户发放贷款约160亿元，有效地支持了乡村振兴和农村实体经济发展。未来，微众银行将持续加大对践行普惠金融的投入，扩大普惠金融服务受益面，以实际行动为乡村振兴注入金融“活水”。

【经验启示】

银行业作为金融“排头兵”，应为实体经济高质量发展输送“血液”，精准直达小微“三农”，助力实现共同富裕。微众银行作为金融业深化改革的产物，怀揣“让金融普惠大众”的初心使命诞生，凭借多年来在普惠金融市场上的积累以及不断锤炼的科技创新力量，助力缩小城乡差距，为乡村振兴提供了有力的金融支撑。

用金融科技赋能白羽肉鸡产业链 为农村养殖插上普惠金融翅膀

上海农村商业银行股份有限公司

【案例背景】

上海农商银行定位于坚持服务“三农”、服务小微，深入发展新型现代“三农”金融业务，将超大城市“三农”金融服务作为普惠金融的重要发力点，致力于推动乡村振兴、新型城镇化、城乡融合发展背景下“三农”金融服务转型升级，持续打造支农主力军特色品牌。2021年起，上海农商银行明确以农业产业链和农业数字化转型为两大抓手，努力形成金融服务国家乡村振兴战略的上海特色。上海农商银行秉持“产业发展，金融先行，科技助力”的理念，率先试点农业产业链业务，通过不断加大科技资源投入，搭建起“三农”金融的信息化基础设施，并与农业农村部新型农业经营主体信息直报系统平台合作开发鑫农乐贷产品，实现了各类新型农业经营主体线上贷款服务，为养殖、种植等农业生产经营带来极大便利。

【主要做法】

JA农牧集团是一家专注于白羽肉鸡养殖的龙头企业，负责向养殖专业户提供鸡苗、饲料、技术支持、成鸡销售服务，养殖户承担鸡舍基地建设、肉鸡养殖。为了引导养殖户将生产方式由家庭分散式转变为工厂集中式规模养殖，解决传统生产方式中存在的养殖规模小且不规范、技术支持不足、资金缺乏等问题，JA农牧集团采取了“公司+农户”模式，对接大型屠宰企业以销定产，帮助农户从前端锁定销售价格，并采取集中采购鸡苗、饲料等方式降低养殖成本。上海农商银行紧盯当地养殖产业发展，以特色白羽肉鸡产业链金融服务作为金融服务乡村振兴的重要切入点，以JA农牧集团为核心企业为产业链中数百位养殖农户提供融资服务，破解养殖农户采购养殖物资的资金困局。该案例中，金融机构以技术为手段、业务为核心，借助大数据与金融科技，以大数据风控模型为基础，通过与农业农村部新型农业经营主体信息直报系统信息共享、数据融合，并结合人工智能等技术手段，实施“三农”客户画像分析。同时，基于“三农”授信模型、精准营销模型等人工智能模型，加上与JA农牧集团将采购销售系统直连，以真实的经营数据为主要抓手，为农户提供精准、快速的金融服务。

【取得成效】

截至2022年9月底，上海农商银行当年累计发放“公司+农户”养殖贷款70笔，金额6 000余万元。上海农商银行的白羽肉鸡产业链金融模式解决了养殖户贷款难的问题，助推养殖户增收致富奔小康，搭建了生产与销售桥梁，实现了产销无缝对接，提高了专业化养殖规模和水平。目前，上海农商银行的农业产业链模式依托线上化、数字化手段，围绕核心企业，将金融服务辐射至江苏、安徽、云南等7个省份，通过产业链切入养殖和种植等业务场景，保障了农户贷款的可获得性，也解决了核心企业的资金周转问题，产业链金融服务实现了多方共赢，保证了农业产业链可持续发展。上海农商银行提供的贷款利率比当地平均利率水平低2个百分点以上，为乡村振兴提供了金融“活水”，实现了普惠金融精准滴灌特色农业的目标，全力支持特色农业产业发展壮大，助力产业兴旺、农民增收。

【经验启示】

推进乡村振兴需要产业的帮扶和金融的助力，白羽肉鸡产业链金融模式由龙头企业带动，以金融科技为依托，强调商业模式的可持续性和资金的闭环运行，有效地突破了传统农户融资无抵押无担保的壁垒，解决了金融机构与农户间的信息不对称困境，既强化了农产品的“产销衔接”，也促进了农业产业融合价值链运作的社会化服务创新。该模式可复制可推广，目前上海农商银行已成功服务肉鸡、蛋鸡等十余个种养殖品类，后续还将继续探索金融支持乡村振兴工作，不断创新“三农”金融服务模式。

整村授信拓宽致富路　浇灌乡村金融“活水”

天津滨海农村商业银行股份有限公司

【案例背景】

2021年是全面推进乡村振兴的关键年，为深入贯彻落实相关政策要求，天津滨海农村商业银行制定了乡村振兴专项授信政策，全力支持乡村振兴战略。天津滨海农村商业银行大港支行所辖片区位于滨海新区南部，片区内有5个涉农街镇，74个行政村，农户4万户，农业人口11.5万人。

【主要做法】

依托天津滨海农商银行总行乡村振兴专项授信政策，大港支行立足辖区，深耕农业农村市场，做实做透普惠业务。辖属各支行通过走访对接街道政府、村委会推动乡村振兴整村授信业务，实地调研获取有融资需求的村民名单，积极对接落地个人乡村振兴贷，为乡村经济注入金融“活水”。马圈村坐落于天津市滨海新区中塘镇西部，耕地4.53平方千米，常住人口2 450人，居民居住稳定性较高，全村种植规模户8户、养殖规模户28户，大部分种植养殖户都参加了农业、畜牧业保险。通过对接、实地调研与审批，大港支行所辖中塘支行为马圈村整村授信500万元，用于支持村民种植业、畜牧业的生产经营，目前已成功发放一笔个人农户经营性贷款，及时缓解了农户的生产经营压力。

【取得成效】

郭师傅是马圈村一家食用菌生产经营公司的法定代表人，也是大港支行的授信客户，他的主要业务为茶树菇的育种、培育、种植和销售。由村民承包大棚，购买郭师傅生产的菌棒后，自己先培育出菇、收菇，再以协定价销售给郭师傅，由郭师傅负责销售，这样既保证了销售回款，又带动了一批村民脱贫致富。大港支行在先期合作中已经给予郭师傅280万元信贷资金支持，用于扩大种植规模、优化产业结构，此次对于马圈村的整村授信意在支持村民依托核心企业发展个人生产经营，达到脱贫致富的目的。

【经验启示】

以该业务为例，先通过优质核心企业带动农户发展个人生产经营，再由企业保证销售回款，达到企业与农户的共赢目的。大港支行在支持乡村振兴的道路上，积极响应政策号召，采取由点及面、由面到点、点面结合的授信策略，通过“龙头企业+农户”的业务模式，为乡村企业和农户提供融资、结算、资金存放等多元化金融服务，扎根农村区域将普惠金融做实做透。

“渝快乡村贷”普惠万千客户　筑梦共富

重庆农村商业银行股份有限公司

【案例背景】

《中国农村金融服务报告》、中国社科院《“三农”互联网金融蓝皮书》等相关行业分析报告的数据显示，全国每年的“三农”金融供求缺口超过3万亿元，农户和农业生产信贷满足率不到三成，2/3的农户表示农村贷款不便利。农户信贷供需不平衡、不匹配，主要是“三农”数字化基础薄弱、农村经济发展结构较为单一、小额分散导致银行获客和管理成本高等原因所致。重庆农村商业银行积极以科技赋能破解上述融资难题，创新推出“渝快乡村贷”产品，以线下采集的建档数据为基础，与征信、司法、工商、运营商、涉农保险等外部大数据以及行内金融数据融合运用，实现客户端全线上化、风控决策数据模型化，实现“让客户更便捷、让客户经理更简单”的目标。

【主要做法】

一是丰富多样的客群类型。通过对各区县现场调研，基于农时地域、产业链上下游和社会关系网，找到乡村目标客群。精准覆盖脱贫人口和边缘易致贫人口，支持坚决守住不发生规模性返贫底线；分步覆盖重庆全产业客群，围绕柑橘、榨菜、柠檬、调味品、中药材等现代山地特色高效农业，服务种养、加工、流通等产业链上农户、专业大户及涉农小微企业主；全面覆盖整村授信中符合准入条件的所有客户，主动批量授信。二是高效便捷的贷款方式。积极推进面向农户等乡村客群的信用贷产品服务，解决乡村客户缺少有效抵（质）押物的难题。支持线上申请、线上签约、线上支用、线上还款，客户线上操作方便快捷，让乡村客户充分享受金融科技带来的服务便利，提升客户办贷体验。三是主动授信的风控模式。针对乡村客户线上数据较少的特点，采用线上线下相融合的风控模式，以线下建档评级数据为基础，结合线上大数据进行风险评价，打造风险标签体系，支持全域客户风险画像，同时根据各客群特征，打造差异化的风控模型。推进构建农村信用评价体系，通过“专用设备+移动工作”的方式，实现建档评级的数字化、移动化和智能化，不断提高涉农信贷的风控能力。

【取得成效】

重庆农村商业银行创新“渝快乡村贷”，普惠万千客户，绘就共富画卷。

一是“线下+线上”覆盖主体全。该产品能有效覆盖农户、种植养殖大户、家庭农场主、农村致富带头人等各类农业经营主体，推动全农户的建档评级授信。将地理行政区划与分支机构分布相结合，根据业务场景进行不同类型的网格划分，实行网格客户的差异化金融服务。二是“标准+特色”适应产业广。针对重庆乡村产业发展特点，打造模块化产品模式，绘制产业地图。在重庆市各区县特色产业调研走访的基础上，目前已完成“渝快乡村贷”下榨菜、花椒、烟叶、面业、红橙、金果等11个特色产业的信贷产品创设，助力乡村产业振兴和农户致富增收。三是“数字+信用”实现融资易。针对各类型乡村客群，设计了精准化的调查指标，如经营年限、经营规模等，通过客户画像及大数据，可快速完成评级授信，实现客户在线、实时、自助完成签约及支用。该产品2021年11月推出，当年年末授信户数2 699户，授信金额3.64亿元，贷款余额0.34亿元。截至2022年10月末，累计授信18 384户，授信金额16.19亿元，在贷余额5.30亿元。

【经验启示】

重庆农村商业银行推出线上线下融合乡村振兴数字化风控产品“渝快乡村贷”，实现线下建档评级与线上智能授信的结合，提升农户办贷体验，满足乡村振兴金融需求。该模式有两个方面的经验值得借鉴。一是服务质效做“加法”。涉农贷款采用线上、线下融合模式，充分发挥银行的线下网点优势，先由线下调查获取线上模式贷款无法采集的数据，再结合大数据减少线下调查的内容，提高办贷效率和风控能力。二是服务流程做“减法”。通过签约、放款的线上化、自助化，实现贷款支用的便利性，不断提高涉农贷款办理效率。后期对涉农贷款流程持续迭代，实现线下建档评级工作的标准化和贷款审批的自动化。

"党建+金融"支持农民合作社高质量发展整县推进试点

黄河农村商业银行股份有限公司

【案例背景】

加快构建现代农业"三大体系"，离不开家庭农场、农民合作社、社会化服务组织和农民的广泛参与。黄河农商银行抢抓国家农业农村部开展农民合作社质量提升整县推进试点机遇，与宁夏回族自治区党委农办密切协作，创新"党建+金融"品牌，支持农民合作社高质量发展整县推进试点，取得了积极成效。

【主要做法】

黄河农商银行党委积极与自治区党委农办对接沟通，选择平罗、灵武、沙坡头、彭阳4个县区开展农民合作社高质量发展整县推进试点。一是定方案，制定了《金融支持农业农村部农民合作社质量提升整县推进试点县开展农民合作社风险担保试点实施方案》。二是建平台，与4个县区农业农村局签订业务合作协议，建立"农民合作社贷款担保金"，由黄河农商银行组织4家县区机构按照1∶10的比例放大倍数发放贷款。三是划范围，重点支持农民合作社新技术推广应用、农村社会化服务、产品营销等生产经营能力提升，以及开展生产、供销、信用"三位一体"综合服务，进一步提升合作社经营管理、市场竞争和服务带动能力。四是选客户，4个县区农业农村局结合当地实际，向4家机构推荐制度健全、管理规范、带动力强的县级以上农民合作社。五是严把关，按照国家相关扶持政策和黄河农商银行信贷管理办法进行甄别，选择经营状况良好、无不良信用记录、对周边小农户示范带动作用明显的合作社给予信贷支持。六是强保障，以"党建+金融"为引领，以银政、银农合作为纽带，以产业链、资金链为依托，建立常态化联系沟通机制、风险保障机制，由督导员对4家县区机构业务推进落实情况进行现场督导。

【取得成效】

开展试点一年来，黄河农商银行通过"党建+金融"品牌，创新了银政、银农合作模式，对农民合作社实行"合作社+农户+基地""合作社+农户+电商"等多种金融服务方式，给予信贷资金支持，形成了产供销一条龙的信贷服务关系和农工贸一体化的金融服务链，建立了各级党组织引领的“市场主导与合作社产业相结合、财政扶持资金与信贷资金相融合”支持合作社高质量发展长效机制。截至2022年5月末，4家机构共建立农民合作社贷款担保金1 120万元，已发放贷款7 253万元，受益的农民合作社有113户，带动当地近千户小农户参与产业发展。

【经验启示】

党建引领提升了农业产业化发展质效。党组织引领，金融机构发放贷款，支持农民合作社通过土地流转、生产经营托管、代耕代种、劳动用工等形式带动小农户发展产业，提升了农业产业化发展质效，解决了农村劳动力富集问题。党组织牵头完善了乡村产业可持续发展机制。与各级党委农办联合开展政策导向性强、专业性强、普惠性强的业务合作，拓展了农民合作社高质量发展融资渠道，解决了农民合作社融资难、担保难问题，畅通农村经济内循环，促进乡村产业可持续发展。引领小农户感党恩、听党话、跟党走。通过财政资金的杠杆撬动作用，引导更多信贷资金支持农民合作社走产业化、规模化、科技化发展之路，引领小农户搭上现代农业发展的“快车”，实现共同富裕。

党建引领火车头　乡村振兴阔步走

河北正定农村商业银行股份有限公司

【案例背景】

为发挥正定县特色历史文化资源优势，正定农商银行沿着光辉足迹，以党建为引领，以普惠金融为切入点，以“党建+”为抓手，守主责、抓主业、当主角，积极推进整村评级授信项目、“乡村振兴e码通”项目、乡村振兴金融服务综合体项目，用金融“活水”助力乡村振兴，做有温度、有担当、有情怀的乡村振兴主办银行。

【主要做法】

“党建+主责”：做有温度的乡村振兴零售银行。打造一个教研中心，一个标杆党支部，一批标准化党支部。标杆党支部建在新时代文明实践地——塔元庄村。该村是一个曾经在贫困线上苦苦挣扎的冀中乡村。如今塔元庄村已在全国率先实现小康，建成智慧农业园区、乡村振兴“六位一体展厅”等项目。标杆党支部将作为全行基层党建与业务发展深度融合的示范窗口，践行金融服务乡村振兴的使命与担当。“党建+主业”：争创有担当的乡村振兴主办银行。一是推进整村评级授信项目。构筑普惠金融新通道，对全辖行政村及农户进行评级授信挂牌，实现“一乡一村一特色”，把信贷资金送到农户家门口，全力支持乡村产业振兴。二是启动“乡村振兴e码通”项目。搭建贴心服务新平台，“乡村振兴e码通”便捷高效，手机扫码即可跳转服务平台，可进行信息浏览、线上预约等，做到了“一码在手、服务全有”。三是启动乡村振兴金融服务综合体项目，构建智慧金融服务场景，布放“金融+政务”一体机，搭建直播带货平台，打造全功能乡村振兴金融服务综合体，为农户提供家门口的贴心服务。“党建+主角”：争创有情怀乡村振兴主办银行。组建“乡村振兴党员先锋队”，对各类金融产品进行综合营销。召开金融夜校、金融大集，大力普及金融知识。对所辖社区、集镇、园区、商圈等进行“客户大走访”，与客户进行面对面交流，增进彼此了解，真正做到“通农情、懂农事、知农需”。

【取得成效】

整村评级授信项目。截至2022年9月30日，依托县域产业特色，绘就了一幅全县产业分布图；大力扶持两家“专精特新”企业；完成三个标杆村整村授信；金融支持食品加工、机械制造、农业种植、养殖四大特色产业；按照“选产业、优服务、定标准、提质效、减费让利”五步走模式，做到客户有需求，银行有回应；选派6名业务骨干作为金融服务专员；选取7个试点村，全力推进乡村振兴；与全县8个乡镇签订战略合作协议。已完成塔元庄、南楼等村的信用户、信用村挂牌工作，建档立卡贫困户2 400户，综合授信额度为25 648万元，用信总额2 622万元。其中，石家庄联润养殖有限公司作为辖内“智慧牧场”的样板，曾被多家媒体报道，是正定农商银行的忠实客户。目前，该公司日产鲜奶17吨，总投资近2 000万元，与伊利乳业签订长期收购合同。通过引进数据采集系统，支撑奶牛养殖走上了科技之路，让智慧牧场“牛”了起来。

“乡村振兴e码通”项目。目前处于试运行阶段，截至2022年9月30日，累计扫码50 000余次，成功办理各类业务2 000余笔。该项目实现了基础信息展示功能、线上预约功能、整村授信评级信息查询功能，后期将通过优化升级，打通大数据和高效服务的通道。

乡村振兴金融服务综合体项目。综合体内设置金融服务、直播带货、农特产品、快递物流四个服务区域，配备自助存取款机、e码通等产品，可进行现金转账等金融业务。通过“金融+”模式，实现金融服务和便民服务下沉农村，让村民享受贴心暖心的家门口“金融+”服务。

【经验启示】

夯实组织基础，让普惠金融“桥头堡”更牢。推动普惠金融，要加强党建工作，发挥党的政治统领作用和基层党组织的“堡垒”作用。压实主体责任、强化督导考核，营造担当作为、干事创业良好氛围。强化人才和科技支撑，让普惠金融“主力军”更强。要充分发挥党员干部的模范带头作用，培育一批根在农村的“土专家”、心在农村的“田秀才”。加强科技赋能，优化整村授信，让乡村振兴“致富路”更宽阔。整村授信是金融支持乡村振兴的基石，应积极探索“党建+新型农村信用体系建设”路径，打造精准高效授信模式，营造健康稳定用信环境。

丰富担保措施　助力乡村振兴

包头农村商业银行股份有限公司

【案例背景】

包头市建华禽业有限责任公司（以下简称建华禽业）成立于2001年6月28日，注册资本与实缴资本一致，为人民币1 580万元，经营范围包括养殖和禽蛋、有机肥的销售以及普通货物运输（凭许可证经营）。该企业2017年与包头农商银行建立信贷合作关系，当时企业经营规模仅有本部一个经营主体，资产规模较小、上下游渠道有限，包头农商银行响应“支农支小”的政策号召，为其授信500万元，担保方式为保证担保。随着企业自身发展不断壮大，经营规模日益扩张，500万元的银行融资已无法满足该企业日常经营需求，同时无法提供有效的担保方式导致该企业在扩大经营过程中存在融资难的制约发展因素。

【主要做法】

本着“立足当地、服务本土”的自身定位，致力于提升金融服务乡村振兴力度，包头农商银行2021年引入包头市百佳融资担保有限责任公司为该企业提供保证担保，将授信额度从500万元增加至1 000万元，2022年采用全包头市首笔“活畜质押”模式，在中国人民银行征信中心进行动产担保登记，将授信额度从1 000万元增加至1 500万元，合理地满足了该企业的经营融资需求，为企业的稳健发展提供强有力的金融支持。同时依托该企业为核心企业，为其下游养殖户购买鸡苗提供专项贷款“鸡苗贷”授信方案，拟授信客户群体300余户，每户授信金额5万~30万元，贷款期限12~18个月，由核心企业建华禽业提供连带责任保证担保。依托核心企业为下游养殖散户提供供应链融资，解决养殖散户融资难的问题。

【取得成效】

随着近几年的持续信贷支持，该企业目前已发展为拥有4家分公司、4种专属产品、5个特色品牌的自治区级、包头市级农牧业产业化重点龙头企业。企业现在不断拓宽销售渠道，渠道已覆盖包头市各大中型超市、幼儿园、蛋糕房、机关食堂、金融机构食堂和菜市场等，2021年销售收入达到11 361万元，净利润889万元。企业目前在包头市市场占有率较大，在采购、销售渠道和技术壁垒方面有绝对的竞争优势。合作几年来为包头农商银行带来可观的综合收益，除正常的利息收益外，企业的主要结算业务全部放在包头农商银行，还向包头农商银行持续转介稳定的上下游合作客户。

【经验启示】

包头农商银行作为包头市当地银行，致力于支持地方经济发展，以大力推动金融服务乡村振兴为支点，将“支农支小”的金融服务政策落到实处，以创新的金融产品为抓手，切实解决当地小微企业的客观发展难题，扶持小微企业的健康成长，以点带面，从而带动整个产业链的发展和成长。该业务的叙做是典型双赢的案例，企业在银行持续信贷支持下健康平稳发展，同时又为银行带来稳定的利息收益和客户群体。

金融科技助力乡村振兴

陕西秦农农村商业银行股份有限公司

【案例背景】

秦农农商银行始终践行深化农村金融改革，通过科技化、信息化、优质化的金融服务，持续推进“农村集体三资三化管理平台”建设，助力农村集体经济长足发展。通过“三资”管理、银农直连、产权交易、财务管理等系统模块的应用，有力支持农业农村部门推进农村财务电算化管理，有效实现村财镇管，解决农村“三资”管理存在的资金管理不到位、不规范、不健全等问题，助力阳光村务建设，践行普惠金融要求。

【主要做法】

按照《关于稳步推进农村集体产权制度改革的意见》（中发〔2016〕37号）及《关于稳步推进农村集体产权制度改革的实施意见》（陕发〔2017〕5号）等文件精神，农业农村部门在村（组）建立农村集体经济组织，开展集体资产产权制度改革工作，并计划搭建农村集体经济组织“三资”（资金、资源、资产）监管平台，将资金结算、资源共享、资产盘活等账务结算、资金划拨、资金监管业务纳入“三资”监管平台进行管理，实现农村集体经济组织财务规范化管理。

秦农农商银行将此项工作作为重点方向，依据陕西省内农业农村部门政策指引、业务发展等需求，以农村集体经济组织为主体，以村级经济发展为核心，通过与科技公司合作，建设“三资”监管平台为西安市内各区县政府农业农村部门以及各级农村集体经济组织提供服务，以促进西安农村集体经济组织财务规范化进程。建设农村“三资”管理监控网络系统、农村综合产权交易平台、银农直连管理系统和数据整合服务，实现村级资金、资产、资源高效管理，有效提高农业农村工作管理效率。

【取得成效】

对于基层农业部门，通过平台可以形成对村级资金使用情况的有效监督和管理，在监管信息查询的真实性和时效性方面得到有力保障。同时，解决了乡镇（街办）、村务信息材料的不完整、不及时问题，降低了地方基层政府部门在数据采集、资金监管等方面的成本，提高工作效率。对于农村集体经济组织可以通过系统平台向本村村务委员会进行公开，保证村级“三资”信息的公开化、透明化。村级财务处理通过线上化形式进行，提升了业务操作效率。村里会计人员可以通过平台，更加方便地获取银行在存贷款政策、利率和理财等中间业务方面的服务信息。

截至2022年第一季度末，秦农农商银行共23家一级机构，已与所辖区域农业农村事务主管部门签订“三资三化”合作协议的共21家。服务西安市区域内村集体经济组织账户1 870户，开户率达73.71%。其中灞桥支行、临潼支行已实现系统落地、银农直连。目前在灞桥狄寨街道“三资三化”服务中心试点工作已完成，实现了狄寨街道14个村组、27个合作社财务账款的线上管理，包括“三资”管理、财务管理、银农直连等。在临潼区5个街办，22个农村集体经济组织实现了系统落地，也通过银农直连方便了村级账务管理，提高了工作效率。

【经验启示】

“农村集体三资三化管理平台”建设既是秦农农商银行金融科技应用试点的工作举措，也是秦农农商银行乡村振兴战略的重要实施路径；既是适应于国家政策导向的前瞻性部署，也是秦农农商银行深耕乡村市场的重要实施举措。

一方面，响应国家农村集体产权制度改革的指导，对于农村集体资金、资产和资源的制度化、规范化、民主化管理提供金融科技支撑，使用大数据、移动互联和安全支付等技术，践行秦农农商银行服务“三农”工作的初心使命。另一方面，通过“三资三化”管理系统的建设及推广应用，加速秦农农商银行金融服务适应产权改革后新型农村市场的金融需求，提前布局，锁定涉农客户群体，增强客户黏性，稳定及发展秦农农商银行乡村区域各项业务。

金融助力“播”希望　疫情特办“贷”真情

哈尔滨农村商业银行股份有限公司

【案例背景】

黑龙江优质农产品流通协会与哈尔滨农商银行是良好的战略伙伴关系，二者充分利用各自资源及优势，建立资源共享、优势互补的紧密合作伙伴关系，共同打造银企协同发展的良好共赢局面。

醉美乡村水稻种植专业合作社联社的法人王柏洲，从田间种植水稻到成立合作社，他积攒了丰富的水稻种植经验，创立了自己的品牌，他的合作社成为黑龙江优质农产品流通协会的会员企业，所种植和经营的五常大米也是黑龙江的优质农产品。受疫情影响，销量受到冲击，资金回款短缺，急需扩建厂房、进购水稻的资金。无奈之下王柏洲向黑龙江优质农产品流通协会反映了实际困难，协会第一时间便向哈尔滨农商银行团结支行推荐了客户王柏洲。

【主要做法】

按照总行有关大力支持农业复工复产的相关政策要求，团结支行快速响应，及时主动与客户对接，组织人员了解实际需求。鉴于哈尔滨市疫情防控形势，无法履行后续现场签约等流程手续，总行按照“特事特办”的政策部署，开辟绿色通道，采取线上视频的方式，快速进行贷款复查及审批。在业务办理过程中，根据疫情防控要求，无法现场签订合同和登记备案，团结支行便按照总行指示精神，综合采取微信视频通讯、视频会议等方式灵活处理，通过对所拍照片建立电子档案等方式，将相关合同及要件通过邮寄的方式进行传递，合同签订时利用视频方式进行监督，用科技手段非现场办公完成合同签订及备案登记，全力保证客户能够及时拿到所需资金。

【取得成效】

团结支行在哈尔滨市远郊，打造了根植农村的普惠金融平台，用行动展示了涉农金融机构在全面推进乡村振兴中回归本源的良好作为，当年投放涉农贷款6 600万元，累计投放2亿元。

【经验启示】

不误农时不负春，金融暖流抚人心。哈尔滨农商银行始终心系“三农”，高度重视金融服务乡村振兴工作，一直致力于产品创新、政策优惠、服务优化与宣传推广，多策并举助企扶微、惠农兴商，自2021年以来，累计投放涉农贷款55亿元，为助力哈尔滨市乡村振兴、经济稳增长贡献着农商力量。

创新金融支牧服务　助力吉林省肉牛产业发展

吉林九台农村商业银行股份有限公司

【案例背景】

乡村振兴战略是党中央立足解决“三农”问题，接续巩固脱贫攻坚成果，实现全体人民共同富裕作出的重大战略决策。九台农商银行是东北地区首家农商银行，主动发挥地方农村金融主力军作用。产业振兴是乡村振兴战略的关键环节，可以有效聚集农业农村发展各方面的要素，推动形成产业特色鲜明、内生动力突出、综合效益明显的乡村振兴发展新格局。

2021年，吉林省启动实施“秸秆变肉”暨千万头肉牛建设工程，九台农商银行紧跟省委、省政府决策部署，快速推出多项创新举措：强化产品创新，推出“九牧宝”活体抵押贷款产品；扶持产业链发展，安排综合授信；强化对养殖大户的主体支持；上架金融超市等等，这些措施有效地破解了当地畜牧业的融资难题以及金融服务短缺的困境，为吉林省肉牛产业高质高效发展提供金融助力，也为全国金融机构助推畜牧业高质量发展提供了重要的借鉴价值。

【主要做法】

创新推出“九牧宝”活体抵押贷款产品。联合本地保险公司和监管公司，通过“银行+保险+第三方监管公司”的市场化三方合作模式，以一款创新产品撬动一个优势产业，精准高效地帮助肉牛产业相关市场主体做大做强。

实施综合授信。依托吉林省“政银保担”联动支牧联盟平台，重点支持全产业链养殖企业加快发展，为长春城开农投畜牧发展有限公司综合授信3亿元，助其成功购进首批进口育肥牛和繁育母牛。为吉林省吉运农牧业股份有限公司授信7 500万元，助其及时在市场低价时补充了一批繁育母牛，扩充养殖规模的同时节约了大笔收购资金。

强化对养殖大户的主体支持。依托“吉牛云”大数据平台，派出工作组深入具有传统养殖优势的地区，对当地的养牛农户进行实地考察，详细了解肉牛养殖规模、出栏周期、保险覆盖、资金需求等情况，累计支持肉牛养殖合作社、家庭农场和养殖大户160余户。

强化综合服务，上架金融超市。在农安县巴吉垒肉牛特色产业小镇推出“金融超市”，派驻专人做政策讲解员、金融服务员，将多种支农支牧产品和增值服务进行有效整合，提供“一站式”的综合服务，打通了金融支牧“最后一百米”。

【取得成效】

肉牛产业是吉林省委、省政府确定的“十四五”重点扶持产业，一方面对增加国内优质牛肉供给，有效促进内循环意义重大；另一方面也有利于本地农作物综合利用，实现秸秆“过腹还田”，保护东北黑土地优质资源。

截至2021年底，九台农商银行已完成综合授信超过4.65亿元。未来，九台农商银行计划投入不少于50亿元支牧资金，以肉牛产业为重点，逐步拓展猪、羊、梅花鹿、“长白飞鸭”等畜禽活体的融资方式，以金融“活水”持续助力吉林省打造全国“大肉库”和“肉牛之都”。

【经验启示】

近年来，九台农商银行坚守农村金融机构服务定位，在服务乡村振兴领域开展了多方面的实践探索。包括助力农村金融改革落地试点、全力支持乡村重点产业发展、满足农民向城镇迁移的资金需要、为乡村振兴提供资源和人才支撑等。畜牧业作为“三农”产业的重要组成部分，是巩固农业基础、繁荣农村经济、增加农民收入的重要载体。

九台农商银行作为农村金融主力军，积极主动地支持畜牧业健康持续发展，牵头发挥了畜禽保险、活体抵押融资及担保贴息的政策协同作用，有效地破解了畜牧业融资难题，对助推畜牧业高质量发展、推进乡村振兴具有重要的实践意义。

实施整村授信　助力乡村振兴

西宁农村商业银行股份有限公司

【案例背景】

西宁农商银行主动担负地方金融机构的责任使命，自2021年起大力探索实施整村授信。永葆姓“党”政治属性、坚守姓“农”生命属性，从团队分层、客群分层维度全力保障金融支持地方经济，探索构建省会城市乡村振兴战略背景下“农业农村圈”金融微生态，着力打造有责任、有担当、有情怀、有温度的地方商业银行。

【主要做法】

为保障整村授信从信用户到信用村立体式推进，西宁农商银行探索形成两套授信模式。即“线上授信”模式坚持“应授尽授”原则，“无感授信”模式让所有村民享有基础授信。

“线上授信”模式。依托“农牧户线上化业务平台”对农户开展评级授信，以合作村委向村民开具推荐信为准入对象逐户开展。

“无感授信”模式。以人工为主，科技为辅，通过“无感授信、线上激活，便捷用信”路径实现批量获客和预授信等级评定，为暂时抵触信用户评级授信、无资金需求、离地离乡农户培育金融习惯和进一步授信激活打好基础。具体实施通过与村委建立“无感授信评议小组”，获取村民信息，完成信息采集、背靠背评议、授信等级公示、线上通知、用信激活等步骤。

【取得成效】

2021年以来，西宁农商银行打破传统信贷思维，创新“无感授信”服务模式，全面实施整村授信全覆盖工程，对行政村内所有农户全部进行基础授信，确保一户不落，有效提升普惠金融服务的可得性、便捷性和满意度，让农商银行真正成为农民致富、乡村振兴的“金融后盾”。截至2022年5月末，西宁农商银行整村授信辐射全市4个区、5个乡镇、6个街道办事处、44个行政村，惠及15 954户村民。同时，强力推广“农牧户线上化业务平台”，加速推动数字金融转型，聚焦“纯线上、纯信用”两大特点，实现线上渠道受理、电子归档、自动评级授信等功能，单户农户15分钟即可完成贷款审批及发放，充分发挥“零跑腿、免担保、到账快、灵活用、循环贷”的线上金融服务优势。截至2022年5月末，通过该平台累计授信2 946户，授信总额3.28亿元，用信余额1.93

亿元，整体用信率达58.87%，真正为农户消费、个人经营提供快捷的服务渠道，打通普惠金融“最后一米”。

【经验启示】

作为服务“三农”主力军，以整村授信项目作为拓展“农村圈”的重要手段，充分发挥自身点多面广等地缘优势，进一步巩固西宁农商银行在农村主阵地的传统优势，不断厚植深耕区域经济发展。整村授信的成功实施，是检验西宁农商银行金融助力乡村振兴的最好标准，相较于传统的农牧区，省会城市开展信用户评级授信难度更大，但西宁农商银行积极履行地方银行使命担当，极力探索城市地区信用体系建设实施，多措并举，形成了覆盖面广、效率更高、普惠效果明显的推广路径。

党建引领普惠金融整村授信　助力乡村振兴

赣州农村商业银行股份有限公司

【案例背景】

普惠金融整村授信是指对广大农户进行普惠授信的金融服务，只要农户符合无不良记录、无不良嗜好、有收入来源“两无一有”条件的，便可获得5万~50万元的贷款授信额度。为贯彻落实国家乡村振兴战略，积极响应赣州普惠金融改革，回归服务“三农”本源，赣州农商银行以党建引领高质量推动普惠金融整村授信，不断提升金融服务覆盖面、可得性和满意度。

赣州市是全国普惠金融改革试验区。为更好地践行普惠金融，助力乡村振兴，解决农村融资难、融资贵的问题，打通金融服务“最后一百米”，积极推进党建引领下的普惠金融整村授信工作，创建了政银合作“党建+金融”模式，通过与当地乡镇、村委开展联建共建方式，推动整村授信工作深入乡村、社区，把普惠金融服务延伸到村、到户、到田间地头，为“三农”播撒金融雨露。

【主要做法】

高位推动。赣州农商银行党委高度重视党建与业务融合作用，切实加强普惠金融整村授信工作顶层设计，主要领导积极推动，与当地政府积极沟通，取得当地政府部门的大力支持，为基层支行举办一系列整村授信相关活动做好铺垫、疏通堵点。

宣传动员。与当地党委政府紧密联系，争取政策支持，乡镇政府利用乡村两级会议进行专项布置及宣传动员，要求村“两委”、村小组协助农商银行开展宣传动员，凝聚了宣传合力，营造了整村授信工作的良好氛围。

开展活动。通过党建聚人心，开展一系列“党建+金融”相关活动，配合村两委开展各项日常工作的同时开展整村授信工作，金融服务工作就犹如开启了“直通车”。

派驻村官。推选出64名优秀的信贷客户经理，由各区委组织部聘任为“金融村官”，驻村挂职“金融村官”，将“银行柜台”部分功能搬到了村委会，与村“两委”一起组建联合办公室。

【取得成效】

党建引领，打造了新引擎。坚持党建引领，推动党建工作和整村授信工作目标同向、部署同步。自赣州普惠金融改革以来，累计走访农户12.51万户、新型农业主体2 230户，新增授信客户3.31万户，新增授信金额60亿元，创新涉农贷款产品8款，新增激活社保卡12.57万户、新增“云闪付”2.39万户，贷款覆盖面提高了2.66个百分点。

党建融合，凝聚了新活力。将党建工作作为促进业务发展的“红色引擎”，围绕中心抓党建、抓好党建促发展，以主题党日等多种形式推进党建与业务融合，与乡镇、村委建立良好互动，掌握种养大户、新型农业主体、农户的经营状况，凝聚发展的强大合力。

联建共建，催生了新发展。积极与乡镇、村委开展联建共建，将党建优势转化成工作优势。截至2022年4月末，累计支持脱贫人口及农业企业1 762户，发放农业产业振兴信贷通贷款2.92亿元；累计支持农村集体组织91个，发放集体经济信贷通5 497万元，切实地解决了农业企业、村民的资金需求，降低了融资成本，助力农业强起来、农村美起来、农民富起来。

【经验启示】

坚持党建引领促谋划。强化组织领导，坚持以上率下，突出党建引领作用，战略谋划长远，实现金融服务深度融合，优化完善制度建设，构建普惠金融整村授信的长效发展机制。

坚持实事求是促发展。从自身工作出发，坚持实事求是，坚持问题导向，积极争取党建融合各方协力，切实发挥共享资源优势，力求普惠金融服务落地落实，不断开拓金融服务新局面。

坚持合作共赢促融合。坚持服务大局，坚持同频共振，持续推进政银合作、银企对接、银商互动等党建活动，持续推介普惠金融系列产品，不断凝聚联建共建“共同体”，扩大互助共赢“朋友圈”。

新垵村正顺公寓集体项目特色金融服务专案

厦门农村商业银行股份有限公司

【案例背景】

为贯彻落实国家乡村振兴战略，支持村集体用地供应长租公寓用房等国家政策，壮大村集体经济，带动村民财富增收和农村经济繁荣发展，实现贷款业务操作的规范化、制度化、程序化，提高贷款质量和效益，厦门农商银行新阳支行根据厦门市海沧区新阳街道新垵村集体用地建设的具体情况，制订特色金融服务专案。

新垵村集体用地正顺公寓项目专项贷款是厦门农商银行新阳支行发放的，用于解决新垵村村民参与建设村集体用地经济发展项目的资金需求的个人信贷业务。

新垵村正顺公寓项目为村集体用地，建设用地面积为18 423平方米，土地用途为城镇住宅用地（外口公寓），总建筑面积为72 313平方米。项目总投资约2.9亿元，业态定位为本土传统步行文化商业聚集区，建成后将包含酒店、写字楼、商业街、公寓楼、停车场等。项目地处新垵村黄金地段，新垵村常住人口8 350人，现有外来人口71 063人，是厦门市第二大“城中村”，人口流量大，依据该项目可研报告的数据，建成后预计每年可产生约2 200万元租金收入。

为支持该项目建设顺利进行，厦门农商银行新阳支行为新垵村参与建设该项目的村民授信2亿元人民币的意向性信贷额度。村民向厦门农商银行新阳支行借款参与该项目，借款用途仅用于该项目建设投入。

【主要做法】

新垵村村民委员会提供加盖公章的符合条件的《拟申请贷款户清单》，借款人年龄不超过65周岁。厦门农商银行新阳支行为借款人提供10年期的信用贷款，按年结息，采取分期还款方式（前3年不归还本金，第4年起每年还款5%本金，最后一年本息结清，按年付息）。

该项目贷款全部为指定用途贷款，采取受托支付方式。贷款资金全部转入厦门市海沧区新阳街道新垵村村民委员会账户作为村民参与该项目的资金，根据工程进度拨付给工程施工单位作为该项目的建设资金。

为保证整个贷款项目的本金及利息正常归还，厦门市新阳街道新垵村村民委员会、厦门市新阳街道新垵村股份经济合作社与厦门农商银行新阳支行三方签署战略合作协议。

【取得成效】

2021年3月6日，“新垵村正顺公寓集体项目特色金融服务专案”首批贷款资金完成放款。2021年该项目共计投放贷款1 274笔，投放金额8 320.5万元，2022年该项目已投放贷款216笔，投放金额1 154.25万元。对已完整办理贷款手续的村民百分之百完成贷款资金发放工作。自2020年末“新垵村正顺公寓集体项目特色金融服务专案”获批后，厦门农商银行新阳支行与新垵村及该村村民开展紧密合作，通过积极参加新垵村“两委”会议、村民代表大会，协商确定项目融资合作方案，组织召开“新垵正顺项目专项贷款”推荐会等前期工作，紧密跟进、层层落实，有序推进金融服务专案开展。

后续工作中，厦门农商银行新阳支行积极携手新垵村开展进村集中签约服务，为村民办理贷款手续提供了便利，切实提升当地村民的金融获得感和服务满意度。通过为村集体经济项目量身定制金融服务方案并顺利落地，解决了村民参与村集体经济项目资金短缺的难题，助力新垵村集体经济发展，引导金融资源更好地服务乡村振兴。

【经验启示】

2021年1月，厦门市海沧区委党建平台——《今日海沧》发布了《厦门8 500个股东贷款，就为干这件大事！》的文章，详细介绍了厦门农商银行新阳支行为新垵村集体项目正顺公寓提供量身定制的金融服务专案，在广大干部群众中引起积极反响。这是厦门农商银行新阳支行落实乡村振兴战略，利用农村集体用地攻坚畅通农村经济内循环的又一力作。该项目以信用贷款、手续简便、践行普惠、村民全覆盖为新的亮点，成为厦门农商银行新阳支行与新垵村8 500个村民的新的联系纽带，为厦门农商银行新阳支行在岛外服务乡村振兴农村集体项目提供了新的样板。下一阶段，厦门农商银行新阳支行将与属地村集体紧密合作，同时下沉服务重心，激活农村要素市场，进一步推动农村市场信贷资产稳健向前发展。

打造新型情缘化便民驿站

浙江农商联合银行股份有限公司

【案例概述】

为构建“基础金融不出村、综合金融不出镇”的服务体系，切实为广大农村乃至偏远山区、海岛等地区的居民提供有效的金融服务，2015年浙江农商银行系统创新推出升级版金融便民服务点——丰收驿站，通过政银合作、银企互动，充分整合各类社会资源，为城乡居民提供金融、电商、物流、政务、民生“五位一体”的综合社区服务。2021年，为深化落实乡村振兴战略、助力浙江省共同富裕示范省建设，浙江农商联合银行强化了丰收驿站提质增效工作，在内部加强标准化、标杆化建设和风控管理，上线推广数字化信息管理系统；在外部广泛加强合作，为社会基层劳动者提供更加暖心的关怀服务，进一步夯实“五位一体”的综合社区服务定位，推动金融服务深度融入基层社会治理，实现相关综合服务“最多跑一次”，助力普惠金融向更深层次、更高质量发展。

【案例背景】

近年来，各类银行同业机构不断下沉经营重心，在浙江省农村地区布设各类金融便民服务点，渗透和抢占农村金融市场。而以微信、支付宝等为代表的移动支付业务的普及，导致电子支付类业务占比逐年上升，现金类业务需求逐年下降。同时，农村“空心化”、老龄化状况日趋严重，以地缘、情缘为纽带的综合化服务需求不仅存在，并较为强烈。因此，在浙江省建设共同富裕示范区的新要求下，进一步赋能丰收驿站发展，进一步提升“一站式、多功能、综合性”服务功能，实现社会效益和经济效益的双提升，对浙江农商银行系统深化以人为核心的普惠金融、深度参与社会治理、推进网点转型、巩固金融便民服务主阵地的作用意义重大。

【主要做法】

一是强机制，明确规范化管理目标。建立省、市、县三级架构，以季报、调研、座谈会等方式，分析业务运行情况，指导行社加强经营管理。二是强服务，坚持双线化融合发展。加强线上线下融合，在驿站推广线上业务，深入对接自然资源等9大部门合作代理142项政务服务，建设“警银、红色、文化、共富、两心融合”（乡村便民服务中心与金融服务中心融合）等特色驿站，年累计代办政务业务70万余笔，实现“数据多跑路、居民少跑腿”。并以驿站入驻等方式融入全省未来社区（乡村）建设。在防疫工作中宣导防疫知识、代购和配送居民生活用品。三是强标杆，发挥“领头雁”示范作用。推出省级旗舰店长效运营机制，升级总部驿站系统，评选“百佳”驿站树标杆。四是强系统，增进数字化管理能力。开发信息管理平台，推进站点、设备、人员和业务统计等数字化。五是强风控，提升可持续发展能力。开展风险防控检查，点对点督促整改。六是强善义，承载公益性社会服务。与天目新闻联合开展“千家驿站送清凉 农信邀您‘驿’同享”活动，为户外劳动者送出13万份防暑用品；与浙江省总工会共同打造1 056家户外劳动者服务站——“丰收港湾”，解决其“吃饭、喝水、休息、如厕”难题。

【取得成效】

一是服务提质扩面。截至2021年末，浙江省共有丰收驿站10 748家，其中标准型5 935家，分别较年初新增313家和162家；行政村覆盖率51.1%，较年初提升9.8个百分点；社区服务融入率12%，较年初提升1.2个百分点。2019~2021年年均金融业务交易量4 372.70万笔、金额701.19亿元，非金融业务（含代购、代销、代收快递、代发快递、社会服务、政务服务及其他业务）交易量1 378.31万笔。二是载体智能全面。丰收驿站集成数字化、线上化、便捷化的机具和服务模式，共投放助农终端、普惠金融产品和服务创新案例TM（普惠金融服务新市民案例RS）、智能付、政务一体机等各类自助机具12 575台，同时搭建丰收驿站信息管理平台，实现信息、营销、风控等多维数字化管理，为居民提供更高效、便捷、安全的服务。三是口碑显著美好。丰收驿站省级旗舰店、浙江农商银行总部丰收驿站全年接待领导来访200余人次，服务客户1万余人次、举办活动52场。丰收驿站服务模式、公益行为等获主流媒体报道161次，各级领导批示25次。《中国农村金融》《中华合作时报》等主流媒体对此进行专题报道，同时荣登“学习强国”平台。

【经验启示】

一是践行普惠金融，服务乡村振兴。深耕农村（社区）市场，积极整合各类金融、泛金融服务，让广大群众享受“一站式”“一屏式”服务，打造“最多跑一次、就近能办事”新型便民渠道。二是坚持因地制宜，创建农信样本。充分考虑服务对象需求、区域资源整合成本、可持续发展、区域特色等要素，选择合适的服务内容与驿站建设类型，因地制宜推进旗舰型、标准型和简易型驿站建设。三是推进开放合作，实现共建共赢。坚持开放包容、共赢共促，加强跨业、跨界合作，争取将更多行政服务事项纳入业务范围，主动为政府优化城乡社会治理贡献力量，努力完善服务功能和办理方式，积极参与社区共建，持续打造可信赖的身边银行品牌。

打造“政务+金融”服务平台 构建乡村金融服务格局

广东省农村信用社联合社

【案例背景】

当前，广大农村地区仍然存在金融基础服务薄弱、覆盖率不足问题，成为制约金融支持全面推进乡村振兴的重要因素。“粤智助”政府服务自助机的推广应用是2022年广东省十大民生实事之一，是深化“数字政府”建设中的一项重要任务。2021年以来，广东省农信联社与广东省政务服务数据管理局加强银政合作，以布放“粤智助”政府服务自助机为切入点，全面推进“广东农村金融（普惠）户户通”。

广东省农信联社实施以“一支部、一特派、一体机、一平台、一授信”为核心的农村金融基础服务工程，共同打造“村村通政务+户户通金融”的乡村金融服务新格局。

【主要做法】

压实责任，提升“粤智助”推广成效。广东省农信联社组织辖内农商行与广东省、市、县各级政务服务数据管理局积极联动，成立推进乡村政务服务联合工作组，建立常态化沟通联络机制，制订“粤智助”自助机投放方案，细化分解任务，压实责任，实现省、市、县、镇、村五级联动和同频共振。

特派金融专才，构建乡村服务新格局。广东省农信联社组织辖内农商行向全省行政村派驻乡村振兴金融特派员，一方面协助做好“粤智助”投放安装以及推广应用；另一方面发挥金融专才作用，同步做好村银党建共建、“户户”通金融App推广、信用村创建升级、普及金融知识和便民服务等工作，为农村群众提供高效便捷的金融服务，形成“村村通政务+户户通金融”乡村服务格局。

扩展金融服务功能，探索金融为民新路径。各农商行通过政务数据赋能金融业务，推动“政务+金融”融合发展，通过“粤智助”可提供含公安、司法、人社、医保、民政、税务等30多个部门的211项政务服务和17项金融服务，更好地满足乡村振兴多样化、多层次的“政务+金融+生活”需求，实现基层群众基础服务“就近办、自助办，一次办成”。

【取得成效】

截至2022年9月末，广东省农信联社助推投放“粤智助”政府服务自助机1.99万台，覆盖率达100%，实现业务量超过4 000万笔，服务群众超过1 500万人；完成整村授信10 864个行政村；派驻乡村金融特派员1.74万名、覆盖2.1万个行政村，实现全省行政村全覆盖。通过实施以“一支部、一特派、一体机、一平台、一授信”为核心的农村金融基础服务工程，将金融“毛细血管”与城乡千千万万的家庭连接在一起，打通了普惠金融服务“最后一百米”，有效地提升乡村振兴服务效能。

【经验启示】

广东省农信联社主动融入广东省乡村振兴工作总体规划，积极加强政银合作，实现政府支持、高位推动。以助推“粤智助”为切入点，配套建立乡村金融特派员服务机制，开展整村授信，带动金融服务下沉，促进信用建设与金融发展良性互动，全面构建广东“村村通政务+户户通金融”的乡村服务格局，为金融服务乡村振兴、推动普惠金融高质量发展奠定坚实基础。

"蜀信e·小额农贷"助力乡村振兴

四川省农村信用社联合社

【案例背景】

针对当前经济社会发展状况，四川农信作为农村金融主力军、普惠金融主力军和地方金融主力军，为省内广大农户提供方便快捷、精准高效的金融服务是责无旁贷的天职，对传统农户小额信贷进行升级改造也是刻不容缓的义务。国家乡村振兴战略、农村经济社会发展、农民对美好生活的向往都在呼吁农户小额信贷的迭代更新。

为此，2021年四川农信积极响应党中央号召，迅速启动对传统农户小额信贷的升级迭代，运用金融科技手段，创新推出了"蜀信e·小额农贷"，开启了以"走千访万""整村授信"工作为抓手、"线上+线下"融合的建档、评级、授信和用信的农户信贷模式的新征程。

【主要做法】

一是升级改造产品。在前期充分调研的基础上，针对全省农户新情况、新需求，四川农信充分运用好大数据、人脸识别、反欺诈技术，对原有小额农贷产品进行智能化改造，通过立项、改造、试点、上线推广等流程，一款智能化的小额农贷正式落地，具有客户准入门槛低、信息采集移动化、申贷用贷线上化、审查审批自动化、风险控制多样化、办贷方式灵活化六大特点。

二是做实信息采集。各行社外借村组干部力量、内增干部员工主动性，充分运用客户关系管理系统（CRM），积极进村入户全覆盖采集农户基本信息和资产、负债等经济信息，变"坐商"为"行商"，夯实农户经济档案建立，进一步丰富完善客户基础信息，为农户精准授信、便捷用信提供数据支撑。

三是抓好外拓营销。各行社抢抓农民工返乡时机，通过召开坝坝会、宣讲会，致外出务工人员一封信等多种形式，广泛宣传"蜀信e·小额农贷"线上化、纯信用、随用随贷等特点，组织开展现场体验活动，让农户会用、愿用、用好。

四是强化考核驱动。充分压紧压实责任，四川省农信联社单列了农户经济档案建档率、农户小额信用贷款授信率、农户用信覆盖面等考核指标，同时还对"走千访万"进行专项考核。各行社出台按户计价等营销激励措施，让客户经理主动"走出去"，深耕农村市场，扩大客户覆盖面。

【取得成效】

四川农信依托研发的客户关系管理系统，让广大客户经理下沉到村社，深入农户家，通过系统中的“走千访万”模块在现场全面、准确采集农户信息，做深、做细农户建档、评级和授信工作，积极推广“蜀信e·小额农贷”。农户可通过手机银行无纸化操作，享受到“零次跑”、无接触的秒贷体验，也可以根据自身情况到营业网点申请。

自产品上线以来，累计授信户数62万户，授信金额589亿元，发放贷款545亿元，余额350亿元，首贷客户数近29万户。截至2022年3月末，“蜀信e·小额农贷”建档户数188万户，较年初增加76万户；累计授信客户数62万户，较年初增加27万户；累计用信客户数56万户，较年初增加24万户。

【经验启示】

意识是引领。四川省农信联社党委深入研判经济社会发展趋势，紧跟国家政策部署，精准聚焦省内广大农户群体。各部门强化服务意识和宗旨意识，齐心协力、倒排时间共同抓好制度设计、系统建设和产品研发。

产品是抓手。通过深入调研农业政策和农村市场，充分了解农户的生产生活方式和金融需求规律，本着以农户为中心的理念进行产品研发设计。产品上线后又不断收集客户经理和农户反馈的意见和建议，不断优化系统功能和业务流程，增强农户和各级系统操作人员的产品使用体验感。

数据是基础。农村中小金融机构既要充分发挥好自身传统优势，也要积极融入数字化时代浪潮，不断开拓创新，通过数据赋能，精准定位客户需求和风险等级，做好业务拓展和风险控制，走出适合自身的数字金融发展之路。

“光萤”惠农光伏项目助力打造美丽乡村

中国投融资担保股份有限公司

【案例背景】

近年来，中国投融资担保股份有限公司（以下简称中投保）积极适应数字化发展趋势，以中投保绿色融资促进平台为依托，主动探索征信缺失、资质弱小、成本高企的农村金融领域，打造了“光萤”惠农光伏入户资金支持项目，深入做好金融服务乡村振兴工作。

农村金融具有分散、额度小与信用体系不完善等特点。根据中投保在山东、河北、河南等多地农村对“光萤”用户的调研，农户平均年龄为40~55岁，多从事打工、做小生意、专职务农等工作，社交、信息获取、采买购物等生活行为均以线下开展为主，存在贷款难、贷款贵、选择少的问题。从金融机构角度看，由于农户存在位置分散、贷款额度小、征信缺失等不利因素，“三农”融资面临获客难、风控难、催收难等问题。另外，分布式户用光伏为新兴行业，市场主体较多，存在中间代理环节过多、参与主体混乱、管理效率低下、行业交易成本高等问题。

【主要做法】

在业务模式设计上，项目选择光照条件稳定、用电需求较大的区域，光伏电站均需安装在主借款人拥有明晰产权的房屋屋顶，且光伏电站具备完全上网条件。用户鉴权、设计审批、业务进件、风控审批、合同签署、回款划拨等全流程均在线上完成，规避虚假宣传、修改合同版本等业务风险，有效地确保业务的真实性和合规性。中投保通过技术手段实时监测电站发电情况，保证了电站在发电效率不及预期的情况下及时采取补救措施。

在金融模式设计上，项目采取全程封闭管理发电收入作为还款来源的措施。屋顶电站发电收入由国家电网直接受托支付至归集账户，资金全封闭，农户无法接触款项，无法更改账户。项目采用月度递延方案，每年还一次款，平滑了由于不同月份之间光照不均衡导致的月度之间发电收入波动，在一般情况下无须借款人进行差补，大幅降低了对借款人还款能力的依赖性。每年的发电收入扣除还本付息以及服务费等费用后，通常有一定的剩余，则全部归还至用户，真正实现了普惠金融。

在风险控制设计上，项目引入大数据征信系统，建立了O2O业务管理模式、户用光伏发电业务跟踪预警系统、贷后电站运营监测体系、信贷资产管理系统等，利用全方位的互联网金融风险控制手段，将风险降至最低。基于大数据和风险模型，对用户数据进行独立信息来源的交叉验证和风险管理，提高了清洁能源产品的销售与服务效率，降低了行业交易成本，实现业务全程数字化，保证用户数据准确及电站质量。

【取得成效】

作为“京津冀区域大气污染防治——中投保投融资促进项目”的子项目，“光萤”惠农光伏项目兼具“科技金融+惠农+绿色”的特色，通过向山东、河南、河北、浙江、辽宁五省份农户提供不低于2亿元贷款担保资金支持，帮助3 000余户农村家庭在自家屋顶上建设分布式光伏电站，利用太阳能发电获得清洁能源。项目成功实施后，预计光伏发电量总计约16亿度，节约6亿千克标准煤，减少污染排放约16亿千克二氧化碳，不仅带来可观收益，更能有效地节能减排。

自2021年7月以来，“光萤”惠农光伏入户资金支持项目共支持47户农户在自家屋顶建设了光伏电站，累计贷款额度2 981 545元，平均单户贷款额度63 437元，用户遍及山东、河南等省共计10个市，数十个村。

【经验启示】

中投保坚持可持续的业务模式，在助力建设美丽乡村、保护生态环境的同时，将电站发电的收益留给了农户，电站所有权归属农户，真正实现多方共赢。根据测算，一个典型农户在贷款期内每年年底均可收到现金收益返还，贷款期结束后，农户每年的现金收入为7 000元左右，可实现以光伏电站收入养老的目标。

近年来，中投保积极推进科技赋能担保的业务模式，不断探索规模集约化、成本可负担、商业可持续的农村普惠金融机制，以担保增信引更多金融“活水”浇灌农村产业，为巩固拓展脱贫攻坚成果、推进乡村振兴持续贡献担保的价值和力量。

惠农担保体系倾情助农　绘就乡村振兴新画卷

台州市信保基金融资担保有限责任公司

【案例背景】

台州地处浙江中部沿海，辖椒江、黄岩、路桥三区，临海、温岭、玉环三市，天台、仙居、三门三县，农业资源丰富，是一个集农、林、牧、渔各业全面发展的综合性农业区域。台州市信保基金融资担保有限责任公司（以下简称台州信保基金）积极贯彻落实党中央、国务院关于做好金融扶持“三农”发展的政策要求，以服务“三农”融资需求为目标，在扶持重点领域、践行普惠金融、发挥社会效益等方面持续发力，不断改善农村融资环境，以创新引领发展，倾情扶农助农。截至2022年9月末，台州信保基金累计为43 082家市场主体担保授信金额748.58亿元；在保余额160.34亿元，在保户数20 508户。其中，主力产品惠农保累计承保120.31亿元，在保余额近48.43亿元，惠农成效显著。

【主要做法】

构建惠农担保体系，保障扶农助农见实效。一是将优质成长型农、林、牧、渔企业纳入担保服务范围，提供最高不超过1 000万元的担保支持，并将从事农、林、牧、渔行业及农产品加工、农用物资和农副产品流通的中型企业纳入服务对象范围；二是创新普惠担保模式，研发推出惠农保专项担保产品，提供最高100万元的专项担保支持；三是积极联动农商银行、村镇银行，为广布在乡镇、农村地区的小微企业主、个体工商户提供精准担保支持。

业务模式开拓创新，推动受惠客群广覆盖。对惠农保专项产品进行全面创新，一是创新审批模式，采取银行自主审批模式，在可用额度范围内，合作银行可实现即报即批，高效运行；二是创新保函模式，采用最高额电子担保函，客户可实现随借随还，便利操作；三是创新担保期限，将最长担保期限延至三年，简化续保手续，降低续贷成本。

申报流程减负，有效提升农户融资获得感。一是无纸化操作实现业务“线上跑”。台州信保基金不断精简业务材料、优化业务流程，实现了从“最多跑一次”到“一次都不跑”的跨越。二是优化审批规则，提高融资时效。对个人50万元以下、企业100万元以下的人工审核项目实现即到即办，当天出具保函，提高业务审核效率。

挖掘区域特色，形成多元化乡村产业振兴体系。因地制宜，深耕台州9个县、市、区特色农业产业，助推农业供给侧结构性改革，有效助推品牌强农、质量兴农。如助力椒江大陈岛黄鱼养殖业发展，为黄鱼养殖经销企业担保增信；圆临海市橘农创业共富梦，解决橘农及柑橘合作社担保难问题；提升仙居虾农融资可获得性，与当地农业银行探索“养虾贷”合作业务，扶持虾养殖行业上下游客户。

深化普惠金融理念，配套推出共富惠农产品。一是根据人民银行台州市中心支行针对北三县的“台富贷”系列产品，推出“台富保”专项产品，将担保费率从0.75%降至0.5%，针对经济薄弱村担保费率最低可降至零，首期担保额度10亿元，为浙江山区26个县跨越式发展增添动能；二是针对台州市低收入群体，实现创富增收，推出“帮富保”专项产品，对特定群体免收担保费；三是根据各县域产业特色，推行“一县一产品”，深度结合当地产业特色，创立“共富系列”产品，如天台电商共富保、仙居仙乡共富保、三门鲜甜共富保、路桥微商共富保等，担保费最低降至0.5%，夯实共同富裕发展基底。

【取得成效】

业务持续扩面上量，发挥助农普惠效应。截至2022年4月末，惠农保专项产品已累计承保99.47亿元、累计服务农户21 404户，当前在保余额39.98亿元、在保户数12 193户。

挖掘区域特色，形成多元化乡村产业振兴体系。助力椒江大陈岛黄鱼养殖业发展，累计为多家黄鱼养殖经销企业担保增信3 100多万元；圆临海市橘农创业共富梦，为130余户橘农及柑橘合作社累计承保5 400余万元；提升仙居虾农融资可获得性，与当地农业银行探索“养虾贷”合作业务，扶持180余户虾农，累计承保约5 000万元业务。

落实减费降本政策，彰显政策性融资担保机构使命担当。台州信保基金始终将“支农支小”作为立足点和出发点，多年来严格执行低担保费率政策，平均担保费率仅为0.68%，远低于一般国有担保公司年化1%的保费标准。截至2022年4月末，已累计为客户节约保费支出2.15亿元，10个政策性专项产品累计减免保费3 949.81万元；根据企业实际用款需求，为提前还贷企业退收保费3 608.35万元。

【经验启示】

积极争取政策补助，动态测算盈亏平衡。争取上级政府统筹对在当地开展的共富业务给予一定的政策补助，进一步提高政策的延续性，持续释放优惠政策。同时，担保机构运营时要注重经济效益和效率，结合业务规模、客群质量，运用好本量利分析，计算产品盈亏平衡点，动态调整担保费率。此外，努力使担保品种多元化，在担保平台上做好资本运营，实现两条腿走路，实现担保机构盈利。

加快数字改革步伐，提升经营效率。积极探索金融与数字科技深度融合的新发展路径，搭建数字金融服务生态体系。从搭建数据决策系统开始，不断完善企业及个人的经营、征信等数据信息，通过大数据整合与分析，为科学的业务决策提供支撑。在数字风控系统建设上，从人工干预向大数据风控转变，通过风控模型的搭建、验证、调试，不断优化，从而形成风险预防、预警、处置等全流程的风控体系。

深化政、银、担三方合作，提升普惠担保效能。积极发挥好普惠担保推行实施的桥梁作用，联合政府、银行，让担保服务惠及更多客户。一是依托银行优势助力业务扩面增量。借助银行多网点、广覆盖的优势实现业务快速上量；同时，充分依托银行风控能力，实现项目快速审查审批，杜绝人力及时间成本的双重浪费。二是政、银、担多方联动有效助力政策精准落地。联合相关政府部门、合作银行创新业务合作机制，即采取政府推荐清单、银行审批准入、担保机构审核担保的业务形式，实现金融“活水”精准滴灌。

普惠金融——农户担保整县推进

宁夏融资再担保集团有限公司

【案例背景】

大力发展普惠金融，提高金融服务的覆盖面、有效性和可持续性，推动全社会共享发展成果，是解决发展不平衡不充分问题、促进共同富裕的重要手段。随着全面推进乡村振兴步伐加快，县域经济高质量发展面临前所未有的机遇，普惠金融助推实现共同富裕大有可为。宁夏回族自治区下辖5个地级市（9个市辖区、2个县级市、11个县），其中9个县域原来都是贫困县，截至2020年底，全部实现脱贫“摘帽”，但能否巩固脱贫攻坚成果存在一定的挑战。

为此，宁夏融资再担保集团有限公司（以下简称宁夏再担保集团）联合宁夏众联启航融资担保公司，提出“整县推进”工作方式，优先以脱贫县为重点服务对象，针对当地产业及农户从业情况，专注县区级产业、农户融资担保服务，实现扶持“三农”、小微业务100%覆盖，并与当地政府及银行机构共同建立县域信用体系建设，加快全面乡村振兴金融服务衔接，实现金融与信用“整县推进”，打造“小而精”担保样板。

【主要做法】

充分调研，选定目标。担保机构通过对当地脱贫县区等进行充分调研，了解当地人员从业、产业结构及信贷规模等，选定目标，制订“整县推进”计划，并联系当地乡村振兴局、农商行共同为整县推进提供政策及金融支持，融资担保机构做到应保尽保、不做重复性审核，充分发挥融资担保“放大器”功能，引导更多信贷资金投向县域。如宁夏融资再担保集团联合体系内担保机构以“西海固”等脱贫县为主要服务地区，确保脱贫不返贫，联合当地政府及农商行，制订“整县推进”计划，采取“集中对接、现场推介、名单推送、系统撮合”等多种模式，提供融资担保服务。

创新产品，增速扩量。通过前期县区调研，针对当地脱贫农户推出“农户保”及“批量农户保”两大类业务，并以区县产业及农户从业方向，向下延伸分类推出了“枸杞担”“养殖担”“肉牛担”等六类产品，形成互补、互信的银担一体化信贷产品，解决传统融资担保业务中担保增信效果不明显、担保业务规模增长缓慢等问题。同时全面摸排“无贷户”，大力拓展“首贷户”，采取“扫街”方式宣传融资担保产品，做到见贷即保、应保尽保，担保业务100%纳入国担基金三级风险分担体系，融资担保机构、再担保集团、国担基金、当地农商行分别承担40%、20%、20%、20%风险。

积累经验，建立体系。在推行“整县推进”批量化融资担保业务的同时，深化当地县域信用体系建设工作，探索构建政府引导、银担共建、风险共担的小微企业、“三农”信用生态圈，广泛开展信用户、信用村、信用乡（镇）创建，建立恶意失信群体“黑名单”、提倡信用互助机制，营造良好信用环境。推动银行、担保、保险、期货等建立利益共享、责任共担、风险缓释的协作机制，适度分散普惠金融领域信贷风险。

【取得成效】

普惠金融服务效果明显。自2021年至2022年第一季度末，已累计为西吉县、海原县等4个区县的农户提供超过13.35亿元融资担保服务，累计承保户数超过1.24万户，户均担保额10.77万元，平均融资成本仅为6%。其中通过“农户保”产品发放资金1.2亿元，线下批量农户发放资金超过11.5亿元。

担保效率明显提高。实现“见贷即保”，仅10名项目经理，完成近8亿元、近7 000笔“批量农户保”项目，人均负责超过7 000万元、600笔项目，通过与银行打通资料传送通道，约定代偿风险分担机制及贷前委托尽调审核机制，不再做重复性审核，彻底发挥融资担保服务中小微、“三农”高效率实现预期目标。

减费让利效果明显。在整县推进模式下，融资担保业务100万元以下免收担保费，100万~500万元收取1%担保费，累计为小企业、“三农”减免担保费、再担保费超过3 000万元，减费让利效果明显。

风险控制理念突出。坚持“小而分散”的风控理念，通过锁定代偿率上限的银担批量担保业务方式，在业务开展中逐步对客户潜在风险进行识别并逐步退出，借助外部大数据辅助设定“白名单”对存量客户潜在风险进行识别，设定淘汰类客户标准，优化担保客户质量，形成30万元以下小额分散的业务结构。

风险控制效果明显。2021年以来，代偿金额仅为244万元，综合代偿率仅为1.43%，其中农户代偿率0.22%，批量农户保代偿率1.27%。严格把关“白名单”及准入标准，在保业务实现对国担基金三级风险分担体系的100%报备，及时履行代偿责任，增加当地银行机构对农户的支持力度与信心，从而提高授信额度。

【经验启示】

扩大担保覆盖面。通过西吉县与中宁县等县域的普惠金融“整县推进”模式，实现“三农”、小微业务100%覆盖。联系当地乡村振兴局、农商行共同为整县推进提供政策及金融支持，融资担保机构做到应保尽保、不做重复性审核，充分发挥融资担保“放大器”功能，引导更多信贷资金投向县域。

极大地提高了担保效率。通过差异化银行信贷产品与扶贫担、创业担深度结合，形成了互补、互信的银担一体化信贷产品。解决传统融资担保，担保增信效果不明显，担保业务规模增长缓慢等问题。

逐步建立县域信用体系。深化县域内信用体系建设工作，广泛推动银行、担保、保险、政府等建立利益共享、责任共担、风险缓释的协作机制，适度分散普惠金融领域信贷风险。

创新支持新型经营主体　担保服务农资经营网点

新疆维吾尔自治区融资担保有限责任公司

【案例背景】

针对零散的代销点式的农资经营网点，叠加新疆地域辽阔基础因素，经销网点主要零散分布在市（地）区中县、乡镇及兵团团部、连队，传统信贷方式限于贷款上门难、贷后跟踪难等问题，农资网点很难获得信贷资金支持。农资店主要经营者多为夫妻店，无有效的实物资产进行抵押，只能凭借现有资金进行进货、销货，赚取利差形成利润后再循环往复进行。农资产品往往在冬季农业闲时是价格相对低点，由于经销网点缺乏有效流动资金备货，只能在农忙季节才能进销货物，往往导致错过有效盈利点。在此背景下，新疆维吾尔自治区融资担保有限责任公司（以下简称新疆融资担保公司）创新推出面向农资经营网点客户担保服务。

【主要做法】

发挥核心农资企业管理半径能力优势，拓展担保业务覆盖。作为农业物资贸易商的核心经营企业新疆金盛昆仑农资有限公司受规模体量小、管理能力有限等因素影响，无法直接在银行取得供应链产品授信额度，新疆融资担保公司采用传统供应链下游客户融资方式，发挥新疆金盛昆仑农资有限公司覆盖管理半径优势，借助其经常与农资网点沟通、熟悉农资网点经营、对农资网点主要经营者较为熟悉的特点，推出“贸易商+经营网点”组合担保贷款。具体操作为中新疆金盛昆仑农资有限公司提供连带责任，新疆融资担保公司对经营网点单户提供最高不超过200万元的担保额度。

直接惠及经营网点，落实减费让利。作为对农资神经末梢点的支持，新疆融资担保公司实行年化1%的担保费率，按实际用款时间进行灵活收取。在每个乡（镇）、连队区域范围内选择相互熟悉情况的2~3家经销网点作为信贷担保支持创新方式主体，结合农资网点的用款周期，严格匹配贷款回收时间，通过农业物资贸易商新疆金盛昆仑农资有限公司在合作时间、合作黏度等维度进行筛选，新疆融资担保公司提供增信，向合作银行进行推荐放款。

【取得成效】

助力乡村振兴，推动网点经营增收。通过新疆融资担保公司的增信，农资网点有更多资金用于备货，特别是在价格低点进行备货，增加农业物资贸易商和经营网点销售额，实现增利增收。新疆金盛昆仑农资有限公司2020年销售收入为11 537万元，经过2021年该模式的介入，2021年公司完成销售收入12 437万元，直接带动农资近8%销售额增长，带动经营网点5%~15%不等的销售额增长，为新型农业经营主体带来不同程度的利润增长，带动区域乡村发展。

积极探索，担保资源不断增点扩面。基于本次的创新担保服务主体，新疆融资担保公司也不断寻求新的合作领域，将模式逐步向外围扩展，拓展出居民生活物资的牛奶经营网点贷、居家生活必备的调味品经营网点贷等，不断丰富创新担保资源，惠及更多物资经营终端者。

【经验启示】

作为“神经末梢”的经营网点，主要经营者多为夫妻店，对银行信贷及担保了解较少，以往主要利用自有资金进行经营，通常这种模式下网点规模扩张及销售额提升较慢。立足乡村振兴的国家战略，面对新疆区域辽阔、人员覆盖范围有限的问题，新疆融资担保公司深入农资产品终端，对销售及回款路径进行深入研究，创新推出“贸易商+经营网点”组合担保贷款方式，既能解决保前客户筛选问题，又能解决保后跟踪拉长的问题，实现业务拓展、风险控制的“双组合”收益。

免息贷款精准滴灌　美丽乡村加速腾飞

重庆度小满小额贷款有限公司

【案例背景】

乡村振兴战略，是党中央作出的重大部署，是新时代做好“三农”工作的总抓手，是金融系统开展农村金融服务工作的根本遵循。按照《中共中央 国务院关于实施乡村振兴战略的意见》和《乡村振兴战略规划（2018—2022年）》有关要求，根据银保监会等金融监管部门的文件精神，度小满公司一直以来把助力乡村振兴列为企业重要的发展方向。

自2019年5月启动首个乡村振兴项目以来，度小满公司陆续通过“小满助力计划”、乡村振兴·领航员人才培养模式、公益助农直播活动、可持续发展金融助力乡村振兴项目等行动，以线上线下相结合的模式，在乡村产业扶持、乡村人才培养等方面积极探索，助力乡村高质量发展。

【主要做法】

度小满公司推出了“小满助力计划”公益助农免息贷款项目，希望通过金融科技的力量，解决农户在乡村产业发展过程中急需的资金和人才问题。

“小满助力计划”提供无抵押、无担保、无利息的纯信用免息贷款服务，循环额度，还款周期为一年一次，如果还款状况良好可以续贷，享受连续免息三年。

“小满助力计划”是通过企业贴息的方式，为有资金需求的农村地区人群提供免息贷款，帮助他们发展特色产业，比如特色种养殖、民宿旅游、农产品加工和销售等乡村产业，探索绿色金融助农新模式。精准帮扶有内生动力、有带动效应的农户，实现金融服务助力脱贫致富。

项目采取线上和线下相结合的定向帮扶模式，通过线上的金融科技能力提高效率、降低成本，同时在线下联动相关机构，在相关政府部门的认可和支持下有序推进，确保帮扶能够精准解决乡村产业振兴和人才振兴真正的需求和痛点，建立可持续的乡村振兴绿色金融服务模式。也可以帮助农村提升信用体系建设，为后续的金融服务建立基础。

在金融扶持的基础上，度小满公司还选取县域产业带头人、合作社负责人、返乡青年等作为重点培训对象，为这些创新创业带头人进行培训指导，提升他们的专业技能。在课程设计上，根据学员实际需求，共开设产业规划、创业技能、经营管理三类十几门课程，从技术、生产、销售、金融等多方面为乡村带头人提供培训指导，助力乡村的人才振兴。

为进一步发挥“小满助力计划”的扶持作用，度小满公司与联合国开发计划署合作推出可持续发展金融助力乡村振兴项目。拟在县域层面搭建可持续发展创新服务中心，通过数字化产业服务平台，为农村小微企业和农户融资提供有效支持，并通过激励机制引导当地农村产业的绿色转型和高质量发展。

【取得成效】

度小满公司于2019年5月正式启动了“小满助力计划”公益助农免息贷款项目，当年即落地四期，陆续覆盖重庆市的秀山县、万州区、丰都县、石柱县、巫溪县等区县。资金的灵活运用，帮助当地西瓜种植户等农户扩大了产业规模，提升收益，带动和促进了当地贫困户和低保户的就业。

2020年，“小满助力计划”面向全国农户开放线上申请，度小满公司携手央视财经《走村直播看脱贫》大型融媒体行动，一同把“小满助力计划”带到了陕西汉中镇巴县、贵州遵义播州区、湖南湘西永顺县、湖北恩施市、青海互助县、甘肃平凉静宁县、宁夏固原西吉县、四川凉山昭觉县、云南昭通鲁甸县、陕西延安宝塔区十个地区。为当地脱贫村产业的持续壮大发展提供了帮助，巩固脱贫攻坚胜利果实。

同时，“小满助力计划”还在贵州石阡县、甘肃临洮县、重庆彭水县等地开展帮扶。扶持了猕猴桃、茶叶、肉牛、稻香鱼种养殖等地方特色产业。同时，为农户直播带货，帮助大山里的特色产业“走出去”，为农户带来更多收益。

2021年，“小满助力计划”继续探索线上线下并行的模式，并开展定向帮扶，金融助农模式进一步完善；在线下，“小满助力计划”2021年上半年在陕西汉中的勉县、略阳县落地；2021年下半年，再次落地宁夏固原西吉县和重庆的万州区、丰都县等地，同时还积极拓展新的帮扶地区，包括山东威海乳山市、贵州雷山县、重庆的涪陵区和开州区、河南新乡辉县市，以及陕西汉中的汉台区、宁强县、洋县等十个区县。

截至2022年第一季报末，“小满助力计划”扶持的产业已涵盖60多个种植业、20多个养殖业，以及乡村民宿、乡村电商等多个新兴产业。全国范围内，“小满助力计划”已覆盖31个省（自治区、直辖市）的220多个行政村，间接辐射超15万名农户。

在给农户带去资金支持的同时，为当地人才培养和建设赋能，组织开展专业培训课程，从产业资金和技能提升的双重维度，促进乡村带头人发展产业致富，带动更多的农户走向共同富裕。

【经验启示】

“小满助力计划”公益助农免息贷款项目的模式不同于商业贷款，也不是无偿捐赠，而是通过企业贴息的方式，精准地为有资金需求的农村地区人群提供免息贷款，帮助他们发展特色产业、绿色产业，比如特色种养殖、民宿旅游等，探索绿色金融助农新模式。

面向不同类型农村地区人群，在产业扶贫基础上实现外延，纳入有内生动力、有带动效应的一般农户、致富带头人、扶贫车间负责人、农业合作社成员等多类农村产业人群和模式，根据实际情况进行帮扶。

因此，度小满公司未来还希望在支持乡村就业方面进行多元化的探索，以提供项目资金支持和金融支持的方式，参与到大型异地移民搬迁点的就业帮扶、乡村扶贫车间的培训帮扶等项目中。

金融助力“高标准农田”建设 共筑美好乡村梦

山东富源小额贷款有限公司

【案例背景】

2021年中央一号文件提出，“地方各级党委和政府要切实扛起粮食安全政治责任，实行粮食安全党政同责”。“十四五”规划纲要指出，“要深入实施‘藏粮于地、藏粮于技’战略，加大水利设施建设力度，实施高标准农田建设工程，2025年建成10.75亿亩集中连片高标准农田”。

【主要做法】

“高标准农田贷款”产品客户主体适用于大中小微企业，既适用于将一般耕地建设为高标准农田的融资需求，也适用于通过开垦方式将荒地、盐碱地等建设为高标准农田的融资需求，还可以满足施工企业在政府采购工程模式下承接高标准农田施工建设的经营周转融资需求。根据农田建设项目自然风险大、期限长、财政拨款等特点，公司明确了高标准农田项目要件，对于符合一定条件的大中型客户采取简要评估模式，公司首先考虑客户要具有可预期的、稳定的现金流作为还款来源（还款来源主要是新增建设用地有偿使用费、农业土地开发资金、耕地复垦费、土地复垦费及其他用于高标准基本农田建设的资金，专款专用），其次对企业征信情况、经营情况、项目地营商环境及财政收支情况等进行调查，便于业务操作和流程办理，有效提高项目融资效率，满足项目融资需求。

【取得成效】

该业务既积极响应了国家政策导向，在打造乡村振兴齐鲁样板、支持黄河流域生态保护和高质量发展方面作出了示范，对公司社会责任担当以及品牌宣传起到了很好的推动作用，更重要的是切实对有资金需求的农业企业起到了扶持作用，用实际行动履行了“与客户共同成长”的使命。

【经验启示】

未来，富源小贷将继续秉承“服务山东大局 服务人民大众”的使命，充分发挥高效、灵活、规范等特点，与传统银行机构形成差异化优势互补，始终奉行“服务客户、成就员工、奉献社会”的核心价值观，以“让金融更有温度，与客户共同成长”为使命，始终不忘初心，扶小助微，彰显国企担当。

深耕农村普惠金融　创新数字人民币应用

中储粮集团财务有限公司

【案例背景】

中储粮集团是涉及国家安全和国民经济命脉的重点骨干央企，中储粮集团财务有限公司（以下简称财务公司）是中储粮集团唯一金融子公司。财务公司积极响应国家数字经济战略号召，将发展普惠金融与支持乡村振兴工作有效结合，紧紧围绕集团主责主业，聚焦对农收购支付结算环节，探索应用数字人民币结算新方式，建设支付结算新体系，通过金融科技赋能财务公司不断提升服务能力和水平。

【主要做法】

深入收粮一线，现场贴身服务。充分发挥中储粮直属库在一线人缘地缘优势，组织面向广大农民的数字人民币业务推介会，提高普惠金融对农民群体的覆盖面，提供“一站式”贴身服务，宣传推广数字人民币相关知识，现场指导农民开立和使用个人钱包。

优化业务流程，完善后续服务。结合数字人民币功能和业务特点，将农民身份、钱包ID等信息纳入客商管理，支付环节可直接调取使用，保证粮款支付成功率。针对农民收到粮款后普遍反映钱包限额过低、资金兑回不便等问题，财务公司协调合作银行建立“白名单”机制，放宽钱包限额，为农民收粮款、用粮款提供便利。

发挥金融科技动能，强化系统建设。依托新兴金融科技，将数字人民币融入集团ERP系统和财务公司支付结算系统，并逐步实现数字人民币按需自动兑出、日终自动兑回，批量兑出和批量付款等功能，配合银企直连专线，实现粮食收购业务从粮食入库到粮款支付全环节线上进行，大大提升了工作效率。

设立工作专班，统筹项目推进。为确保项目有序推进，财务公司成立由总经理担任项目主要负责人的数字人民币支付结算工作组，专门负责组织、协调、实施、跟踪、总结等各项工作，为项目的顺利开展提供了有力保障。

【取得成效】

成功实现对农数字人民币结算，获得农民普遍认可。自项目投产以来，成功实现对农支付结算近300笔，金额突破1 200万元，不仅让农民卖粮更加便捷、舒心、放心，真正做到“粮出手、钱到手”，更能提高农民种粮积极性，为国家粮食安全增加一份保障。

满足成员单位对结算时效性和风险防范的需求。使用该体系，利用数字人民币“支付即结算”特性，支付完成后实时到账，使结算更加便利、高效。借助数字人民币“可追溯”特性，打通对农支付结算“最后一公里”，切实维护好种粮农民的根本利益。

建成功能强大的数字人民币支付结算新体系。新体系实现支付信息采集、交易指令推送与接收、付款结算与交易结果返回等全环节线上管理，加速了金融科技向生产力的转化，提升了企业集团资金管控能力和财务公司金融服务水平，扩大了普惠金融向“三农”的覆盖面。

开辟数字人民币应用新场景，推动普惠金融落地农村。与零售领域不同，财务公司在粮食收购中运用数字人民币，成功开辟了对农民付款的新场景。与银行信贷作为普惠金融的主要载体发挥功能不同，财务公司将数字人民币引入农村，是更注重流通、支付的新模式、新方法，迈出了具有里程碑意义的关键一步。

【经验启示】

客户的需求始终是财务公司各项工作的出发点和落脚点。在广大农民群体推广使用数字人民币，不仅能够满足农民对现金的需求，发挥数字经济对乡村振兴的重要促进作用，稳定农民种粮信心，保障国家粮食安全，还能够解决成员单位支付结算和风险防控的需求。

金融创新始终是企业不断提升服务水平的动力。财务公司应主动融入数字金融科技，聚焦主责主业，将创新发展作为提升自身服务能力和水平的永恒驱动力，使普惠金融更好地惠及民生。

普惠金融在乡村有巨大的发展空间。目前，我国城乡之间仍存在较大发展差距，农民群体普遍缺乏金融知识，渴望金融服务，金融机构应该开发更多适合农村的金融产品，不断提高金融服务水平，降低普惠金融门槛，使普惠金融更好地助力乡村振兴。

‖专家点评：

依靠金融科技发展普惠金融
统筹线上线下助推乡村振兴

北京大学经济学院　王曙光

党的二十大报告提出，全面建设社会主义现代化国家，最艰巨、最繁重的任务仍然在农村，并指出，要全面推进乡村振兴，坚持农业农村优先发展，巩固拓展脱贫攻坚成果，加快建设农业强国。2022年是《乡村振兴战略规划（2018—2022年）》的收官之年，五年来，乡村产业、生态、组织领域等方面硕果累累，乡村振兴取得阶段性重大成就。在乡村振兴战略实施进程中，普惠金融在促进农村金融发展、改善农村基础设施建设、赋能区域特色产业链等方面发挥了巨大的作用，是巩固脱贫成果和推进乡村振兴的有效抓手。

为响应国家号召、贯彻落实乡村振兴战略，各类金融机构积极布局普惠金融，充分发挥自身比较优势，统筹线上线下资源，在产品形式、经营模式、风险管理等方面不断创新，为推动“三农”经济发展注入金融“活水”。其中，因不同金融机构资金来源与性质、经营目的与属性等方面的区别，其在发展普惠金融助推乡村振兴的过程中扮演的角色和发挥的作用也存在差异。具体而言，国有政策性银行具有直接扶植、倡导引导、补充辅助等功能特征。全国性银行包括大型国有银行和股份制商业银行不断推出惠农政策，提供基础性、普适性的金融服务，或在地区大规模融资项目问题的解决中扮演重要角色。区域性商业银行和其他非银金融机构则充分发挥自身比较优势，如同毛细血管般承担起支农支小的天然职责。随着我国普惠金融体系日益完善，各类金融机构相互作用、互为补充，共同承担起发展普惠金融服务乡村振兴的社会责任。本文结合案例梳理各类金融机构发展普惠金融的比较优势，和助力乡村振兴的主要方向和重要成果。

一、政策性银行提供公益性、战略性金融服务，助力乡村振兴

国有政策性银行突出国家战略，不以盈利为经营目的，为贯彻、配合政府社会经济政策或意图，在特定业务领域内从事政策性融资活动。政策性银行资金主要来自财政拨款和人民银行的无息贷款，具有周期长、规模大、风险容

忍度高等特征，在发展普惠金融助推乡村振兴的过程中具有直接扶植、倡导引导、补充辅助等功能特征，政策性银行设立的主要目的即为特定行业或领域提供金融服务，其业务聚焦于国家社会发展需要，但商业性银行不愿意或无法为之提供资金的项目，在多年扶贫惠农工作开展中积累了丰富的经验，并有着配套的人才团队和技术支撑，因此在乡村建设方面具有专业优势。在具体地区乡村振兴战略推进的过程中，政策性银行对应资金往往率先注入当地，起到完善基础设施建设、搭建良好金融环境的作用，这一投资行为一方面传递了政策导向信息，另一方面解决了平台、工具缺失等方面的问题，打通了资金流入渠道，进而对商业性资金产生引导作用。最后，对那些市场触角难以触及的地方，政策性资金还起到查缺补漏的作用。

国家开发银行、进出口银行和农业发展银行三家政策性银行分别承担着不同的政策性金融任务，在乡村振兴战略实施过程中，逐渐形成了以农业发展银行为主体，国家开发银行和进出口银行涉农业务为“两翼”的格局。当前普惠金融框架基本完善，内容不断充实，乡村振兴步入战略新阶段，政策性银行工作进一步聚焦当地基础设施建设等项目规模大、投资周期长、风险收益低但具有极高正外部性的公益性项目，并在具体项目调研、融资模式选择等方面体现出了自身的专业性优势。如国家开发银行湖南省分行深入调研花垣县农村供水情况，发挥融资融智作用，创新投融资模式，统筹城乡供水资源，以市场化方式支持该县城乡供水一体化项目落地。累计授信2.3亿元，实现贷款发放1.95亿元，预期可解决长期困扰当地13.3万城乡居民的饮水安全问题。又如，中国农业发展银行潍坊市分行聚焦峡山水库水环境治理工程，总投资14.92亿元，综合诸多生态措施，确保水库水质稳定达标，库区周边环境明显改善，促进生态系统良性循环，达到人水和谐，带动峡山区绿色可持续发展。

二、全国性银行提供基础性、关键性金融服务，助力乡村振兴

全国性银行发展普惠金融挑战与机会并存。困难方面，普惠金融的需求主体多为中低收入群体和小微企业，其融资需求的共同特点表现为周期短、规模小、频率高、时间急，为上述群体提供金融服务，对金融机构服务的深度和广度要求较高。而全国性银行业务体量巨大，为降低成本、控制风险，其传统产品和服务多围绕大中型企业和高收入人群打造。因此，无论工、农、中、建、交、邮储国有六大行还是民生、兴业等全国性股份制银行，在发展普惠金融时都不可避免地会遇到产品供需不对称、资金配置不对称、银企信息不对称和成本收益不对称等问题。

优势方面，大银行相比中小银行具有四大优势。一是网络优势。全国性

银行网点数量多、覆盖面广、交易渠道齐全，若能得当统筹，其大规模的员工队伍、更完备的平台渠道（尤其是线上平台）均有利于向周围的农户家庭、小微企业提供金融服务。二是资金优势。全国性银行具有一定的品牌效应，资金来源稳定，资金实力雄厚，虽普惠金融服务个体的需求表现出“短、小、频、急”的特点，但广大农户及众多小微企业的金融需求总量和乡村战略实施所需金融支持的规模是庞大的，因此，全国性银行依托自身资金优势提供的大规模、普适性的基础金融服务，是巩固脱贫成果、推进乡村建设不可或缺的关键金融支持。三是风控优势。全国性银行自身具有一套完备的风险管理系统，相关风险识别技术更强，风险管理方法更多，因此开展普惠金融服务难以避免的较高水平信用风险和道德风险对其冲击更低。此外，大银行还可发挥与政府、行业协会、大企业等群体业务联系广、合作多的优势，打通产业链上下游，获取更多“软信息”，实现风险分担，降低普惠金融风险。四是技术优势。大数据、人工智能等数字技术在金融的应用有效打破了信息不对称壁垒，缩小了金融机构展业的时空限制，但发展金融科技需要大量的研发投入和专业的人才队伍，因此具有一定的门槛。相比中小银行，大银行具有明显的财力优势、技术优势和队伍优势，可以更好地借助科技赋能自身发展，从而更好地为乡村振兴提供金融支持。

近年来，全国性银行为适应普惠金融发展，大力推进组织架构及管理体制改革，不断提高金融科技水平，创新针对乡村企业及农户的产品与服务，实现业务下沉。因其具有前述比较优势，全国性银行主要提供基础性、关键性金融服务，在业务开展地区往往能够大刀阔斧地解决当地发展难题，满足大部分农户、企业的基本融资需求，或是服务于当地产业链、金融平台等的打造。如招商银行股份有限公司昆明分行为云南省楚雄彝族自治州永仁县维的村打造了一套从“种植—储存—加工—销售”的完整乡村产业链，授人以渔，进一步巩固了维的村脱贫攻坚成果。邮储银行充分发挥4万个网点的网络优势，培养了一支2万人的信贷员队伍，全面开展信用村建设、信用户评定。并开发“线上信用户贷款”产品，支持信用户手机支用，随用随支随还，截至2022年5月末，已建设信用村28万个，评定信用户440万户，“线上信用户贷款”自2021年8月底上线来，累计授信27万户、211亿元。

三、区域性银行提供针对性、定制性金融服务，助力乡村振兴

区域性银行包括城商行和农商行，前者是从城市信用社发展而来的，主要服务对象是中小企业，机构主要设置在社区，后者是从农信社转化而来的，以“三农”作为主要的服务对象，经营地区服务网点多，机构主要在农村基层，

与服务对象联系紧密。区域性银行发展普惠金融具有先天的优势，具体而言，其比较优势体现在三个方面，一是决策半径短，决策效率高。与全国展业的大银行相比，区域性银行总部一般设立在本地，规模较小、组织架构较为扁平，内部决策耗时相对较少，进而面对个性化高或时间紧迫的融资需求时，区域性银行能够以更快速度给出反应，以更高效率解决问题。二是深耕本土，信息对称性高。区域性银行的主责主业是为当地小微企业和中低收入人群提供金融服务，天然具有支农支小的基因。因其主要由当地城市信用社、农村信用社转化而来，区域性银行往往在展业地区具有最全面的网点覆盖。此外，大部分区域性银行还承担着社保资金和各类惠民资金的代发工作，与地方政府和当地居民联系更为紧密。这种规模的匹配性和联系的深入性一方面为区域性银行进一步收集客户信息提供了便利，另一方面也有利于区域性银行针对当地民众金融知识水平开展针对性的科普活动，提高帮扶效率。三是产品灵活性、针对性高。如前所述，区域性银行与展业地区政府、企业和居民的联系更为紧密，相关金融服务供需、业务开展所需信息、资金成本收益和规模周期均较为对称。

因此，区域性银行更善于因地制宜，针对本土市场上多元化融资需求和特点，进一步细分客群，量身打造金融产品和个性化流程，提供更加精细化、精准化金融服务。从授信方法来看，区域性银行能够以更低的成本对接政府、企业与居民，并依靠当地特色产业链或龙头企业将各个主体相互联系，有效解决农村经营主体缺少担保等问题，实现授信方式的创新。如天津滨海农商行深植于滨海新区南部区域，围绕片区内特色农业种植、养殖产业，依托总行乡村振兴专项授信政策，通过“龙头企业+农户”的模式发展整村授信业务。从产品设计来看，区域性银行能够切实考虑本土产业特征，进行抵押担保模式、贷后风险管理等方面的创新。如兰州银行积极探索“活牛抵押”融资模式和“生物活体抵押+物联网监管+银行”的合作模式，切实解决了活体生物资产金融化、活体抵押确权和防范活体抵押风险等方面的多重难题。从技术创新来看，区域性银行也不断借助金融科技赋能自身发展。如前所述，大银行发展金融科技具有资金、人才优势，并主要依靠金融科技产品实现服务下沉，相比全国性银行，区域性银行发展金融科技确实存在资金、人才等方面的限制，但后者能够发挥深耕当地的优势，将线上线下渠道相结合，从而更好地平衡成本与收益，实现兼具效率和温度的普惠金融。如贵州银行善于科技赋能业务和统筹线上线下资源，“线上兴农贷”依托数字技术简化贷前客户调查，并同时将线下“小掌柜”采集的“软信息”与线上收集的客户合规性大数据纳入考察，并借助数字化、模型化手段提高业务效率。

四、非银金融机构的普惠金融创新与乡村振兴贡献

在政策性、商业性银行各显神通，发展普惠金融助力乡村振兴的同时，非银行机构也不断推陈出新，在普惠金融领域的重要性日益凸显，为乡村振兴提供补充性金融服务。因其规模更小、组织更为扁平化，非银金融机构往往更能匹配部分农户短期、小额的融资需求，开展更为细致，甚至可进行一对一的信用评定工作。如新疆维吾尔自治区融资担保公司，针对零散的代销点式的农资经营网点，推出“贸易商+经营网点”组合担保贷款的方式，利用担保增信方式，撬动银行信贷资源下沉。

五、政府、监管部门、金融机构和农村经营主体多方发力，共同构建人民金融

通过上述梳理可以看出，近年来我国普惠金融机构主体日益丰富，各类金融机构相互作用、互为补充，共同承担起发展普惠金融、服务乡村振兴的社会责任，逐步构筑起政策性银行带头进行战略性引领，全国性、区域性银行分别照顾普遍性金融需求和特色化金融需求，非银金融机构作为有机补充的、各就各位的普惠金融框架体系。但需要认识到当前普惠金融服务乡村振兴的过程中尚存不足，如大型银行普惠信贷投放不精准，普惠金融相关监管不到位，普惠金融预防返贫工具及供给体系不完备、防止贫困与返贫群体识别机制不完善，农村居民群体金融素养较低等问题。

未来发展普惠金融、助力乡村振兴需要政府、监管部门、金融机构和农户自身多方发力。

政府方面要加强顶层设计与政策支持，充分发挥引导、服务、监督作用。一方面，需考虑全面推进乡村振兴战略实施需求，不断完善普惠金融顶层设计，要对相关政策及工具进行及时调整，保证政策的连贯性和时效性，确保巩固拓展脱贫攻坚成果与全面推进乡村振兴的有效衔接。另一方面，应加强引导和支持，在市场失灵领域或时刻发挥有为政府的作用，通过与银行及企业建立合作、兴建基础设施等办法打通信息、资金流动渠道，搭建良好普惠金融环境，引导金融资源向农向小，促进金融服务下沉。

监管部门要进一步优化监管体系，平衡普惠金融创新与系统性风险防范，保障金融体系平稳发展。普惠金融发展伴随信用风险、操作风险和市场风险等诸多不可避免的风险，如普惠金融业务数量多、单笔贷款金额小，银行为降低成本或提高效率往往会减少相关业务的贷前审查和贷后监督力度。而当前阶段，我国普惠金融相关监管体系尚未完善，为维护投资者权益和金融体系安全性，监管机构应全面考虑普惠金融发展模式中各类机构的特征、风险分担和专

业分工，明确各监管主体间的职责，采取差异化的管理措施。在此过程中，监管机构要平衡好金融创新与风险管理间的关系，过于严格的监管措施不利于普惠金融创新的开展，金融服务下沉受限，过于宽松甚至缺位的监管则会导致风险的不断积累，不利于经济的长期高质量发展。为此，监管部门应与时俱进，积极吸取科技发展成果，提高科学监管水平，不断充实制度框架，强化信息披露和风险提示，完善消费者投诉和处理机制。

金融机构一方面要进一步把握全面推进乡村振兴的战略需求，不断打通金融服务下沉渠道，支农支小，并对符合高质量、可循环发展理念的项目进行资源倾斜，引导乡村发展与金融支持形成正向循环。另一方面要尊重农民主体地位，“授人以渔而非授人以鱼”，认识到普惠金融不是慈善或救济，而是要赋能于当地企业和群众，激发其自身的创造力和生产力，实现农村的可持续发展。因此，要格外注重农户相关知识的科普和能力素养的提升。当然，这一工作不只是金融机构的责任，更是政府的义务。

从农村经营主体角度来说，要继续大力发展对于新型农村经营主体的信贷服务，这将是普惠金融服务的主体。当前，农业龙头企业、种养殖大户、家庭农场、农民合作组织以及农村小微企业等都有强烈的融资需求。这些主体，尤其是近几年迅猛发展的合作社和家庭农场等新型农村经营主体，他们的融资需求很旺盛，他们对金融产品的需求比较多元化，这对农村金融发展而言是一个大好机遇。当然，普惠金融也不能忽视对小农户的服务。从农户角度出发，要积极参与政府、银行等各类机构组织创办的金融教育、技能学习活动，不断提高自身知识水平和技能本领，要紧跟时代潮流，主动拥抱创新事物，借助各类金融科技产品满足自身金融需求。此外，具有高文化水平、创业能力的人才，要积极承担社会责任，主动参与政府的人才吸引计划，为家乡建设添砖加瓦。

今天的普惠金融还要在互联网的助力之下进一步加强金融机制的创新，要有产业链的链式思维，进一步发展农业供应链金融。随着我国农业产业化、组织化、企业化、市场化、信息化的深入推进，随着农业供给侧结构性改革、乡村振兴战略的实施，随着商业银行经营机制的变革和金融科技的广泛应用，我国农业供应链金融体系虽然还面临一些挑战和困难，但基本具备了比较好的发展条件，可以说，农业供应链金融迎来了发展的黄金时代期。商业银行要抓住历史机遇，充分利用金融科技手段，通过供应链金融，更好地服务于乡村振兴和农业发展。

总之，当前我国普惠金融体系建设在金融科技的引领下，已经进入了一个崭新的阶段，各类“巨—大—中—小—微”金融机构以及征信机构、担保机构、产权交易机构等，以最强大最现代的金融科技手段，把自己的金融服务向中国的数亿个农民、一亿多家小微企业主体进行全覆盖，这就是人民金融，是“一切为了人民，一切依靠人民”的金融，是把普惠性、战略性、安全性、营利性相统一的金融。中国将来要想长治久安，要想在经济发展和金融发展的同时实现共同富裕，就离不开这样一种健康的、包容性强的、以人民为中心的金融体系。

第二篇
普惠金融服务新市民

概　述

上海金融与发展实验室　曾　刚

2022年3月初，人民银行、银保监会联合发布《关于加强新市民金融服务工作的通知》，提出要引导银行保险机构针对新市民在创业、就业、住房、教育、医疗、养老等重点领域的金融需求，按照市场化、法治化原则，加强产品和服务创新，完善金融服务，高质量扩大金融供给，提升金融服务的均等性和便利度。按照定义，“新市民”主要指因本人创业就业、子女上学、投靠子女等来到城镇常住，未获得当地户籍，或获得当地户籍不满3年的各类群体，包括但不限于进城务工人员、新就业大中专毕业生等，按照该口径，我国新市民大约有3亿人。

从发达国家的实践来看，新市民群体的形成本质上是伴随工业化浪潮而产生的人口迁移。全球城市化进程兴起于18世纪，21世纪欧美日等主要发达国家基本已完成城市化，城市人口占比达到90%。虽然各个国家城市化启动时间、推进速度以及发展水平存在差异，但发展路线大同小异，共同特点是工业化与城市化相互促进、注重城市与乡村均衡发展、发展方式先自由放任后转向加强政府规范。

具体到我国，新市民应该是介于传统市民和农民之间的人群，这部分人群通常没有当地户籍，工作不稳定，收入普遍不高，大多没有社保、公积金或者纳税记录，有的是个体工商户，有的是农民打工者。由于缺乏个人信用信息、有效抵押物以及信用记录，使其通常难以被银行等传统金融机构覆盖，存在金融服务的空白或提升的空间。

如果把新市民这个群体按照生命周期来划分，金融服务应贯穿新市民的整个生命周期，从最前端的到城市找工作，到后面的生活消费，再到结婚生子，以及未来孩子的教育和医疗保险。金融服务遍布生命中的每一个重要里程，包括进城、落户过渡阶段租房买房需要的购房贷款、装修贷款，安置生活购买家电产品需要的消费分期，出行代步需要的车辆贷款，就业创业的启动资金及资金周转贷款，孩子上学的助学贷款，提升自我进行的就业培训贷款，日常生活消费分期贷款，赡养老人所需的医疗险，等等。

总体来看，日益年轻化的当代新市民，其工作领域、收入及消费水平已在发生转变。传统的“劳动密集型”新市民教育水平偏低，更多服务于建筑、运输、保安、餐饮等领域。随着教育水平的提升和城市产业结构的升级，技术工人、新型服务业岗位、自主创业逐渐成为新市民的就业选择。此外，年轻农村户籍人口随着父母进入城市，或在农村完成基础教育后进入城镇，这类人群有机会接受更高水平的教育，更密切融入城市化。

在这样的时代背景下，新市民群体呈现出典型的“两低两高”特征。“两低”指的是金融素养能力低、社会保障参与度低；“两高”分别是工作及居住流动性高、对新消费接受程度高。社会保障参与度低，意味着新市民的基础保障需求更高、加杠杆能力更弱；金融素养能力低，所以新市民识别风险、明晰金融需求、安全理财和理性借贷的能力更弱；工作及居住流动性高，所以新市民抵御风险的能力弱、对金融服务的需求更趋“短、小、频、急”。而另一端，对新消费接受程度高，则意味着新市民非常容易就能接触到各类金融营销，触发适当或不适当的金融购买行为。

只具备金融供给方视角下较弱的金融资质，但拥有实实在在的旺盛金融需求，能力限制下的需求和供给不匹配，成为新市民金融服务需要解决的核心矛盾。解决这一核心矛盾可从供需两边探索。需求侧，要提升新市民的金融素养，提升其购买适合金融产品及服务的能力；供给侧，需提升金融服务方对新市民群体的风险识别能力、获客能力、产品开发能力、运营能力和服务质效。

从长远看，为新市民提供更高质量的普惠金融服务，不仅是金融机构一方的使命，而应是多层次地构建新市民普惠金融生态体系。

首先，需构建和完善新市民信用体系，完善相关金融配套。例如，在新市民信贷服务中，基于其成员多、工作范围广、地址变动多等特点，政府相关部门、征信机构、金融机构可共建以场景为核心的征信数据体系。政府从“商户”和“客户”双视角，基于场景消费归集多维数据；征信机构刻画更为全面的用户“信用画像”，丰富标签数据；金融机构从前后地址、工作及居住时长等特殊视角进行风险评判，匹配客户身份信息的交叉认证，可帮助无法提供固定工作、收入证明的“白户新市民”完成授信，实现消费型融资需求。

其次，金融机构应履行社会责任，苦练内功，提升数字化能力，为更广泛的新市民提供更高品质的服务。以服务形式为例，应充分考虑新市民时间碎片化需求，提供7×24小时线上服务平台，加强对新市民群体的人工服务、远程服务及AI智能服务；应考虑部分新市民对智能终端的使用技能较弱，提供界面更清晰、操作流程更简洁、操作更方便的互动式服务。以具体金融产品为例，针对在大城市工作、符合相关申请条件的应届毕业生和已在职场打拼多年的年轻白领，通过“立业计划”可实现至少一年房租的额度覆盖，从贷款额度、还款期限、还款方式等方面解决新市民群体初入城市“居不易”“租不易”的难题。

再次，互联网平台、金融科技、增信等助贷机构需进一步降本增效，与金融机构形成更紧密的普惠金融服务共同体。在合法合规的前提下，互联网平台拥有完善的新市民行为数据，可发挥行为数据优势，赋能金融决策；金融科技企业具备专业的大数据模型与AI技术；保险、融资担保等增信主体则能有效帮助金融机构分担或缓释相对较高的新市民金融风险。多方协同，优势互补，共同构建多层次的新市民普惠金融供给体系。

最后，金融机构要积极投身新市民的金融素养教育事业，帮助新市民提升金融能力，共享共建发展。由于新市民防骗和抵御金融风险能力不足，金融机构一方面应做好新市民客户投资适当性、杠杆能力与空间的审核测算，提供更“适合”的金融服务；另一方面也要以知识赋能新市民，面向该群体开展金融科普，赋能该群体识别与防范金融诈骗的能力，加强新市民金融意识的服务工作。

“新金融”为沙县小吃“新市民”解难

福建三明银保监局

【案例背景】

2022年3月4日，银保监会等联合发布《关于加强新市民金融服务工作的通知》，“新市民”引起广泛关注。福建三明长年处于人口净流出状态，是典型的新市民输出地，形成了沙县外出农民的“小吃经营群体”、尤溪外出农民的“高速公路广告经营群体”等新市民集群。其中，沙县外出经营小吃6万余人，分布最广、影响最大。《国务院关于新时代支持革命老区振兴发展的意见》提出“支持发展沙县小吃等特色富民产业”。三明银保监分局持续强化监管引领，针对新市民金融服务堵点和难点，出台“加强新市民金融服务工作七条措施”，让新市民享受到均等、便捷的金融服务。

【主要做法】

线下建档，提供“保姆式”金融服务对接。一是新市民档案“建起来”。建立“村民集群外出创业就业个人信息档案”38 711户，实现“建档—评级—授信”三同步。二是“背包银行‘走出去’”。组建网格化服务团队，派出950余人次“背包”走访60余个城市进行对接。三是金融座谈“请回来”。通过小吃年会、座谈会等，召开106场专场推介会，受众8 000余人次。

线上铸链，提供“便携式”金融服务支持。一是积聚小吃“数智化”平台人气。推动建立全国性沙县小吃“数智化”平台，初步实现点餐收银、监控分析等11项功能模块。二是试点“线上集合贷”供应链金融产品。在5个小吃集群地试点将供应链大数据纳入授信模型，推出“福膳·小吃贷”。三是做好远程金融服务风险防控。创建“新市民远程金融服务中心”，利用远程视频服务系统开展贷款面审及合同签订等。

后方解忧，提供“管家式”贴心服务模式。一是“盘活林”，解决林业资源“沉睡”之忧。创新“金林贷”“村级碳票基金贷”等业务，向持有“林票”的小吃业主发放贷款。二是“流转地”，解决田地荒废之忧。推出“福田贷”，支持土地流转。三是“改善房”，解决房屋修缮之忧。推广农村个人住房抵押消费贷，提供房屋装修等贷款服务。

【取得成效】

解决了一批融资难题。针对沙县外出经营小吃新市民群体存在的抵（质）

押资产不足、信用信息欠缺等问题，创新推出金融解决方案，为沙县小吃全产业链提供融资30.23亿元，其中上游第一、第二产业融资余额8.65亿元，外出经营小吃新市民融资余额15.79亿元，提供保险保障2.95亿元，有效解决贷不到、摸不清、管不到、押不了等难题。

形成了一批示范效应。金融服务沙县小吃新市民群体做法被《中国银行保险报》《金融时报》等宣传报道，银保监会第274场银行业保险业例行新闻发布会对相关做法作介绍。同时，该做法对金融服务辖内其他外出新市民群体形成较好的示范效应。如尤溪联社积极对农民外出形成“高速公路广告经营群体”实现建档“全覆盖”，提供专属金融产品，总授信1.1亿元。

带动了一批产业发展。通过对沙县小吃全产业链金融支持，促进形成第二产业辐射全国效应，沙县小吃产业园引入小吃配料、半成品生产企业65家，建立中央厨房，产值超80亿元；带动第三产业增加值从1997年的5.83亿元增加到2020年的101.09亿元；带动沙县农村居民人均可支配收入由1997年的2 805元增加到2021年的24 303元，实现了富民强县。

【经验启示】

解决信息不对称是破解新市民金融服务的核心。大量新市民从农村走向城市，因信息不对称，成为城市与农村金融机构服务的“真空地带”。三明银保监分局针对这一痛点，靠前两步，指导劳动力输出方银行建立“金融服务档案”，采取“背包走出去+供应链金融”双重信息收集模式，有效破解信息不对称问题，保证新市民金融服务“有人管、管到位”。

盘活农村资源要素是新市民安心创业就业的保障。农村土地、房屋等资源是外出创业就业农民的“根和本”，是回乡生存的“最后一根稻草”。银行保险机构创新金融产品，盘活农村资源要素，既有利于新市民增收，又保证农村资源要素不浪费搁置，还为新市民外出创业解决了后顾之忧，实现了“三赢”。

个人创业担保贷款服务新市民取得实效

中国农业银行股份有限公司甘肃省分行

【案例概述】

农行甘肃省分行作为县域网点最多的国有大行分支机构，为响应支持实体经济和普惠金融服务新市民的号召，积极贯彻落实国家政策，在充分运用国家创业担保基金的基础上，以“个人创业担保贷”模式为核心，对接政府部门、产行业主管、行业协会，围绕地方特色产业，针对新市民群体较为集中的社会再就业、自主创业和返乡农民工创业人员推出“建材贷”“餐饮贷”“超市贷”“百合贷”“拉面贷”等多种特色服务，通过产业推动、行业客户拉动的方式促进贷款投放，将个人创业担保贷款打造为服务新市民的农行甘肃省分行新名片。

【案例背景】

近年来，国家大力支持银行保险机构提高新市民金融服务的可得性和便利性，监管部门也出台了一系列文件，做好新市民金融服务工作。在此背景下，为深入贯彻落实党中央、国务院部署，落实总行对新市民群体加大金融服务有关要求，农行甘肃省分行在发挥传统金融优势的基础上，将个人创业担保贷款作为服务新市民客群创业优选专属产品，该产品由政府专项创业基金担保、财政贷款贴息，能够减轻新市民创业融资成本，有效满足创业初期小额经营资金需求，全面提升新市民金融服务的可得性、均等性和便利性。

【主要做法】

一是加强组织领导，靠实工作责任。农行甘肃省分行党委坚持把全面推进个人创业担保贷款作为新市民金融服务的头等大事，制订实施方案、成立领导小组，形成领导带头、分级负责、齐抓共管的责任机制。二是迅速安排部署，开展营销对接。召开专题会议安排营销投放工作，要求各经营行同当地人社部门积极对接，理顺工作机制，尽快实现贷款投放，确保早见成效、早结硕果。三是注重宣传引导，做好产品推广。制作创业担保贷款金融服务宣传片并多渠道播放，提升产品知晓率和认知度；通过微信、公众号等新媒体渠道扩散宣传，在《民族日报》等刊发推介文章，详细介绍创业担保扶持产业项目等，进一步扩大社会影响力。四是实施团队作业，提升办贷效率。成立巡回督导团队、项目调查团队和审查审批团队，提高贷款办理效率；合理简化贷款手续资料，与人社部门、担保公司同步开展受理调查工作，实施流程一体化作业推动贷款投放。五是强化激励考核，提升营销质效。制定出台一系列奖励政策，对贷款投放较多的支行进行奖励，对客户经理贷款投放进行计价及下乡补助，保证下乡交通工具，对单个项目投放达到一定额度的给予营销费用奖励，充分调动员工营销推广积极性。

【取得成效】

农行甘肃省分行以个人创业担保贷款产品为抓手，推进服务新市民和乡村振兴工作取得“双实效”，不仅通过小产品服务了大群体，更推动了普惠贷款的有效投放，新市民服务能力进一步提升。全行近年累计投放个人创业担保贷款4.23万笔、30.55亿元，惠及社会再就业群体等自主创业人员2.28万人、返乡农民工创业人员1.95万人，金融扶持社会创业质效大幅提升，受到省委、省政府的肯定。截至2022年6月末，农行甘肃省分行12家二级分行和32家支行已开办个人创业担保贷款业务，贷款余额21.56亿元，在四大行同行业中贷款份额居第1位。在实现贷款有效投放的同时，对其他金融业务带动作用也十分明显，带动营销对公存款3.7亿元、个人储蓄存款3.2亿元，借记卡、掌银、短消息、信用卡等其他个人金融产品11.3万个。

【经验启示】

一是个人创业担保贷款能够有效解决广大就业困难和自主创业群体客户创业初期担保难、融资成本高等痛点问题，能够满足地域特色客户创业小额信贷需求，是一款适合服务新市民群体创业的专属产品。二是个人创业担保贷款业务模式可充分融合地方产业特色，通过优选项目、定制方案、差异化政策，实现客户批量营销、批量获客，同时“产业依托、源头获客、交叉验证、团队作业、真实调查”五项原则能够从源头上把控贷款风险。三是通过与人社部门、担保公司协同配合，对客户审核准入、担保手续办理、贷款调查审批等实施标准化流程运作、流水线作业的“信贷工厂”模式能够极大地提升贷款办理效率，进一步提升服务质量。四是农行甘肃省分行通过银政合作、产业推动、产品带动的模式走出了一条服务新市民的新路子，实现了服务新市民、普惠金融客户和推动乡村振兴发展的共赢新局面。

创新住房租赁长租模式 解决新市民住房需求难题

中国建设银行股份有限公司山西省分行

【案例概述】

新市民群体是城市建设的积极贡献者，但一直以来该群体都存在租住不稳定、安全性差、品质难保障等突出问题，建设银行山西省分行积极发挥大行担当，创新探索长租公寓合作模式破解住房痛点，利用金融力量推动租赁市场建设，进一步提高金融普惠服务能力，于2022年10月1日推出了普惠金融服务新市民“建融家园·书馨公寓”项目。该项目通过盘活城市老旧闲置资产提供普惠租赁住房，根据新市民客群实际需求进行适应性改造，为城市工作者提供更加舒适、安全、温馨的租住环境，得到了社会大众的认同；同时，也让初来城市工作的青年人有更好的体验感，能够更加轻松地融入城市生活，成为城市建设的基础力量，更加有力地推动城市发展。

【案例背景】

近年来，太原市流动人口一直处于增长状态，包括快递小哥、餐饮人员、建筑工人等，形成了城市新市民群体。一方面，初来城市的新市民群体收入水平较低，为了住房租金价格便宜，只能被动地选择大中户型商品房不规范改造后的隔断房，居住条件较差且租住关系不稳定，房屋普遍位于距离城市中心区域较远的郊区，整体体验不佳且造成较大时间资源浪费。另一方面，社会上实际存在大量闲置房屋，由于房屋结构性问题，很多位置较好的商业用房、工业用房等常年荒废闲置，形成了很多城市更新的“失落空间”，影响城市发展整体环境。同时，住房租赁市场整体发展较为缓慢，难以保障新市民群体住房需求。

【主要做法】

一是发挥资源优势，实地摸排盘活市场闲置资产。利用银行客户资源优势，重点对接国有企业老旧闲置房屋、商办工闲置厂房等项目。通过对接了解到行内客户山西省联通公司下属邮电医院，房屋破旧且已闲置多年，与周边环境形成极大落差，但周边新市民租住需求旺盛但没有合适房源。经过实地摸排，建设银行山西省分行认为该项目改造能够有效改善周边新市民群体租住需求，随后联动住房山西分公司积极营销，针对新市民设计房型。二是合理控制成本，着力打造合适租赁房源。根据市场需求和房屋结构情况，将“建融家园·书馨公寓”项目定位为青年公寓，精心排布出64间“小而精”的房间，套内面积20~28平方米，实现独立卫浴、干湿分离、嵌入式家电等特点，小面积户型改造担起大作用。另外，建设银行山西省分行组织项目改造上下游链条企业建立产业联盟，进一步降低房屋改造成本价格，合理控制成本确保低于同地段同品质市场租金。三是精心打造服务，努力提升租客生活品质。为了更好地服务入住的新市民租住需求，在社区内增设了净水器、快递柜等，便利租客日常生活；与公寓周边商户开展合作，为租客提供早餐、午餐等惠民餐食，提供书吧、咖啡厅、洗衣房及其他服务项目，进一步提升新市民生活品质。

【取得成效】

一是打造长租公寓品牌，得到市场多方好评。自运营以来，书馨公寓整体出租率处于95%以上，国务院研究发展中心、住建部住房保障司及省市政府住建等部门，《山西日报》、山西省电视台等新闻媒体，多次参观考察、采访报道，得到社会各界一致好评。二是服务地方企业单位，解决新员工就业居住问题。通过长租公寓建设，为企业单位异地交流员工、新入职员工等提供批量入住，既解决了员工无房租住问题，又体现了企业对于员工的组织关怀。三是提供专业化服务，提升新市民城市融入感。引入专业三方机构提供物业服务，加装智能门锁、智能水电表等家居设备，为新市民群体提供优美租住环境。同时，配套“1+1+N”服务模式，由就近网点提供金融科普、理财沙龙等多元化活动，丰富了新市民群体的日常生活，进一步提升了社会融入感。四是打造行业标杆样板，引领同业持续赋能社会百姓。作为太原市服务新市民群体典型案例，“建融家园·书馨公寓”项目已经获得中央奖补资金支持，下一步将纳入太原市保障性租赁住房范畴，水电气暖费用将按照民用标准执行，进一步降低租客群体生活成本。同时，该项目已纳入中央财政支持住房租赁市场发展试点系列报道，将为全市支持新市民住房需求提供借鉴经验。

银团携手创新服务模式　助力新市民异地创业

中国邮政储蓄银行股份有限公司三明市分行

【案例概述】

邮储银行三明市分行为切实解决新市民创业就业难题，在三明银保监分局的支持与指导下，联合共青团三明市委员会，针对新市民创业就业瓶颈，从队伍建设、产品创新、服务创新、经验分享、完善机制等多个维度创新新市民金融产品和服务营销模式，满足不同新市民创业就业的融资需求。

【案例背景】

新市民作为城市建设的重要推动力量，该群体的健康可持续发展不仅是我国脱贫事业、城镇化发展的重要考核标准，更是推动建设美丽新中国、实现伟大中国梦的重点群体。然而，新市民群体在创业过程中往往面临初到异地无抵押、难找担保人、无稳定现金流的难题。此外，对异地经营模式、行业特征了解不透彻，导致新市民整体创业基础较为薄弱。针对上述问题，邮储银行三明市分行在三明银保监分局的指导下，联合共青团三明市委员会积极探讨有效破解新市民创业融资及创业技术双“瓶颈”的方法。

【主要做法】

一是强化银团携作，创新服务模式。以“银团合作”为载体，在之前与共青团三明市委员会成立的创业就业孵化中心项下设立了“新市民创业金融孵化队”，打造导师帮扶、创业融资、项目对接等服务平台，链条式服务新市民创业就业。二是推出专属产品，实现精准帮扶。针对异地集群产业，推出“沙县小吃致富贷”等专属产品。该产品采取“协会+小吃户”“公司+小吃户”“村两委+小吃户”等模式实现批量开发，最高额度20万元；实现跨空间协同合作，推出“新市民贷”。针对疫情防控要求，推出具有“城乡联合特征”的“新市民贷”；针对青年群体，推出“新市民孵化贷”，该贷款产品具有免担保、利率低的优势。三是创建“新市民推送机制”，打通异地服务通道。邮储银行三明市分行，积极创建新市民推送机制，现已与泉州、福州分行搭建好客户互推机制，对有资金需求的异地客户及时进行互推，确保能第一时间解决新市民的创业资金需求。四是塑造典型案例，实现复制推广。邮储银行三明市分行与共青团三明市委员会针对新市民创业，实行“1+1+1”创业帮扶机制，即1个新市民配备1名创业导师及1名银行金融专员，实现“资金+知识”双帮扶。

加强宣传报道，扩大成功案例的受众面。

【取得成效】

一是已成功组建13支新市民创业金融孵化队，并联合团市委开展创业就业培训服务和创业经验分享15次。二是加大新市民相关贷款力度，发放全国首笔“新市民贷”。截至2022年第一季度末，已发放“新市民孵化贷”115笔，贷款结余11 305万元；城乡联合贷138笔，贷款结余11 256万元。其中，3月25日，实现邮储银行三明市分行与福州市分行联合协同发放全国首笔“新市民贷”金额20万元。三是已打造30个典型案例，实现可复制推广。已打造覆盖蔬菜种植、花卉种植、薏米种植、水稻制种、小吃经营等30个典型案例，有效地引导了同类新市民客群学习参考，共同致富。

【经验启示】

一是加强顶层设计，强化服务理念。将新市民金融服务纳入重点工作，强调新市民服务的重要性。二是创新专属产品，提高帮扶精准度。针对青年新市民推出“新市民孵化贷”；与福州分行、泉州分行建立“客户推送机制”，推出“城乡联合贷”。三是设立绿色通道，提高服务效率。设立新市民贷款绿色通道，确保优先受理、优先审核、优先放款的“3优”政策。四是加大资源倾斜，确保服务有保障。如针对新市民贷款，实行利率优惠，减轻新市民创业融资成本。五是加强政银协作，实现“资金+技术”帮扶。如与共青团三明市委员会成立“1+1+1”新市民创业就业帮扶机制，不仅解决青年绿色创业的融资需求，同时，还给予技术上的指导。

数字普惠产品“抗疫银税通”助力电子商户恢复经营

华夏银行股份有限公司

【案例背景】

2022年3月初，深圳遭遇新冠肺炎疫情，防控形势严峻，全市生产生活被按下了暂停键，加剧了新市民创业就业融资面临的缺信息、无抵押、融资贵等问题。王先生大学毕业后来深圳创业，在华强北商圈经营电子贸易，受疫情影响，生意停滞了一段时间，恢复生产经营后，因为下游货款到账时间有所延迟，王先生的流动资金异常紧张，电子产品生意遇到较大困难。

【主要做法】

王先生大学毕业后到深圳创业，未购置物业，无法申请传统的房抵贷产品。华夏银行深圳分行查阅企业纳税信息、银行征信记录等资料，根据其生产经营、资金需求等情况，量身设计金融融资方案，为王先生提供纯信用的“银税通”产品。同时，银行成立工作专班，安排经验丰富的业务骨干，通过线上加线下的方式，深入社区、街道，通过纯信用、线上化的龙商贷（深圳版）、银税通、信用增值贷、高新技术信用贷等拳头产品，为受疫情影响的困难群体提供综合性金融服务方案，助力恢复生产经营。

【取得成效】

在华夏银行的贴心服务下，王先生仅用3天时间便收到了贷款资金，为生产经营接续助力。截至2022年3月，华夏银行深圳分行自新冠肺炎疫情暴发以来累计发放的信用类贷款规模是2019年末疫情暴发前的2.5倍。

【经验启示】

华夏银行针对新市民创业就业融资缺信息、无抵押、融资贵等问题，华夏银行着力疏堵点、破难点、治痛点，一是打通金融服务“最后一公里”，以“百行进万企”等活动为契机，深入社区、街道，广泛倾听新市民对生产经营活动的融资需求，将金融服务送上门。二是贴近需求创新信用类产品，通过纯信用、线上化的龙商贷（深圳版）、银税通、信用增值贷、高新技术信用贷等拳头产品为新市民融资解各项难题。三是开通绿色金融服务通道，组织业务经验丰富的骨干队伍对接新市民群体，对业务咨询、授信受理、贷款审批、放款转账等全流程进行一对一的跟踪服务，以普惠金融“活水”精准滴灌新市民创业就业。

“云按揭”助力新市民乐业“安居”

廊坊银行股份有限公司

【案例背景】

受新冠肺炎疫情影响，很多客户因不能面签导致无法及时办理个人住房按揭贷款业务。为了帮助京津冀周边的新市民及本地居民解决安家时遇到的困难，2020年10月，廊坊银行将个人按揭贷款业务的数字化转型纳入战略重点，从“业务+技术”的双重视角为客户提供安全便捷的数字金融服务，于2021年3月成功推出“云按揭”产品，有效地解决了客户现场办理难问题。

【主要做法】

前端营销：通过行内办公平台，客户经理、开发商可以生成专属二维码，在市场端进行营销获客。

自主进件：客户通过扫描二维码，足不出户随时随地发起按揭贷款申请。

随时受理：客户经理在手机端安装办公平台，可以随时随地受理客户的业务申请，可以帮助提交业务审批。

自动化审批：通过决策引擎自动审批，省去了大量的人力、物力；基于大数据的审批模型，能快速运作并提供审批意见；无须人工值守就能自动完成贷款审批。

从传统银行的业务发展逻辑而言，发放零售贷款的手续都是通过前端的贷前调查和后端的集中审批来实现。基于线下的流程，操作住房贷款往往因其环节多、流程长、放款慢、额度紧而效率低下，而廊坊银行现在一笔贷款最快可以做到1分钟申请、1分钟收集资料、1秒钟审批。

【取得成效】

2021年廊坊银行通过“云按揭”办理的个人按揭贷款业务达到金额74.56亿元，服务京津冀周边市民1.2万余人，“云按揭”的推出得到了开发商与购房人的一致好评。

传统按揭贷款业务转变成“云按揭”受理模式，客户申请、业务报审、征信授权、大数据风控、贷后管理等功能全部从线下转到线上。移动展业在规范了业务办理流程的同时，极大地提高了效率，5分钟就能显示客户贷款资质、贷款数额，符合准入要求的1秒钟内即可完成审批，担保条件落实当天即能放款。

对于贷款客户而言，“云按揭”业务更加快捷高效，购房者可以更快捷地提供贷款资料，发起业务申请。而对于地产商而言，审批放款的加速则迅速提高了销售回款的速度，一定程度上缓解现金流。对于不了解本地金融的新市民而言，可以通过二维码简单一扫，轻松了解银行办理须知，办理贷款不托熟人，一码在手全搞定。对于行内而言，通过线上线下的协同操作，降低按揭业务各方的操作成本，既满足客户极致体验、房企对回款的要求，还能减少客户经理工作量、提高银行运作效率。

【经验启示】

金融市场离不开科技支持，客户的生活也离不开科技支持，通过“云按揭”，廊坊银行当前已经满足了客户远程办理房产按揭贷款的需求，但是在房产周边的多元化服务支持方面依旧欠缺，比如VR看房、帮助购房者按照需求确定房源等周边服务。下一步，廊坊银行将与科技公司深度合作，为京津冀新市民及本地居民提供更方便、快捷的金融服务。

“美好生活在您身边”公益助老跨越“数字鸿沟”

上海银行股份有限公司

【案例背景】

随着我国互联网、大数据、人工智能等信息技术快速发展，智能化服务得到广泛应用，生产生活方式深刻改变，社会治理和服务效率提高。但同时，我国老龄人口数量快速增长，不少老年人不会上网、不会使用智能手机，在出行、就医、消费等日常生活中遇到不便，无法充分享受智能化服务带来的便利，老年人面临的“数字鸿沟”问题日益凸显。上海银行作为有着20余年养老金融服务基础与经验的银行，在日常服务中观察了解到较多老年客户智能化应用的困难和需求，于2022年面向全行持续组织开展“美好生活在您身边”公益助老服务。

【主要做法】

一是“走出去”，让“有温度”的金融服务深入人心。走进社区，积极组织网点员工和党员志愿者深入街道、社区；走进机构，进入社区综合为老服务中心、邻里中心、邻里汇、离退休干部之家、党群服务中心、养老院等老年人活动高频场所，积极融入为老服务机构各类课堂；走进家门，为行动不便的老人提供便捷上门服务，打通社区惠民服务“最后一公里”。在提供便民金融服务的同时，讲解金融知识，为有智能技术应用需求的老年人提供咨询讲解、使用指导等服务，帮助老年人跟上信息时代步伐。二是“请进来”，举办市民课堂助老乐享“美好生活”。一方面，线下开设“市民课堂”，网点每月固定时间开班授课。从老年人金融知识盲点及日常生活需求等切身问题出发，覆盖养老文化、金融热点、风险防范及智能渠道应用等主题、常态化开设30余门课程。另一方面，线上共享“健康讲堂”。引入老龄事业发展促进中心康享银铃“悦”学越健康老龄健康系列讲座，每周两期提供公益健康科普视频，老年居民仅需关注该行官方微信，即可随时随地、在线观看，方便易学。此外，开展云沙龙，确保疫情居家防控服务不间断的同时，帮助老年居民解答防疫及日常问题，指导线上智能应用，纾困解难。

【取得成效】

随着活动的深入开展，上海银行在金融服务辐射半径、常态化区域机构对接与服务管理以及养老金融品牌的传播和渗透方面均取得一定成效，更为珍贵的是收获了广大居民及服务机构的大力支持，整体评价正面而热烈。通过“美好生活在您身边”活动载体，多形式、多内容的服务举措，逐步帮助老年人掌握智能应用技术，跨越“数字鸿沟”，在上海的高速发展中，感受社会多维的关心、关爱，感知上海为老服务的温度。截至2022年4月末，全行已累计开展约1.8万场、服务覆盖近4.5万名老人的公益为老服务活动，更进一步向社会传播了“敬老、为老、爱老”的传统美德。

【经验启示】

一是协助为老机构做好区域内老年人服务工作，为老年群体带来服务实惠。“美好生活在您身边”公益助老服务模式，灵活地将银行与区域政府、为老服务机构日常工作紧密结合，丰富区域为老服务内涵；较完善的“金融+非金融”服务内容，切实为老年居民解决了实际生活中的困难，提供服务实惠。二是摸索出更多、更有效的金融为老服务工作方法。通过“请进来”和贴近式服务的方式，策划多主题、多种类的课程和活动内容，以及阶段过程管理、案例提炼交流等，摸索形成了具有上海银行特色的外延式、互动化的服务经验和工作管理方法，并将有限的资源发挥出最大效益。

齐鲁温度温暖新市民　走好普惠金融发展路

齐鲁银行股份有限公司

【案例背景】

随着我国城镇化和农业现代化进程的加快，数以亿计农村人口通过就业、就学等方式转入城镇。如何发挥好金融服务职能，帮助新市民尽快在当地安家立业，对于推进以人为核心的新型城镇化、构建双循环的新发展格局具有重大意义，也是推进金融供给侧结构性改革、促进全体人民共同富裕的必要措施。2022年初，银保监会、中国人民银行联合印发了《关于加强新市民金融服务工作的通知》，随后，山东银保监局联合11部门出台了《关于印发〈关于加强新市民金融服务的工作方案〉的通知》，着力保障新市民在创业就业、住房、教育、医疗、养老等重点领域的金融服务。齐鲁银行多年来始终秉承“服务地方经济、服务小微企业、服务城乡居民”的发展理念，积极响应国家、监管部门号召，在创业就业、住房安居、社会保障、基础金融服务等方面进行多维度金融服务模式创新，成为山东省内首家推出新市民金融服务方案并推出新市民专属产品的法人银行。

【主要做法】

制订专项方案，按需施策，措施翔实、有力。齐鲁银行高度重视新市民工作，出台《齐鲁银行“新市民”金融服务工作专项实施方案》，针对新市民群体创业就业、住房安居、社保、基础金融服务等日常需要，多维度创新金融服务模式，切实满足新市民金融服务需求。

创新专属产品，量身定制，支持创业、安居。率先推出新市民创业贷，打造“3701”山东新模式。“3”指30万元3年期贷款，支持创业更充分，额度高、期限长，为新市民创业提供更长的时间和更大的空间支持。“7”指支持7大类新市民，惠及人员更广泛，支持包括进城务工人员等群体，惠及新市民人数更多。“0”指零担保费和零手续费，普惠政策更暖心，符合条件的新市民可享受政府担保贴息，利率更优惠。“1”指“一站式”办理，服务审批更高效。以表格形式明确贷前调查要点，既让客户经理易于执行操作，又能真实还原新市民经营情况，实现业务“一站式”高效办理。

齐鲁银行还推出新市民公积金租房贷，充实新市民专属产品内涵。新市民公积金租房贷是主要基于公积金数据，结合齐鲁银行大数据风控平台，为新市民群体量身打造的专门针对房屋租赁场景的消费金融贷款，用于满足客户安居租房需求。

【取得成效】

一是新市民专属产品落地开花。2022年4月2日，齐鲁银行成功发放全省首笔“新市民创业贷”；4月13日，发放首笔“新市民公积金租房贷”。截至2022年第一季度，相关新市民贷款产品共发放3 600万元。

二是大力支持小微企业吸纳新市民就业。齐鲁银行与山东省促进就业创业贷款担保中心联合推出鲁惠贷业务，专门为当年新招用农民工、高校毕业生等新市民达到一定比例的小微企业提供担保贴息服务。截至2022年第一季度，已为约3 000户小微企业提供约20亿元资金支持。该业务既降低了小微企业财务成本，既缓解了小微企业融资难题，又有效地解决了新市民就业问题，实现政府、银行、小微企业、新市民共赢。

三是进一步提升新市民基础金融服务的便利性和可得性。推出“一次签约自动续存”的零存整取齐鲁泉薪存产品，已为3 000余户新市民提供了存款服务；面向城镇农民工发行齐鲁乡村振兴卡，除提供广泛便捷的金融结算服务外，还推出免收开销户工本费、年费等10项优惠服务，以及免费医疗咨询、农技咨询等增值服务；切实保障新市民工资报酬权益，2021年以来为城镇农民工等新市民代发工资30亿元。

【经验启示】

作为根植山东省会济南的地方法人银行，齐鲁银行始终坚持“以匠心守初心”的发展理念，全力支持区域经济发展，打造新市民金融服务“一揽子”工程，满足新市民在不同场景下的经营消费需求，不断提升新市民金融服务便利性，增强新市民的获得感、幸福感、安全感，坚定走好普惠金融发展道路，做好“市民的银行”，切实履行地方法人银行的社会责任，努力蹚出金融服务新市民进城“山东路子”，为实现共同富裕提供“山东经验”，持续打造“齐鲁青未了”的大好局面。

“三化升级”新市民服务　创新打造“城市新邻里”品牌

日照银行股份有限公司

【案例背景】

山东省城镇新增就业人数近三年来均保持100万人以上，每年有大量的农村人口融入城市成为新市民，做好新市民金融服务是坚持以人民为中心、落实“金融为民”初心的具体体现。日照银行作为一家地方金融企业，服务新市民既是战略上的选择，也是服务地方的使命和责任。近年来，日照银行高度重视并积极做好新市民金融服务工作，扎实为新市民提供创业就业、住房贷款、金融课堂等服务。2022年，为了进一步落实监管部门《关于加强新市民金融服务工作的通知》等要求，在充分总结前期工作成效和不足的基础上，进行了大量调研、分析，对新市民服务进行了场景化、便捷化、亲情化“三化升级”，聚力打造“城市新邻里”品牌，为新市民提供高质量的金融解决方案。

【主要做法】

场景化。围绕创业就业场景，创新推出“银担互动”“一对一”主办银行服务模式，加强创业担保贴息贷、即时贷等产品供给，并搭建“黄海之链”等服务平台，对吸收创业就业新市民较多的企业加强信贷支持；推广农民工支付监管平台，保障新市民劳动权益；与“零灵发”零工服务平台合作，强化新业态等灵活就业服务。围绕购房安居场景，推出“新市民安居贷”“新市民信用卡”等专属信贷产品，配套特惠利率和保底额度，为新市民购房、装修等提供特惠信贷服务。

便捷化。在医疗方面，依托日照市60余家社保卡“一站式”服务网点，提供“立等可取”的社保卡新发、启用、补换等全流程服务；在财富管理方面，搭建金融产品超市并持续丰富产品，为新市民打造“一站式”专业财富管理服务；在教育方面，推广智慧校园项目，建设金融教育基地，营业网点常态化开展金融课堂，便利金融知识获取。

亲情化。发布“城市新邻里”新市民金融服务品牌并推出18项服务举措和原创歌曲《城市新邻里》，推出“老年新市民关爱计划”“新市民留守长辈关爱计划”，增强新市民归属感；依托营业网点建立新市民关爱驿站，关爱户外劳动者；联合工会做好新市民入会工作，让新市民感受组织温暖。

【取得成效】

2021年，日照银行当年发放创业担保贴息贷款6 434万元、户数207户，依托“黄海之链”等平台为产业链上1 638家企业投放供应链金融融资234.01亿元，为小微企业和个体工商户提供强有力的贷款支撑，助力新市民创业就业；组织106个小学班次到日照金融教育基地开展研学实践，开展网点金融课堂和“送金融知识上门”活动近千场，为新市民子女普及金融知识；在全省乡镇农村建设金融惠民服务站1 500余处，配备流动银行服务车12台，为新市民留守长辈提供家门口的服务。2022年，新市民服务“三化升级”以来，新市民各项服务更有针对性，成效更加明显。2022年1—5月，新发放创业担保贴息贷款1 830万元、户数48户，为支持新市民创业就业累计发放经营贷款39.63亿元，为新市民累计发放消费贷款5.17亿元，依托“黄海之链”等平台投放供应链金融融资174.1亿元；为新市民发放信用卡1 512张、授信额度2 723万元；新建金融惠民服务站200余处。目前，智慧校园服务范围覆盖山东省9个地市140余所教育机构6万余名师生，免费为日照近300家建筑企业安装实名制考勤设备、贴补租赁费用近300万元，累计代发农民工工资200万人次、金额超百亿元。

【经验启示】

在推进新市民金融服务的过程中，银行要基于新市民的客群特征，地方性银行更要立足地方产业特点，在产品设计、服务模式上因地制宜，辅以科技引领打造普惠金融发展新模式，为新市民提供特色综合化的金融服务。日照银行在服务新市民的工作中，充分发挥地方金融企业的责任担当，坚持“便民服务无止境”的宗旨落实“金融为民”初心，将“以需求点服务”扩大为“以生活场景服务”，借助多样化的线上和线下渠道、先进的科技手段等提升新市民金融服务获取的便利性，并通过“城市新邻里”品牌为新市民服务赋予精神内核，彰显了日照银行新市民服务的温度和企业的情怀。

个人创业贷款助力新市民扎根东莞

东莞银行股份有限公司

【案例背景】

作为扎根广东东莞、面向泛珠三角的区域性银行，东莞银行一直坚持“服务地方经济、服务中小企业、服务市民”的定位，同时针对新市民的新期盼、新要求，东莞银行不断完善金融产品创新和服务，切实增强新市民获得感和便利性，助力新市民植根东莞、融入第二故乡，解决新市民后顾之忧。东莞银行推出的小额创业贷款以支持在莞创业者创业为目的，由东莞市政府给予贴息及本金补偿，银行向符合条件的个人创业者发放，用于其本人或企业生产经营。东莞银行充分利用该产品服务在东莞创业者的特点，在政府贴息特点的基础上，不断完善及优化该产品，助力更多在东莞创业的新市民更好地扎根莞城。

【主要做法】

为帮助更多的新市民扎根东莞，东莞银行积极开展小额创业贷业务，在推进过程中多举并下：一是在多种渠道宣传推动创业担保贷款政策，包括营业网点摆放宣传物资、微信公众号定期推送、行员朋友圈转发宣传广告等，通过采用线上线下双联动宣传，让更多创业者充分了解创业担保贷款政策。二是不断加强员工业务培训，让员工深入了解创业贷产品特征，更好地进行产品的宣传推广。三是实施内部转移定价优惠政策，对普惠金融贷款给予奖励，加大经营机构的考核收益；同时实施内部资源倾斜政策，针对普惠金融贷款给予较高的资源配置比例，有效提高经营机构的业务积极性。四是结合市场情况，不断优化个人创业贷款产品。针对因未能达到政策条件、无法获取贴息贷款但又有资金需求的客户群体，东莞银行优化推出了客户自付利息的创业贷款，在政府贴息的基础上，进一步扩大金融服务新市民的范围，满足了大部分新市民创业贷款的金融服务需求。

【取得成效】

在全市6家创业贷款合作银行中，自2018年以来，东莞银行贷款户数、金额位列全市第一；2022年上半年，东莞银行更是在户数、金额上比上年同期大幅增长，继续稳居全市第一位。个人创业贷款的推广同时取得了不错的成效：一是带动普惠客户新增，夯实客群基础。截至2022年5月末，累计发放个人创业贷款12.31亿元，帮扶创业人员5 685人，其中新市民超过2 000人，在帮扶新市民扎根当地的同时，进一步促进普惠客户的新增，夯实客群基础。二是降低资金使用成本，获得市民好评。东莞银行利用创业贷款政府贴息的特点，切实缓解创业者“融资贵”困境，大力扶持新市民在东莞创业，获得广大市民认可与好评。2018年以来，累计通过财政贴息为创业人员减少贷款利息超过1.8亿元，助力新市民更好地融入东莞。

【经验启示】

一是新市民由于其群体的特点，在城镇所在地往往没有公积金、个税或社保数据，金融机构无法综合评判客户整体资质情况，往往传统的信贷产品难以满足新市民的一些信贷需求。因此，各金融机构需针对新市民的特点，不断优化产品及服务，才能更好地服务新市民。二是对于新市民的金融服务，需要继续加强政银合作。需加快推进政银对接工作，推动数据共享机制，包括但不限于社保缴纳、个税缴纳、不动产查册、户籍登记信息等，结合公安系统户籍情况、常住情况、人社局等政府部门的公开信息、银行共享开户数据等综合判断客户是否属于新市民群体标识，积极促进信息共享、信息对称，提高银行的信息核查效率，从而更好地服务新市民。

"众商贷"普惠金融服务新市民

武汉众邦银行股份有限公司

【案例背景】

近年来，运用现代技术手段发展普惠金融蓬勃兴起，新冠肺炎疫情进一步催化了这场变革。一方面，疫情冲击下，中小微企业受到结构性需求疲软带来的冲击，产业链间结构性发展不平衡逐步显现；另一方面，疫情防控期间，"物理隔离"的客观要求凸显了"非接触式"业务的必要性，与单一产业链的定制合作进展缓慢。2020年，时处疫情中心的众邦银行深刻地认识到，以普适性数据运用为手段的金融科技正成为当下发展中小微企业融资最重要的竞争力。

【主要做法】

"众商贷"产品体系是采用发票、税务、行业地位等经营数据作为企业资信评估核心，对借款人基于自身经营能力的第一还款源进行评估，以数据驱动为手段，创新审批策略模式，建立的"多维度审批规则+多因子准入评分模型"授信产品体系。该产品体系通过与湖北省工商联、地方金融局、汉口北专业市场等各类商圈、政信及信息服务机构平台的合作，以普适性"泛供应链"经营数据为主，商圈、政信及其他个性化信息流数据为辅，突破了传统供应链上下游的限制，根据各类数据的个性化特征，打造了"工商联""汉融通"及"邦企贷"等各类不同特色的子产品。产品在获得中小微数字化经营数据后，以信贷审批专家策略为架构，利用大数据技术和人工智能的知识图谱、智能机器学习的结果，挖掘申请企业的股东名称、股份比例、对外投资、注册地址、实际地址、通讯方式、工商记载人员相似的疑似关联企业，并扫描评估关联人的风险状况，全面解析企业关联方关系和控制关系，并配合其他三方数据，对企业的基本信息、资产状况、运营情况、利润情况、上下游分布、逾期欠税、偿债能力等十余大类信息进行分析，对大批量小微企业进行"秒批秒贷"的决策，为中小微企业提供全流程数字金融服务。

【取得成效】

"众商贷"产品体系运行近一年来，截至2021年12月末，各项子产品累计投放近67亿元，授信余额37亿元，户均使用授信余额小于10万元，以数字金融手段有力地支持了小微企业发展。该产品体系中的"邦企贷"产品上线近一年来，授信通过2 800余户，其中制造业企业占比接近50%，通过数字技术的全方位贯通，有效地降低了客户申贷难度及融资成本，贷款投向与国家支持实体业、制造业高质量发展的政策高度契合。

【经验启示】

一是申贷、授信、开户、放款信贷全流程实现了数字技术的应用，全流程减少人工接触，完美解决传统贷款申请材料烦琐、审批时间长、资金到账慢等问题，贴合中小微企业融资需求的特点，极大地提高了客户的融资意愿。二是贷中系统化数据监控，通过对实时获取的企业“泛供应链”经营数据进行大数据分析，可监测用款企业实时经营情况，对企业风险进行动态预警，打破了传统小微技术在业务开展中“风险、成本、规模”目标无法兼得的“小微信贷不可能三角”魔咒，实现了数字风控在大金额、纯信用小微贷款领域的成功应用。三是依托各类商圈、政信及信息服务机构，打通各类产业供应链场景，应用大数据技术对数据进行结构化加工处理，综合判断企业经营情况。

服务“新市民”　助力“新经济”

北京农村商业银行股份有限公司

【案例背景】

自2015年政府工作报告提出“大众创业、万众创新”号召起，到2018年国务院下发《关于推动创新创业高质量发展打造“双创”升级版的意见》，再到今天，几年间，在中国这片广袤的土地上，掀起了一阵“大众创业”“草根创业”的新浪潮，形成了一股“万众创新”“人人创新”的新态势。

此外，截至2020年11月1日零时，第七次全国人口普查结果显示，在北京市常住人口中，外省市来京人口达841.8万人，占常住人口的38.5%。在“创新创业+庞大的外来常住人口数据”背后折射出的不仅是广大人民群众对于美好生活的追求和向往，还有着数以万计创业者巨大的资金需求。

【主要做法】

随着城市化进程的不断推进，北京农商银行也在不断发掘、总结日常业务对接中遇到的“新企业”的“新困难”，应对“新市民”的“新需求”，围绕需求“难点”、解决融资“痛点”、疏通资金“堵点”。一是打破传统业务模式。创业担保贷款产品按照“政策性资金、法人化管理、市场化运作”原则，形成政府、银行、担保三方合作，由市级政府部门提供担保资金并全额贴息，政府性融资担保提供100%本息保证担保，重点解决初创企业缺乏资金和抵押物的难题，目标客户明确、申办手续简便，融资成本低，因此，产品一经推出就受到了热烈的反响和好评。二是三方合力为资金通行“开绿灯”。为了保障创业担保贷款产品业务运转效率，政银担“三方同向奔赴”，首先由市级政府部门对申请人资质进行审核，通过后由北京农商银行与担保公司共同下户调查并分别出具调查意见，最大限度地减少调查审核阶段的运转时长，后由北京农商银行使用特殊客户评级模型准入，各级经办单位在权限范围内优先调查、审查、审批、放款，确保资金“不等红灯”“一路畅行”。

【取得成效】

一是企业对接及时，资金落实高效。截至2021年末，北京农商银行走访初创型小微企业上千家，累计为200余家企业提供了上亿元资金支持，涉及餐饮、教育、医疗、文创、科技等各行各业。二是合作模式创新，服务质效提升。创业担保贷款产品的推出，成功探索出政银担业务合作发展新思路，建立起多方业务合作新模式，弥补了传统信贷产品准入难、手续烦琐、流程冗长等多方面不足，优化了业务运转效率，提高了产品市场价值。三是风控落实到位，保障资金安全。创业担保贷款产品科学融合了产品适用性及安全性，通过结算账户、资金用途的常规监测，有效实现风险合理管控。此外，多方参与形成的担保资金、代偿机制都使产品为双创客群提供精准服务的同时，最大限度地保障资金安全。四是实现政策传导，助推经济转型。创业担保贷款产品为有创业愿望的职工和初创型小微企业解决了创业资金难题，也在产品推广过程中成功鼓励并引导更多人加入“双创”行列，成为创业带头人，以创业带动就业。五是普惠规模增长，支持实体经济。北京农商银行始终坚守支农支小初心，牢记普惠金融使命，近三年投放普惠小微贷款超过150亿元，户数、规模实现每年翻一番，普惠业务保持高速、高效、高质量发展。

【经验启示】

创业担保贷款产品的成功推出，为北京农商银行后续金融创新带来更多的实践价值和创新动力。一是精研政策，牢记使命。随着国家及北京市区各级纾困帮扶、促进经济社会发展政策的不断推出，只有深度跟进、积极落实、充分运用各项政策工具及支持内容，全力发挥金融机构纽带作用，才能发掘“新时代”的“新要求”，助力解决“新征程”的“新难题”。二是优化服务，不断创新。持续加大产品创新力度、强化市场调研、优化合作模式、搭建推广平台、完善配套措施，提升产品的针对性、适用性、高效性、安全性。下一步，北京农商银行将继续积极响应“双创”号召，服务首都“新市民”需求，践行普惠金融使命，助推首都地区经济社会和谐稳定健康发展。

支持新市民实现轻松教育

广东顺德农村商业银行股份有限公司

【案例背景】

为认真贯彻落实国家服务新市民工作部署，支持新市民实现轻松教育、成长无忧，顺德农商银行面向新市民大力宣传学费分期业务。学费分期是顺德农商银行与各所优质学校合作推出的信用卡综合金融方案，为广大家长定制的专享金融服务。家长可享专属额度，通过刷卡、微信支付、支付宝支付完成学费扣缴。

适逢2022年小学开学季，来自贵州的刘女士却陷入焦虑。刘女士多年来在顺德北滘镇经营着家具加工厂，生意做得有声有色，但疫情影响了其供货和回款，也直接让刘女士的家庭资金陷入紧张气氛："即将开学，女儿的学费怎么办呢？"顺德农商银行客户经理走访其女儿学校时，了解到刘女士的资金困境，遂为其介绍了顺德农商银行的信用卡学费分期产品。学费分期是顺德农商银行与各所优质学校合作推出的信用卡综合金融方案，为广大家长定制的专享金融服务。家长可享专属额度，并通过多种方式完成学费扣缴。

【主要做法】

一是信用卡代扣学费，家长缴费更轻松。合作学校家长使用顺德农商银行信用卡签约扣费后，即可使用信用卡批量代扣合作学校的学费（含学费、特色班费、杂费等）。扣费前享受顺德农商银行额度提醒服务，扣费后享最长56天免息还款期，缴费更轻松便捷。

二是专享超低分期费率，家长资金更灵活。批量扣缴学费后，家长即可通过顺德农商银行信用卡公众号等自助渠道办理6期/12期分期，尊享家长超低分期费率。

三是家长专享快速办理通道，倍享便捷。顺德农商银行为学费分期家长设置业务快速通道，只需凭"身份证+校送卡"即可开卡；不通过学校渠道办理，充分保护客户隐私。绿色发卡通道，最快当天完成发卡。学校驻点工作人员，便于家长办理。存量客户自动调额，简化调额流程。支行新增客户办理专窗，办卡—签约"一站式"服务。

【取得成效】

学费分期业务开办以来，获得广大学校、家长认可。近一年来，共服务

928位新市民办理学费分期业务，分期金额3 012万元，为广大新市民提供资金服务，解决资金周转难题。

【经验启示】

接下来，顺德农商银行将持续加强对新市民的产品宣传，并围绕新市民金融服务中的痛点和难点，完善金融服务方案，持续推出覆盖面更广、更有温度的金融服务，不断提升新市民群体金融服务的获得感和便利性。

完善新市民金融服务及产品覆盖

珠海农村商业银行股份有限公司

【案例背景】

珠海农商银行作为本土法人银行，第一时间响应《珠海“新市民”金融服务工作细则》要求，主动对接新市民的需求，利用扎根珠海本土的人缘、地缘优势，针对新市民创业就业、购房安居、教育培训、医疗和养老保障等方面的普惠需求强化产品和服务创新，提升了金融服务的均等性和便利性。

为彰显本地银行担当，切实增强新市民的获得感、幸福感、安全感，根据《珠海“新市民”金融服务工作细则》要求，针对新市民创业就业、购房安居、教育培训、医疗和养老保障等方面的信贷需求，珠海农商银行强化产品和服务创新能力，提升金融服务的均等性和便利度。

【主要做法】

设置“网点+社区营销部+粤智助”专区服务，打造“定点服务+移动服务+贴身服务”全方位服务模式。通过新市民邻里驿站、服务日、信贷专员、绿色通道以及粤智助专机维护等方式为新市民提供各项专区服务；在营业网点设置新市民服务包，指定专人担任服务志愿者；每月定时开展新市民服务活动，辐射周边社区，扩大服务覆盖面；主动实施多项优惠措施，建立专属绿色通道精准对接新市民融资需求；投放114台智慧柜台覆盖全市城乡海岛，投放124台“粤智助”覆盖全市122个行政村，为新市民提供便捷的金融服务。

打造新市民金融产品体系，提升新市民归属感。提供丰富的存款理财、信贷产品，全方位满足新市民消费、创业、安家等需求。同时为新市民提供更多元的金融服务：支持吸纳较多新市民就业的小微企业和个体工商户获得信贷资金；针对新市民进城、落户过渡阶段的差异化金融需求，提供消费信贷产品；聚焦进城务工人员、建筑工人等新市民群体，推动具有金融和社会保障功能为一体的三代社保卡工程；完善农民工工资支付监控预警平台，保障农民工工资按时支付；推进“广东技工、粤菜师傅、南粤家政”三大工程项目，针对行业发展及企业特点，制订新市民专属服务方案。

【取得成效】

2021年至2022年5月，珠海农商银行针对新市民共计投放贷款金额48.42亿元，支持4 628户新市民创业、就业、安居；激活新市民社保卡13 100张，投放

114台智慧柜台及124台粤智助政府服务自助机，服务覆盖全市城乡海岛，提升新市民金融服务便利性；为新市民减费让利共182.42万元，切实增强新市民获得感和归属感。

【经验启示】

珠海农商银行通过以上做法，一是始终坚持以人民为中心发展理念，积极践行“我为群众办实事”，努力当好金融服务民生的角色，有条不紊地助力服务新市民创业就业，不断将金融“活水”引入民生领域，积极践行共同富裕。二是积极响应新市民创业就业、购房安居、教育培训、医疗和养老保障等方面的信贷需求，强化产品和服务创新，加大各项新市民保障力度，优化了账户开立、工资发放、社保和住房公积金缴纳及使用等流程。三是让城市更加有温度，通过持之以恒的金融服务，帮助来到珠海这座魅力无限的海滨城市创业就业的新市民解决遇到的各种困难，让新市民更能感受到珠海的温暖。

山西省级创业担保贷款基金助力“双创”

山西省融资再担保集团有限公司

【案例背景】

根据2022年度中央经济工作会议和2022年政府工作报告的部署要求，为扎实做好“六稳”工作，全面落实“六保”任务，山西省融资再担保集团有限公司以支持创业和扩大就业为目的，充分发挥创业担保贷款担保基金的社会保障作用，进一步推进创业担保贷款政策实施，支持山西省大众创业、万众创新，为符合条件的创业者个人、小微企业提供担保支持，进一步扩大山西省创业者个人、小微企业创业规模，降低其融资成本。

2003年，公司代山西省财政厅管理省级创业担保贷款担保基金，截至2022年第一季度末基金规模5.78亿元。2020年，中国人民银行太原中心支行、山西省财政厅、山西省人力资源和社会保障厅修订下发了《山西省创业担保贷款实施细则》（以下简称“创担新政”），重新梳理了山西省创业担保贷款业务流程，创业担保贷款按照“借款人依规定申请、人力资源和社会保障部门按照规定对借款人资格进行核实、经办银行审核办理贷款授信、担保机构‘见贷即保’、财政部门按规定贴息”的流程办理。

【主要做法】

实行“见贷即保”。全面推行经办银行与担保基金2：8比例进行风险分担，经办银行审核办理贷款授信，担保机构实行“见贷即保”，既实现了风险共担，也大幅提高了业务办理效率。

公开选用经办银行。采用招标方式选取创业担保贷款业务经办银行，既提高了创业担保贷款担保基金使用效率，同时也调动了银行开展业务的积极性。

明确申请标准。通过设置吸纳人员人均贷款额度上限、企业对外借款总额与其月现金流入量比、关联企业总审批额度上限等方式，规范业务开展，防范业务风险。

完善风险控制措施。在业务办理过程中，抽查客户经营数据、征信情况与经办银行尽职调查报告数据的一致性，规范业务开展；建立创业担保贷款业务风险预警机制，若单个经办银行创担代偿率达到5%，则将发出预警通知；若代偿率达到10%，则暂停该经办银行创担新增业务，待其采取进一步风险控制措施降低代偿率后视情况恢复业务。

反担保措施以信用为主。“创担新政”后，公司紧跟国家政策，进一步降低客户反担保措施，聚焦第一还款来源，以利用信用信息为主，原则上取消抵押、质押等反担保措施，仅需借款人及配偶、法人代表及实控人、主要股东、关联企业担保。

开展创担业务再担保。对市级担保机构开展的创业担保贷款担保业务承担再担保责任，形成了创业担保贷款担保业务的国家融担基金、省级创担基金、市级创担基金、合作银行风险共担的2：2：4：2模式。

提高业务质量和效率。与中国邮政储蓄银行山西省分行合作开发了创业担保贷款业务办理系统，提高业务办理效率及业务统计准确性。

【取得成效】

“创担新政”实施后，山西省创业担保贷款业务大幅增长，截至2022年5月末，公司完成创业担保贷款担保业务32.86亿元、11 218笔，在保余额28.80亿元；有效支持山西省创业就业工作，服务城镇登记失业人员、复员转业军人、刑满释放人员、大学毕业生、农村自主创业农民等10类人群，提供就业岗位13 907个；创业担保贷款直担业务覆盖全省11个地市，创业担保贷款再担保业务覆盖四个地市，涉及餐饮、住宿、零售、批发等15个行业，基金放大倍数由新政前的0.09倍增加到新政后的4.98倍，业务量达全省创业担保贷款业务量的65%以上。

【经验启示】

下一步，公司将与经办银行开通线上化业务办理流程，与经办银行探讨批量化“总对总”锁定风险上限的业务模式，进一步提高业务办理质效，确保贷款及时、快捷发放到位。把抓好创业担保贷款扶持创业工作作为稳就业、保就业工作的重要举措，将创业担保贷款各项工作措施落实落细，不断总结归纳业务开展中存在的问题和难点，及时改进，强化政策宣传落实落地、强化政策服务落实落地，为创业者个人、小微企业提供高效、便捷的优质服务，切实发挥创业担保贷款扶持创业带动就业的作用。

专项政策纾困惠至货运

北京汽车集团财务有限公司

【案例背景】

在中国16万千米的高速路网上，2016年有3 000万名货车司机在奔波；近两年锐减到1 728万名；货车司机与运输行业，是在疫情中受到较大影响的群体与行业。2022年3月下旬开始，因为多地暴发疫情，很多货车司机反映“今年比前两年要难得多”。为进一步支持货运行业的稳定发展，缓解新市民中货车司机这一群体的困境，加大对商用货车消费贷款的支持力度，发挥大型国有车企作用，北京汽车集团财务有限公司（以下简称北汽财务）落实商用车客户贷款支持政策，协同集团所属商用车企业北汽福田，推出专项纾困政策缓解商用车客户还款压力，帮扶新市民群体——货运司机们缓解还贷困难，早日走出困境、创新创业、实现正常运营。

【主要做法】

北汽财务通过对货运行业及司机情况的调研，结合业务数据，为已提供金融服务的存量客户和资金紧缺但有金融需求的增量客户制订“专属政策+专属产品”整体解决方案，建立征信保护机制，为货运司机纾困解难。

北汽财务推出针对还款期内货运客户的“专属政策”。一是“还款宽限期”政策。在原贷款期限不发生变化的情况下，可对还款日期申请最长20天的冗余时间，并在新约定到期日前完成还款，以解决货车群体临时性资金困难。二是“延期还款”政策。对原还款期限可申请单次不过6个月、总期限不超过12个月的延长，在此期限内无须还款，延长期限过后正常还款，以解决货车群体在一定时间内的资金困难。截至2022年10月末，专属政策已惠及超过4 000名货运司机，延期还款金额达6亿元。

为资金困难仍有购车需求的客户定制专属产品“无忧融”。针对购买北汽集团旗下商用车的客户，在缴纳首付款后可选择前三个月不还本息或前六个月只还息两种还款方式，解决新市民群体在创新创业中遇到的资金困境、满足其生产必要的车辆使用需求。

建立专项征信保护机制。货运司机提供征信保护，专属政策期内还款可免罚息并将不计逾期。

【取得成效】

货运物流行业在货源不足的同时受防疫通行管控影响，行业萎缩明显。为加大对货运物流行业的资金支持力度，北汽财务抱有高度社会责任感，运用大数据和信息平台，科学合理评估风险，通过内部的逆周期信贷机制，延缓商用车还款资金额最高可达25亿元，惠及货运司机可超过2万名，做到了兼顾自身商业利益原则的同时维持行业稳定运转，以时间换空间，与货运物流行业共克时艰。

为纾解货车司机面临的资金压力，北汽财务创新服务模式，探索延期还款金融产品。不仅考虑货运司机个人还款能力、适当调整产品利率，在加大投放规模的同时优化还款规则，充分考虑货车司机长期在途情况，开展线上金融服务。与集团内商用车品牌厂家相互协作、联动推广，专属产品的制定推出，预计可为近千名货车司机减缓近1亿元的还款压力。

开展高质量普惠金融工作。北汽财务针对货车司机群体开辟绿色金融服务通道，搭建货车司机金融诉求快速响应机制，提供灵活便捷服务。此外充分利用平台大数据，基于货车司机订单数据、运输数据的真实性制定风险策略，将业务逾期率控制在0.3%~0.6%的高质量水平。

【经验启示】

持续开展对于特定行业的研究，以高质量普惠金融工作最大化支持行业发展。提高自身站位，对多行业开展持续性和深入性的研究。本案例通过挖掘货运行业面临的还款压力大、回款周期长、现金流紧张的困难局面，紧抓行业痛点，与商用车汽车厂家联动协作，精准施策，以帮助行业整体纾困解难，并将本次研究模式与金融服务模式推广至其他行业。

对于特定群体，制定专项政策和专项金融产品，提升金融服务能力。通过对客户群体面临的实际困难进行分析，针对货车司机接单减少、运输在途时间延长、运输成本上升，导致按期偿还车贷压力增大，建立创新金融纾困的工具箱，提供精准金融帮扶，增加普惠金融深度和精度，服务特定群体同时增强业务黏性。

立业计划助力新市民安居乐业

兴业消费金融股份公司

【案例背景】

2021年末，我国常住人口城镇化率达64.72%，流动人口3.85亿人，人口向经济发达地区和城市群集聚趋势明显。在北京、上海、广州、深圳、杭州等大城市，租房人口占常住人口的比例达40%以上。大城市有70%的新市民和青年人靠租房解决居住需求。58同城发布的《2021年高校毕业生就业报告》显示，2021届毕业生平均税前月薪8 720元，然而，大城市房租居高不下，贝壳研究院的数据显示，上海套均租金约为6 019元。房租与薪酬差距如此之小，高校毕业生如何在大城市开启新生活？兴业消费金融从场景出发，贴合社会需要，以金融服务社会需求为导向，切实为广大毕业生群体解决实际问题，量身定制“立业计划”，助力这一群体踏出“立业”第一步。

【主要做法】

“立业计划”产品是面向初入大城市工作、具备大专及以上学历的年轻白领客户发放租房、职场培训、日常消费等所需支出的贷款。贷款额度可基本覆盖一年生活和学习成长需要的资金需求，还款期限可以长达3~5年。该产品基本保障了初入大城市的毕业生就业和生活的资金需求，毕业三年内的客户还可选择最长前36个月只需还息的灵活还款政策，为新市民客群切实解决“居不易”“租不易”的难题。

同时，公司采取“人工+科技”的协同应用，一方面采取“亲核亲访　送贷上门”的专属客户经理服务模式，方便消费者办理业务、充分了解产品；另一方面通过无纸化科技应用，借助智能风控系统快速完成审批，保障一天内放款，及时满足新市民的资金应急需求。

【取得成效】

截至2022年9月末，“立业计划”已为超过10万名客户提供了贷款支持，累计发放贷款金额12.64亿元，资助的新市民占比已超过70%。目前立业计划的覆盖范围包括上海、南京、苏州、杭州、福州、泉州和厦门，接下来将推向国内更多一、二线城市。

中国银行业协会发布的《中国消费金融公司发展报告2021》指出，兴业消费金融的“立业计划”有力支持“社会新人”解决大城市的“居不易”“生活不易”问题，帮助他们在大城市安身、立业、成家。

【经验启示】

新市民是城市发展的重要建设力量，但是他们的金融需求长期没有得到满足。“立业计划”有效提高新市民金融服务的可得性和便利性，助力他们在城镇更好地安居创业，切实增强了他们的幸福感、获得感。

‖专家点评：

新市民普惠金融事业的特征与前景

北京大学政府管理学院　宋　磊

新市民普惠金融事业是中国普惠金融事业的扩展与延伸，对于中国普惠金融事业的全面、可持续发展具有重要意义。普惠金融指为金融市场中包括企业和个人在内的弱势群体提供金融服务。长期以来，相关实践在范围上具有一定的局限性：普惠金融的服务对象实际上被限定为中小企业、农村居民或城市居民之中的低收入群体。但是，这种对于普惠金融范围上的限定缩小了普惠金融的发展空间。我们知道，经济发展必然伴随源自人口移动的新市民群体的出现，而在金融市场上处于弱势地位的新市民群体在经济活动和社会生活两个方面对于普惠金融具有明显的需求。

可喜的是，自人民银行、银保监会发布的《关于加强新市民金融服务工作的通知》以来，金融机构高度重视相关工作。从本书收录的相关案例来看，尽管仍然处于早期发展阶段，但是中国的新市民普惠金融事业已经呈现出鲜明的特征，具有广阔的发展前景。

一、现阶段新市民普惠金融事业的特征

本书收录的案例表明，现阶段中国的新市民普惠金融事业已经初步具有以下特征。

第一，金融机构的相关工作覆盖面广，涉及新市民群体的多项需求。金融机构的相关工作不但涉及新市民群体的经济活动，也涉及这一群体的社会生活。就经济活动而言，新市民群体的经济活动主要包括创业和就业两个侧面，而金融机构为新市民群体提供的普惠金融服务涵盖了这两个侧面。具体来说，福建三明银保监局、甘肃省农行、邮储银行三明市分行、齐鲁银行、东莞银行等金融机构，以及山西省再担保集团有限公司的相关工作支持了新市民群体的创业活动；华夏银行深圳分行、北汽财务公司的相关工作则是金融机构通过普惠金融来稳定新市民群体就业的尝试。在社会生活方面，金融机构的相关工作与新市民群体的多种需求有关。具体来说，建设银行山西省分行、廊坊银行的创新缓解了新市民群体的住房需求难题，上海银行、顺德农商银行的尝试满足了新市民群体的养老、教育需求。珠海农商银行则为我们提供兼顾新市民在经

济活动和社会生活两个方面的多种需求的成功案例。

第二，初步形成了缓解信息不对称的多种有效思路。众所周知，阻碍普惠金融事业长期、稳定发展的根本问题是信息不对称引起的金融风险。因此，如何缓解信息不对称就成为能否持续推进新市民普惠金融事业的关键。在这个问题上，入选案例初步形成了多种有效思路。

首先，依托政府机构的信息优势来缓解信息不对称。关于这一问题，北京农商银行推动的首都职工创业小额贷款产品是一个典型案例。这一支持包括新市民在内的创业群体的项目之所以运行良好，一个重要原因是市级政府部门对于申请人的资质进行了审核，通过审核意味着申请人的资质在相当程度上获得了具有公信力的政府机构的背书，而这种背书直接缓解了信息不对称。类似地，华夏银行抗疫银税通的发展与税务系统提供的信息支持密不可分。

其次，通过发展信息技术来缓解信息不对称。我们知道，城市居民的经济活动正在越来越多地具有信息化的特征。因此，快速发展的信息技术为金融机构缓解信息不对称提供了新的路径。三明银保监局建立的全国性沙县小吃数智化平台、廊坊银行云按揭项目、齐鲁银行新市民金融服务项目、武汉众邦银行众商贷项目、北汽财务货车司机服务项目等入选案例的共同点即以信息技术缓解信息不对称。

最后，通过金融机构与产业主管机构的业务合作来缓解信息不对称。支持新市民群体创业、就业是相关普惠金融事业的重要内容。金融机构为新市民群体的创业、就业提供的服务所涉及的信息不对称在相当程度上起因于金融机构难以准确地判断新市民的创业风险或就业可能性。值得注意的是，各地政府都设有主管具体产业发展的机构。产业主管机构不但具有关于具体产业的发展规律和发展趋势的信息，而且往往通过技术、管理培训等方式为新市民群体提供这些信息，强化其创业与就业能力，从而降低新市民群体在这些产业创业、就业的风险。因此，与产业主管机构进行合作有助于金融机构准确了解新市民群体的技能水平以及在具体产业中进行创业的风险，可以缓解存在于金融机构与新市民群体之间的信息不对称，促进普惠金融事业的开展。邮储银行三明市分行、福建三明银保监局与产业主管机构围绕沙县小吃这一特色产业为新市民群体提供金融产品即以这种方式缓解信息不对称。

第三，注意社会性与经济性的平衡，依托主营业务开展新市民普惠金融事业，增强相关工作的可持续性。普惠金融属于金融企业社会责任的范畴。但是，普惠金融不是慈善行为。管理学家迈克尔·波特在讨论企业的社会责任行动（CSR）的时候曾经指出，企业的社会责任行动可以区分为回应性行动和战略性行动。回应性的企业社会责任行动不能增进企业收益、可持续性不强；战略性的企业社会责任行动可以在解决社会问题的同时增进企业收益，具有可持续性。实际上，能否有效地平衡社会性和经济性，决定了包括新市民普惠金融事业在内的普惠金融工作的可持续性。本书收录的多个案例很好地解决了如何平衡新市民普惠金融事业的社会性和经济性的问题。值得强调的是，这些案例的共同点之一是相关金融机构注意依托主营业务在自身熟悉的领域为新市民群体提供普惠金融服务。普惠金融服务不但满足了新市民群体的金融需求，而且成功地将新市民群体转化为可以为金融机构长期带来经济收益的顾客。正是因为完成了这种转化，这些金融机构为新市民群体提供的普惠金融服务才具有了可持续性。

二、新市民普惠金融事业的前景

对于发展中国家来说，经济发展必然伴随城市化率的提高，而城市化率的提高意味着新市民群体持续出现。对于中国来说，由于城市化进程尚未完成，所以新市民群体在今后一段时期将会持续增加。在这个意义上，新市民普惠金融事业正在成为中国普惠金融事业的重要组成部分。党中央、国务院在《推进普惠金融发展规划》中要求，到21世纪的第三个十年，要使我国普惠金融事业进入国际中上游水平。可以说，为新市民群体提供的普惠金融服务的规模和水平已经成为决定中国普惠金融事业整体规模和水平的重要因素。

本书收录的案例表明，中国的金融机构积极响应党和政府关于普惠金融工作的号召，在新市民普惠金融事业领域取得了明显的成绩。我们期待金融机构今后在新市民普惠金融领域作出更多的尝试，为推动中国普惠金融事业的发展作出更多的贡献。

第三篇
普惠金融产品与服务创新

概　述

上海金融与发展实验室　曾　刚

金融服务中小企业、低收入者等弱势群体，不仅要解决其融资难、融资贵问题，还要为其提供更适宜、更优质、更高效的金融服务。这实际上要求金融机构不断创新金融产品与服务，提升服务实体经济、服务人民生活的能力，尤其是提升服务小微企业、“三农”等重点对象的能力。在国家政策的鼓励下，在监管政策的引导下，银行业、保险业等机构作为我国金融体系内部重要的组成部分，纷纷借助自身优势和特色，创新产品与服务方式，推动普惠金融服务向纵深发展。

一、创新金融产品，破解融资难问题

为中小企业、低收入者等提供资金支持，解决其融资难题是普惠金融发展最关键、最重要的一环。为提高贷款获得率，各类金融机构利用先进科学技术、基于实体经济发展现状，不断创新各类金融产品。

金融科技创新。金融机构越来越重视金融科技的发展，通过科技赋能金融，创新金融产品。为缓解信息不对称，解决获客成本高、风控难、提升效率难等问题，商业银行针对小微企业等客户的普惠金融产品已经越来越倾向于批发式、平台化操作，部分产品集IT平台、数据平台、风控平台于一体，利用大数据和数字技术等，为贷前营销、贷中管理、贷后预警等全业务周期提供在线化、自动化、数据化的解决方案。目前，商业银行基本推出了针对小微企业的网络贷款产品，基于金融科技的创新产品逐渐成为行业主流。

产品设计创新。金融机构不断深入实体经济发展需求，优化产品设计理念。例如，深度了解产业链和供应链的采购、生产、分销、物流、政务、金融等环节，创新供应链金融产品。针对不同代际客群进行精细化运营，通过构建客户成长模式，搭建用户行为与用户价值的关系，使用户行为价值可量化，并以成长值、成长等级等产品形态落地。

风险分担机制创新。针对不同客群以及客群特点，围绕抵押担保机制、风险机制、供应链金融等创新不同类型的金融产品。例如，农业银行在疫情防控期间推出支持小微企业复工复产的专项融资产品组合贷款“复工贷”，具体包括“纳税e贷”“资产e贷”“抵押e贷”等多种产品，线上下线均可办理，可采用信用、抵押、质押、保证、政府风险补偿基金、保证保险等单一或组合担保形式，种类丰富、功能互补，能满足小微企业展期、续贷、提高额度、申请新贷款等个性化融资需求。

服务模式创新。一是创新线上化服务模式。近年来，金融机构或金融科技公司利用金融科技，以客户需求为导向，把服务从线下向线上迁移，免去纸质资料的填写和签章，大大便利了客户的办贷流程，提升了办贷效率，满足了中小企业等客户紧急、实时的用款需求。尤其是新冠肺炎疫情暴发期间，许多业务办理采用全程线上办理模式，在保障中小企业、农户等资金运转、复工复产方面发挥了重要作用。二是创新场景化服务模式。利用数字化技术，金融机构可以嵌入生活场景，为客户提供全方位的金融服务，这是批量获客、增强客户黏性、降低获客边际成本的有效手段，是做大客群、经营客群，大幅提升金融服务覆盖面的有效方式，是提高风险可控度及区域客户匹配度的必然选择。例如，商业银行等通过运用链式思想，依托产业链核心企业的信用，基于真实交易背景和物流、信息流、资金流闭环，能完全实现对中小微企业服务的场景化，为上下游企业提供无须抵押担保的订单融资、应收应付账款融资。三是创新嵌入式服务。为进一步增强客户黏性，为客户提供嵌入式服务。多家银行创新对公业务运作模式，通过提供非金融服务，将自有金融业务嵌入企业内部生产管理环节，尤其是针对小型企业。由于高昂的建设成本和简单的业务结构，多数小型企业短期内没有数字化系统的自建能力，所以近年来多家银行纷纷为小型企业建设OA系统、财务系统等，力争通过建设的系统，促使小型企业产业链与银行捆绑更紧密，更深入渗透银行业务，并试图基于与企业的数据交互，建立风控能力更强的金融决策链，逐步形成产业链闭环。

二、创新机构战略合作模式，促推普惠金融纵深发展

不同的金融机构或企业拥有不同的优势与资源，通过合作的方式可以实现优势与资源的互补。因此，为践行普惠金融使命与责任，我国金融生态圈内的不同类型机构纷纷寻求生态合作模式，以求形成合力，更好地提高金融服务的普惠性。

一是持牌机构的同业合作。近年来，金融机构同业在构建生态圈的过程中，与诸多类型的合作伙伴形成了多种合作关系。现有的合作模式主要有：其一，战略型合作。战略型合作是指商业银行之间展开全面整体对接，以求在多方面实现互补，进而提升金融服务质量与效率。其二，资源补充型合作。资源补充型合作是指商业银行与具有特定资源和能力的新型银行（如微众银行）之间，在获客、信贷等具体业务环节开展合作。其三，平台完善型合作。平台完善型合作是指银行等机构开发具有特定服务目标的平台，并与各有所长的其他

同业机构合作，来强化平台功能。

二是跨行业的机构合作。跨行业的机构合作主要包含：其一，商业银行与融资担保公司合作。近年来，我国商业银行与当地融资担保公司开展了多种形式的合作，在增加批量的客户资源、增强风险保障、提升信贷业务的审批速度与金融产品创新的效率等方面取得不错成效。其二，商业银行与保险公司合作。保险公司为中小企业等提供信用保证保险、履约保证保险等服务，不仅可以为中小企业增信，促使企业贷款更加高效便捷，减轻中小企业的融资成本压力，还可以实现保险公司业务增长，开创"多赢"局面。基于此，我国银行与保险公司携手合作，试图为解决中小企业融资难题探索新的路径。其三，商业银行与科技公司合作。近年来，"数据+科技"成为各家银行提升中小企业服务广度与深度的关键措施与手段，然而一些商业银行（如中小城商银行、农商银行）受技术、人才、创新资金、系统等多方面因素制约，往往难以通过自身力量实现数字化转型，因此纷纷选择与科技公司合作，实现科技赋能。

多措并举创新实施“蓉易贷”普惠信贷工程

成都市地方金融监督管理局

【案例背景】

长期以来，中小微企业面临融资难、融资贵、融资慢问题，究其原因，一方面是中小微企业发展时间短、自身规模小导致的有效抵押物不足问题；另一方面是银行严格控制不良信贷，不敢贷、不愿贷。尤其是疫情暴发以来，中小微企业经营危机叠加金融供需矛盾，融资形势更加复杂严峻，如何用好政府引导机制解决双方信息不对称成为关键所在。在此背景下，成都市深入贯彻党中央、国务院关于支持中小微企业发展决策部署，于2020年10月设立10亿元风险补偿资金池，多措并举创新实施“蓉易贷”普惠信贷工程。“蓉易贷”以贷款风险分担机制和债权融资补贴为基石、以融资服务机构市场化风控能力为依托，构建多层次、广覆盖的中小微企业融资服务体系。

【主要做法】

一是贴近信贷市场，政策动态优化。建立市区两级联席会议长效机制，形成多部门合力，共同审议决策重大事项，运行规则动态调控，最大限度地发挥财政资金效益。采取贷后备案制度，市场化发放贷款，创新实施风险预补偿机制，相比传统产品，贷款流程简便、获贷预期明确、风险容忍更高。

二是支持范围广泛，机构全面纳入。支持对象涵盖包括个体工商户的所有普惠主体，支持行业包括批发零售、餐饮住宿、制造业在内的所有行业。合作机构涵盖银行、保险、融资担保等机构类型，并在国内率先将小额贷款行业纳入合作范围。

三是“白名单”动态更新，助推建圈强链。建立涵盖制造业、新经济、零售流通、文化旅游、餐饮等近50个细分行业“白名单”筛选标准，入库“白名单”企业实行动态更新。根据产业特点，创新叠加产业部门和区（市）县的支持政策，引导合作机构开发专属产品。

四是线上线下相结合，融资服务便利可达。线下采取自建、联建、共建等方式设立融资服务中心，线上搭建综合管理平台、专属融资服务网站。线上线下相结合，为全市中小微企业提供全流程融资服务。

【取得成效】

“蓉易贷”实施一年半以来，普惠信贷规模达到510.14亿元，累计支持

3.43万户中小微企业获得贷款8.21万笔，其中信用贷款占比超过95%，首贷户占比达到24.66%，2022年上半年信贷规模177.65亿元，同比增长44.94%，有效促进了成都市中小微企业融资“增量、降价、提质、扩面”。“蓉易贷”已迅速发展为西部地区规模最大、惠及企业最多、行业覆盖最广的普惠型政策信贷产品，其先进做法近期获得《人民日报》纸质版宣传报道，并入选《国家放管服十年改革经验》典型案例。

目前，“蓉易贷”设立各类融资服务中心659个，纳入合作机构45家，2022年贷款平均利率下将至4.08%，低于成都市企业贷款加权平均利率约50个基点，存入合作银行资金5.03亿元，为融资担保公司提供担保费补贴352.24万元。“白名单”方面，“蓉易贷”已入库“白名单”企业14 517户，累计获贷4 043户，获贷金额94.81亿元，获贷率27.85%。

“蓉易贷”在财政部门撬动、金融机构发动、市区协调联动、产业对口互动运作机制下，支持贷款放大超过50倍，有效地满足了中小微企业的信贷需求，全面提升了企业融资的便利性、可得性、普惠性。

【经验启示】

成都市“蓉易贷”作为政策性信贷产品的升级版，不断创新、自我优化，引导合作机构敢贷愿贷，形成可复制可借鉴的经验。

一是加强体系建设。在进行风险分担和担保费补贴基础上，配套建立完善的融资服务体系，让企业需求端信息能有效传导至资金提供端，比如建立融资服务中心和“白名单”企业库。

二是敢于制度创新。相比传统产品“事前审批”以及“先存放资金、最后做业务”的模式，“蓉易贷”采取的是贷后备案和根据业务开展规模存放资金的制度，提升了融资效率和财政资金使用效率。

三是形成各方合力。“蓉易贷”向各部门、全行业、各类机构敞开大门，进行最大限度的覆盖。同时对包括参与各方定期考核，根据评分结果匹配资源，充分调动各方积极性。

衢州打造医疗费用“一站式”结算平台

衢州市医疗保障局

【案例背景】

随着多层次医疗保障体系的不断完善，围绕医疗费用的各类保障政策制度陆续建立，人民群众医疗费用报销也越来越复杂。除医疗保障部门管理的基本医保、大病保险、医疗救助三项待遇外，抚恤优待对象的医疗补助、工会职工医疗互助、公务员医疗补助、惠民商业补充保险、精神病人免费用药、两慢病免费用药、离休老干部等多项待遇的支付仍分散在各相关单位，涉及部门多、报销环节多、报销资料多、垫付资金多。为解决老百姓医疗费用报销难等问题，衢州市医保局在全国率先上线运行医疗费用“一站式”自动结算平台。

【主要做法】

一是充分发挥医保结算系统基础性作用，实现医疗费用报销（补助）“一网通办”。主动对接工会、民政局、退役军人事务局、残联、财政局等部门和商保公司，在确保一个医保结算系统、一个费用报销目录、一个就医服务范围的前提下，串联各部门的报销（补助）流程，构建环节全贯通、政策广覆盖的“一体化”服务体系，实现百姓报销“一网通办”。

二是全面开展业务颗粒化梳理，实现各部门报销（补助）政策“一卡结算”。颗粒化梳理形成56 024项业务事项最小颗粒度，通过参数管理、权限设置等方式固化到管理信息系统，实现政策情形和业务流程的全量规范化和标准化。通过大数据共享平台完成涉及17个部门共129项数据需求共享，实现业务结算所需数据的互联互通。在以上基础上建立报销补助全流程自动结算系统，百姓刷卡即可完成各类费用的“无感”结算。

【取得成效】

一是报销环节变“多头跑”为“零跑腿”。实施前，参保人员要享受到基本医保、大病保险、工会互助、公务员医疗补助、抚恤优待对象医疗补助、医疗救助、商业保险等待遇，至少要跑6个部门、10趟才能完成所有报销流程。实施后，通过“互联网+部门”联办机制，实现医疗费用报销“零跑腿”。

二是资金支付变个人垫付为“零垫付”。实施前，原部分政策保障对象就诊范围较小，且只能手工报销，参保人员需先垫付医疗费用，再跑各部门报销，大病患者、贫困人员不堪重负。实施后，除自负部分外，实现可报销费用

“零垫付”。

三是报销待遇变延迟享受为“零等待”。实施前，医疗费用需线下逐项报销，参保人员待遇享受滞后。实施后，参保人员在就医或购药时直接刷卡结算、实时报销，省去多头跑和相关部门业务办理时间，实现群众待遇享受“零等待”。

四是信息流转变线下纸质为“零材料”。实施前，原参保人员需凭发票、结算单据、身份证明、各类政策资格证明等材料到不同部门报销，材料多且重复。若参保人员逐项报销，共需提交20份材料，其中重复提交的有15份。实施后，参保人员刷卡时，系统直接调用人员资格库和算法，让数据跑腿，真正实现费用报销“零材料”。

【经验启示】

一是主动揽责担当，体现为民初心。医保报销政策种类多、涉及部门多，群众深受报销多头跑、材料准备烦、资金垫付压力大等问题困扰。医保部门揽责担当，主动对接协调财政、残联等多个部门，建立“一站式”结算平台，切实方便百姓。

二是发挥平台优势，创新经办流程。将多部门的待遇政策标准固化到信息系统，解决了原部分部门信息系统和就诊机构限制，拓展患者就医范围和渠道，将医疗费用报销模式由线下逐项报销转变为线上“一站式”报销。

三是资金专项管理，优化结算方式。建立专项“资金池”，医保部门承担起定点医药机构结算和与联办部门的清算工作，所有资金从一个口子拨出，确保百姓待遇及时兑现，有效减轻医疗机构对账压力和部门管理成本。

“小微外贸企业风险共担转贷款”助力外贸保稳提质

中国进出口银行

【案例概述】

进出口银行积极贯彻落实国家相关部署，加大对小微外贸企业的政策性支持力度，于2021年末创设小微外贸企业风险共担转贷款，该贷款为进出口银行创新开展的利用批发资金转贷方式与商业银行合作支持小微外贸企业的金融服务模式。

【案例背景】

受近两年国际环境和疫情双重影响，小微外贸企业面临生产受阻、供应链瓶颈、物流运输不畅等一系列问题，对其经营及融资造成较大冲击，融资难、融资贵问题尤为凸显。为带动商业银行对小微外贸企业敢贷、愿贷的积极性，进出口银行坚守政策性金融主责主业，不断探索完善小微外贸企业金融服务，创设小微外贸企业风险共担转贷款，通过分担转贷行承担的小微外贸企业信用风险，带动商业金融资源向外贸领域小微企业倾斜，强化对重点领域和薄弱环节小微企业信贷支持，助力小微外贸企业纾困解难，充分发挥政策性金融引领示范作用。

【主要做法】

风险共担转贷款为进出口银行创新开展的利用批发资金转贷方式与商业银行合作支持小微外贸企业的金融服务模式。进出口银行根据商业银行（转贷行）申请，向其发放贷款，再由其转贷给符合要求的有进出口实绩的小微外贸企业。在明确与转贷行共担风险的内涵和边界基础上，进出口银行分担转贷行承担的小微外贸企业信用风险，实现政策性金融和商业金融风险分担模式的首度探索，开创政策性金融支持小微外贸企业新路径。该模式通过风险共担，将进出口银行政策性职能与商业银行的网点、客户优势有机结合，在向商业银行提供稳定低成本资金来源的基础上，引导其降低小微外贸企业融资成本，实现政策性优惠资金精准滴灌至小微外贸企业，进一步强化对重点领域和薄弱环节小微企业的信贷支持，充分发挥政策性金融引领示范作用。

【取得成效】

面对疫情影响、全球市场波动及外贸稳增长方面的压力与挑战，进出口银行充分发挥政策性金融在外贸领域的引领作用，全行上下协同推进，确保高效落实支持小微外贸专项政策。一是促进量增，加快小微外贸企业信贷投放力度。截至2022年第一季度末，风险共担转贷款投放已突破100亿元，业务覆盖16个省市分行，累计支持小微企业4 324户。以上海为例，针对疫情防控严峻复杂形势，进出口银行上海分行向上海农商行发放第一批近2亿元风险共担转贷款，有效支持50余家小微外贸企业，用款利率优于该市平均利率，为小微外贸企业解决燃眉之急，助企渡过难关。央视新闻、《人民日报》、新华网等媒体对进出口银行通过风险共担转贷款支持小微企业的举措及成效进行了报道。二是推动价降，切实为小微外贸企业减负让利。2021年5月，进出口银行成功发行首期推动外贸保稳提质主题金融债，发行金额30亿元，利率1.7762%，募集资金已全部用于风险共担转贷款业务投放，并通过优化利率传导机制，切实降低企业融资成本。三是实现提质，创新优化金融产品和服务。进出口银行注重优化产品和服务创新，持续做好风险共担转贷款可持续发展顶层设计，从降低资金成本、拓展客户名单、优化系统配置等多方面持续增强金融服务能力。

【经验启示】

当前外贸面临严峻形势，进出口银行持续加大产品创新力度，丰富政策性产品体系，通过分担商业银行承担的小微外贸企业信用风险，带动商业银行对外贸领域小微企业敢贷、愿贷的积极性。后续，进出口银行将继续积极对接各地方政府部门，探讨引入地方政府担保资金，构建政银企三方风险补偿机制，全力推动小微外贸业务快速发展。同时，进出口银行将强化小微外贸企业客群研究，找准金融支持切入点，从政策落地、融资支持等多角度加大对外贸小微企业支持力度，助力小微外贸企业“保订单，渡难关”，切实提升政策性金融支持小微外贸企业发展质效。

创新驱动线上信贷模式　助力普惠金融提质增效

中国农业发展银行

【案例概述】

农发行小微线上信贷业务以自主、创新、智慧、开放为主要设计思路，以“供应链+区块链”为依托，运用互联网、移动通信、物联网、人工智能等现代金融科技手段，利用大数据支持的风控模型进行交叉验证和风险管理，通过开展“农发快贷”和“农发智贷”等业务，优化业务流程，提高工作效率，线上自动完成贷款受理、评级、授信、审批、合同签订、贷后管理等环节信贷工作，为符合条件的小微企业提供高效便捷、利率优惠的线上政策性金融服务。

【案例背景】

为深入贯彻落实党中央、国务院关于改进小微企业金融服务、切实降低小微企业融资成本要求，农发行党委多次研究部署小微企业服务优化工程和信贷业务数字化转型等工作。2019年以来，农发行制定了线上信贷业务“急用先行”和“以我为主”的两步走发展战略，农发网商快贷、农发微众快贷陆续启动，“急用先行”顺利收官。2020年，农发行按照总行党委“使用一批、开发一批、准备一批”的战略部署，加紧推进小微智贷系统群各项建设工作，历时两年，农发行小微智贷业务于2022年正式投产，标志着农发行线上信贷业务发展进入了“以我为主”的新阶段，也标志着农发行走出了确保政策性资金精准滴灌小微企业、提升小微企业纾困政策实效的关键一步。

【主要做法】

坚持合规审慎创新，严守监管要求和业务范围。农发行聚焦支农支小主业，充分利用大数据信息科技手段，综合分析客户经营状况。在此基础上，参照国家统计局、人民银行、银保监会出台的各项涉农小微企业准入标准，确保支持范围严格限定在涉农小微企业。

建立配套制度体系，开展全面风险评估。为规范上线运行，确保合规，防控风险，农发行制定《农发网商快贷操作指南》《关于开展农发微众快贷业务的通知》《中国农业发展银行小微智贷业务管理办法》等20余个配套制度办法、通知和指导意见。同时，对小微线上业务的政策风险、信用风险、市场风险等10个类别的风险进行了分析评估，确保线上业务风险总体可控。

建设线上业务系统群，打造数字化线上信贷方式。自2018年开始农发行积极对接多家互联网银行，历时一年半，按照“急用先行”的思路引进成熟可靠的互联网信贷系统，成功开办农发快贷业务，实现线上信贷业务突破性发展。2020年，按照“五方三中心四模块”的思路，高度集成大数据、区块链等新技术，融合供应链金融和各类业务场景，全力推进农发小微智贷系统的开发，历时两年，小微智贷系统于2022年成功上线运营。

【取得成效】

自农发行小微线上业务开办以来，不断强化对小微企业的支持力度，利用金融科技赋能业务发展，降低服务成本，创新支持模式，拓宽获客渠道，提升办贷效率，完善管理体系，进一步提高小微企业金融服务的可获得性，推动小微企业综合融资成本明显下降，支农支小成效明显提升，有力落实党中央、国务院的决策部署，有效承担起政策性金融的社会责任，初步形成具有农发行特色的线上信贷业务模式。截至2022年6月初，农发行小微线上贷款累计发放金额755.14亿元，贷款余额43.2亿元，惠及小微企业3.56万户。

【经验启示】

有利于落实党中央、国务院关于大力支持小微企业发展的决策部署。开办农发行小微线上业务，是贯彻党中央、国务院决策部署的重要体现，是充分发挥“当先导、补短板、逆周期”作用、提升农发行服务国家战略能力的重要手段。

有利于更好地服务实体经济。农发行小微线上业务从农业产业链供应链整体出发，为上下游企业提供优质金融服务，提高资金使用效率，推动产业链供应链的稳定运作，更好地服务实体经济、为客户创造价值。

有利于助推小微信贷业务数字化转型。农发行线上业务不仅使农发行首次实现信贷业务全流程线上化和智能化，还通过办贷流程自动化逐步打造系统智联、数据共享、模型共建的数字化农业政策性金融生态圈。

供应链　共赢链
——“数字供应链金融”推动产业链加速发展

中国工商银行股份有限公司长沙分行

【案例概述】

“数字供应链金融”产品核心要点是，金融机构运用自建平台或与第三方平台开展业务合作，实现平台的互联互通，利用平台大数据作为风险控制手段，以核心企业开出的承诺无条件付款的“数字信用凭据”作为增信工具，以供应商与核心企业之间的真实商品（服务）交易信息作为融资授信依据，为产业链上供应商提供在线、信用、快捷、低价的融资服务。

“数字供应链金融”产品面向核心企业供应商，以其所持有的对核心企业的应收账款为融资授信根据，无须抵押担保，由金融机构全线上实时提供公开型电子保理资金融通，融资额最高可达发票金额/应收账款余额的100%，小微客户执行普惠优惠利率。

【案例背景】

大数据、系统风控、智能化、自动化成为金融服务小微企业的大趋势。为深入贯彻党中央、国务院关于做好“六稳”工作，落实“六保”任务的决策部署，工行长沙分行尝试以科技金融赋能，推进普惠金融向数字化方向发展，创新了一款“银行+科技+场景”数字化供应链融资产品——“数字供应链金融”，在支持产业链加快发展，特别在后疫情时代，支持产业复苏、中小微企业脱困上，源源不断地输入“金融“活水””，着力贡献金融力量。

【主要做法】

2017年，工行长沙分行探索利用大数据分析、人工智能和区块链技术，运用自建平台或第三方合作平台，在核心企业的配合下，开展业务探索。2018年5月，工行长沙分行为中车集团下辖优质核心企业、中国水电八局量身定做数字信用凭据供应链金融服务方案，建立起“线上获客+线下审批”半智能化的融资业务模式，获得了核心企业、供应商、监管部门等各方好评。2019年，工商银行总行、分行、支行三方联动，依托科技金融，合力推动数字普惠转型发展，拉通了该项业务全流程“智能化、自动化”，2020年6月，成功实现全线上化改造，成为真正意义的“数字普惠”产品。该业务模式以科技含量高、业务处理时效强、耗费业务成本低、客户体验感好、资产质量优而得到行内外各方的广泛认可，一举打开了供应链金融业务市场局面。

【取得成效】

助力中小企业发展，解决中小企业融资难、融资贵。历时5年的发展，截至2022年5月末，工行长沙分行已与116家大型集团企业建立数字供应链合作关系，累放额突破230亿元，余额突破100亿元，其中投向制造业领域达25亿元，累计纾困小微客户达5 000户，平均利率3.7%以下，无不良情况发生。

助力大企业提质增效，降杠杆、降两金、降三角债。通过有效盘活核心企业闲置授信，使有息负债出表，实现降杠杆；同时助力核心企业加强供应链上供应商的梳理与管控，将核心企业优质授信让渡给供应链上供应商使用，有效降低供应链综合成本，实现全产业链提质增效；持有数字信用凭据的供应商可转让“数字信用凭据”向银行申请融资，加速资金回笼，加快资产周转效率，实现降三角债、降两金。

疫情之下，凸显大行担当。在疫情影响下，企业通过线上平台，足不出户即可完成认证、审核以及融资等操作，避免了人群聚集，更及时解决企业资金周转难，为企业复工复产提供了有效助力，成为国家“六稳六保”政策落实的重要抓手。

【经验启示】

数字供应链金融实现全流程智能化、自动化，在促成商流、资金流和客户信用状况等信息流合一、盘活核心企业增信基础上，由数字信用凭据、交易数据驱动系统智能决策，为供应链客户提供简单方便且安全有保障的金融服务，不啻为“小额、高频”小微融资业务的完美解决方案。数字供应链金融银行、核心企业、金融信息公司三家抬，最终为产业链全链条上小微企业融资创造了条件，小微企业融资难、融资贵、效率低等问题迎刃而解，使产业链真正成为共赢链。工行长沙分行数字供应链金融业务的创新经验，吸引红网、网易、《潇湘晨报》、搜狐、百度普惠金融产品和服务创新案例PP、今日头条等相继报道，引来行内外同业前来交流学习。

推进供应链融资跨越式发展
支持产业链供应链稳定提升

中国农业银行股份有限公司

【案例概述】

近年来，农业银行把供应链融资业务作为金融支持产业链供应链稳定提升、增强小微企业信贷服务质效的模式路径，构建“横向协同、纵向协作”的业务推进机制，投入资源力量，推进快速发展，在服务实体经济、解决中小微企业融资难、融资贵问题等方面取得了良好成效。按照中台思维打造“农银智链”平台，提升产品创新和服务优化效能，不断优化完善以“链捷贷”为代表的“智链融资”线上供应链融资产品和以“融通e信”为代表的“智链融通”线上供应链金融服务，有效地提升了链上小微企业融资需求服务能力。2021年，农行率先与人民银行票交所对接，快速推出供应链票据在线贴现产品“供票e融”，为链上小微企业提供在线贴现服务。

【案例背景】

小微企业处于初创成长期，规模小、轻资产、经营波动大，与银行传统信贷业务风险管理要求存在错配，导致融资难、融资贵问题。供应链融资作为产融结合的连接器，能够将银行信用有效传导至核心企业供应链上下游的小微企业，在确保风险可控的基础上，拓宽了小微企业信贷覆盖面、延伸了服务触角。在互联网、大数据等金融科技发展支撑下，供应链融资成为商业银行数字化转型和支持小微企业的主攻方向。

【主要做法】

一是平台化管理。构建统一、标准、开放的“农银智链”平台，包含三个模块：大数据平台通过专线对接与区块链共享，获取核心企业ERP、供应链服务/电商平台、人行中征应收账款平台、票交所及第三方平台数据，并清洗分析；业务管理平台与核心系统及信贷、评级、定价、反欺诈等其他子系统直联，实现统一管理；面客渠道支持灵活嵌入行内网银、掌银及各类外部平台客户端，满足客户和场景多样化的需要。二是数据化建模。运用供应链“三流”数据，结合行内金融行为及信贷业务数据建模，经历8年的迭代优化，形成了特色客户评级、授信、贷后预警和商圈评级模型，提升供应链信用风险识别能力，形成了重信用、轻担保的普惠金融服务模式。三是网络化运作。实现系统智能决策和审批自动化管理，发展线上“批量、批发”化信贷模式，有效降低了业务成本，形成了“一点对全国”线上放款服务模式。“链捷贷”单笔业务全程线上办理，秒批秒贷，审批放款效率同业领先。四是智能化风控。通过资金流、物流、信息流整合，实时掌握贷款资金动向，按日对融资相关方进行贷后监测预警。积极构建与核心企业、供应商的金融联盟链，运用区块链技术将真实交易信息上链存证，确保融资贸易背景真实性。

【取得成效】

一是突破千亿万户。截至2021年末，农业银行已与中建股份、L集团等近1 400家核心企业开展供应链业务合作，累计服务供应链上下游客户近3万户，累计发放贷款近18万笔，累计发放融资近2 200亿元，余额突破1 000亿元，惠及小微企业近2.2万户。二是助力稳链强链。对先进制造、清洁能源等战略性新兴产业领域80余家重点企业制订专属服务方案，聚焦支持了一批“两新一重”、新一代信息技术、高端装备制造等战略性新兴产业中的核心企业，并将核心企业信用穿透至供应链上多级企业，支持产业链稳定、发展、提升。依托供应链交易数据、资金流、物流等信息，实现对上下游企业多级穿透和批量化融资支持，加大产业链关键节点靶向发力，实现以点固链、补链、强链。三是服务实体经济。与雄安集团、中国建筑等央企，小米、中国电子等科技型龙头企业，棉花交易市场、首农集团等农业产业化龙头企业合作，创新“项目贷款+供应链保理”、科创企业数据网贷、线上棉花仓单存货融资。围绕重大基础设施建设项目创新“项目融资+链捷贷”模式。通过“链捷贷”直联小米、中国电子等科技龙头企业，为其产业链上的科创型小微企业提供比照核心企业价格的融资。

【经验启示】

一是建立管理机制。建立“横向协同、纵向协作”的推进机制，编织链式营销网络。积极与外部优质供应链金融平台公司合作，发挥中转作用。按照“一点对全国”和“线上化运作”的模式，重构信贷流程。二是提升运营能力。设立集信贷、法律和科技人员的供应链金融专职团队，形成集约化线上业务运营管理模式。匹配专职开发团队，负责产品开发、渠道建设、平台迭代升级、系统运维等工作，建立需求快速响应和产品快速交付机制。三是筑牢风控体系。从业务流程、信息安全、客户身份认证和数字证据留存机制等方面，形成产品创新管理规范。加强大数据、物联网技术运用，通过数据交叉验证开展融资客户画像，搭建有别于传统单体客户信贷业务的风险监控体系。

知识产权质押融资让“知产”变“资产”

中国农业银行股份有限公司海南省分行

【案例概述】

知识产权质押融资是为小微企业引活水、赋新能、促发展的有效途径。农行海南省分行根据企业特点，基于企业的专利核心技术，为客户提供专利权质押融资服务，客户以此获得流动资金补充，不断推动专利权质押融资等金融产品深入科技型企业，确保企业的“知产”真正衍生为“资产”，实现知识产权金融普惠创新。

【案例背景】

农行海南省分行认真贯彻落实党中央、国务院以及海南省委省政府决策部署，按照监管部门要求，在农总行的指导下，不断创新信贷产品和担保方式，加大信贷投放力度，通过知识产权质押融资为小微企业提供更多融资手段，积极破解科技型小微企业融资难题，助推科技型小微企业发展。

【主要做法】

一是在政策层面上加以引导。积极贯彻落实好国家、监管部门以及农总行关于知识产权质押融资的相关政策，着力解决创新型、科技型中小微企业担保难问题。

二是在机制理念上改革创新。创新知识产权质押融资的经营理念，充分认识知识产权作为创新型、科技型企业的核心竞争力对企业的重要性，并将其作为贷款审查审批的重要依据；增强产品服务创新性、科技型企业的契合度，完善担保管理制度，实现知识产权质押融资业务落地。

三是在风险防控上严格把关。严把客户准入关，确定企业融资条件、知识产权准入等方面的评价机制，注重对借款人的第一还款能力分析，对出质人及质物进行充分调查；加强对知识产权第三方资产评估机构的合作准入与持续管理；贷款发放后定期分析借款人经营情况，加强对押品的动态管理，对可能产生风险的不利情形及时采取措施。把贷前、贷中、贷后涉及的风险都考虑好、防控好，推动知识产权质押融资业务实现可持续健康发展。

四是在战略合作上积极推进。积极响应政府及监管部门工作要求，签协议、搭平台，举办知识产权质押融资银企对接会，多渠道向小微企业普及知识产权融资知识。

【取得成效】

农行海南省分行根据企业特点，基于企业的专利核心技术，为客户提供专利权质押融资服务，客户以此获得流动资金补充。通过严把准入关，确定企业融资条件、知识产权准入等方面的评价机制，注重对借款人的第一还款能力的分析，对出质人及质物进行充分调查；综合评价企业的偿债能力、运营能力和盈利能力，结合企业的质押物、资金需求、经营情况等核定企业的融资额度，确认客户信用评级符合银行相关规定后，受理相关业务，截至2022年第一季度末，农行海南分行累计为4家小微企业提供了知识产权质押融资贷款，贷款金额6 000万元，让“知产”变“资产”，有效地缓解了企业资金需求的燃眉之急。

【经验启示】

知识产权质押融资业务为知识产权金融发展提供了推力，为科创型小微企业融资难、变现难的问题提供了更多的解决思路。我们要深刻认识到加强知识产权质押融资业务的重要意义，用好用足国家支持政策，明确支持重点，优化配套措施，创新产品和服务模式，规范业务管理，促进知识产权质押融资业务持续健康发展。

“惠如愿·知惠贷”小微企业知识产权质押融资产品创新

中国银行股份有限公司

【案例概述】

中国银行普惠金融事业部为支持小微企业知识产权质押融资，创新研发推出了“惠如愿·知惠贷”产品，该产品运用大数据，创新针对知识产权小微企业的“矩阵式”评估方法，实现了线上申请，支持知识产权单一质押担保或组合担保，最长期限3年，最高授信额度3 000万元。

【案例背景】

小微企业融资和知识产权质押融资一直以来都是两个重要课题，2021年6月，中国银行与国家知识产权局签署《全面战略合作协议》，在此契机下，中行普惠金融事业部开发并推出一款小微企业知识产权质押融资产品“惠如愿·知惠贷”。

【主要做法】

“惠如愿·知惠贷”产品是指中行接受小微企业合法拥有的、依法可以转让的专利权作质押，向借款人发放本外币贷款等提供授信的业务。“惠如愿·知惠贷”产品运用大数据技术，自主研发了两项知识产权业务模型，创新了针对科技型小微企业的“矩阵式”评价方法，并实现了模型在系统上的线上化部署。该产品是中行对信贷工厂业务智能化改造的有益尝试，也是中行运用金融科技成果发展知识产权金融和科技金融的积极探索。

同时，鼓励分行结合本行实际情况以及本行与当地知识产权主管部门、第三方机构的合作情况，制定一级分行“惠如愿·知惠贷”产品实施细则，重点针对情景分析、营销拓客、产品准入、授信方案、业务流程、知识产权质押评估、登记和处置以及贷后管理等内容或环节，积极利用分行特色渠道、系统和外部知识产权服务平台，提升产品线上化和系统化水平。

【取得成效】

实现了小微企业知识产权质押融资产品从无到有的突破，实现了“矩阵式”评估方法产品创新，实现了产品申请、模型等关键环节的线上化，提高了产品运行效率。“惠如愿·知惠贷”产品于2021年末投产，截至2022年9月末，该产品余额近10亿元，服务客户数量近两百户。

【经验启示】

近年来，中行持续发挥金融力量，以科创企业需求为导向，与国家知识产权局及各地知识产权、科技部门携手，就知识产权金融产品与服务供给等进行了深入探索。全行对知识产权质押融资重要性的认识越来越深刻，纷纷加大对高新技术企业的营销力度，深挖专精特新类小微企业潜力。通过创新研发“惠如愿·知惠贷”产品的方式，进一步加强对小微企业知识产权质押融资的支持。

促千岗就业　保万家民生——坚守普惠为民情怀

中国银行股份有限公司

【案例概述】

中国银行为贯彻落实国家关于稳岗促就业的各项决策部署，缓解“就业难、用工难”这一社会痛点和难点问题，主动担当，敏捷反应，于2022年1月26日创新推出以“促就业”为主题的“惠如愿·千岗万家”普惠金融行动计划（以下简称“千岗万家”活动），力求提升普惠金融对就业的带动作用，切实为服务实体经济、稳住经济大盘作出贡献。

“千岗万家”活动以“惠至千岗，惠达万家”为目标，针对人民群众的日常生活需求和就业需求，为各类满足条件的客户提供用工、经营周转以及就业撮合等综合性支持，以金融力量“促千岗就业，保万家民生”。“千岗万家”活动得到了人力资源和社会保障部的悉心指导，多家权威媒体进行了专题报道，获得了社会各界的广泛好评。

【案例背景】

当前，我国经济发展面临需求收缩、供给冲击、预期转弱三重压力，就业形势严峻。2021年底的中央经济工作会议特别强调“要在推动高质量发展中强化就业优先导向，提高经济增长的就业带动力”。保就业作为“六稳”“六保”之首，是经济运行保持在合理区间的关键支撑，也是稳住经济大盘的必然要求。保就业首先是要保市场主体，广大中小微企业是关键，按照“五六七八九”的统计，中小微企业吸纳了80%以上的就业。支持中小微企业、发展普惠金融，核心都是为了稳定就业。越是在春节假期、冬奥盛会和疫情反弹交汇的特殊时期，中国银行普惠金融就越是要扛起促就业保民生的重任。

【主要做法】

“千岗万家”活动以就业吸纳能力强、就业招工难、就业供给能力强为标准，重点支持五类服务对象：一是就业弹性大、民生关联度高的养老、托育、家政、餐饮、外卖配送等行业；二是“用工难、用工贵”问题突出的稳产保供企业；三是互联网平台上的新形态就业主体；四是返乡入乡创业人员、乡村企业家、退役军人、高校毕业生等就业主体；五是直接带动就业的职业技能培训机构、劳动中介机构以及各地人社部门认定的培训基地等。

“千岗万家”活动实施期间，中国银行通过对个人、企业全覆盖的多元化授信产品，满足服务对象用工和经营周转的资金需求；通过线上线下方式配合就业促进机构、劳动中介机构，为进城务工人员、高校毕业生等新市民群体、用工企业提供就业撮合辅助服务。在中国银行的“惠如愿·中银e企赢”App搭建“千岗万家”活动就业供需对接专区，为用工企业和求职者提供便捷的信息平台，填补就业供需双方的“信息鸿沟”。积极对接人社部门，探索“惠岗贷”服务方案，实现“千岗万家”活动长效化、机制化。此外，依托中银集团综合化优势，携手中银三星人寿有限公司，在第一时间免费为符合条件的客户员工赠送新型冠状病毒身故保险以及自驾车意外伤害险，增加群众就业保障。

【取得成效】

“千岗万家”活动实施期间，共惠及了2.6万家客户和56万个就业岗位，提供了800多亿元授信支持，免费赠出4 100份保险。通过该活动，江苏、安徽、甘肃等地依托“惠岗贷”框架，与当地人社厅共同推出“苏岗贷”“稳岗贷”“陇原惠岗贷”等特色稳岗促就业产品，截至2022年9月末，共投放“惠岗贷”5 000余笔，累计发放金额超过150亿元。

架起招聘桥梁，做好“就业红娘”。中国银行在全国通过线下举办就业撮合活动超30次，近千家企业参与，帮助1 600余人达成从业意向，在新疆阿克苏，牵线150余名职业技术学院学生通过“校企对接会”实现就业；在广东惠州，春节期间紧急为劳务派遣公司提供授信支持，以绿色审批通道畅通稳岗留人通道。

助力创业创新，支持灵活就业。积极落实“大众创业，万众创新”战略部署，活动通过2.7亿元的个人创业担保贷款和“惠如愿·创担贷”，帮助近200位创业者实现创业梦。在广西南宁支持大学生创业团队收购应季新鲜沃柑；在云南昆明以授信服务助力多位退役军人创业创新。

满足生活基本需求，保障社会有序运行。春节“返乡潮”期间的行业停摆、疫情防控的升级都给人民群众的生活带来了较大影响。在“千岗万家”活动支持下，百姓的“吃、穿、住、用、行”难题得以缓解，例如在深圳全力支持优质蔬菜供应企业，保障大湾区蔬菜供应。

【经验启示】

中国银行在“千岗万家”活动实践中，进一步深刻理解“国之大者”之普惠意义，努力践行“金融报国”之普惠情怀，不驰于空想，不骛于虚声，用普惠情怀践行社会责任。中国银行在主动融入“促就业”大局的同时，也直接带动了业务发展。下一阶段，中国银行将坚持“以普惠金融力量扶小微、促就业、保民生”，力求以中行实践探索一条国有大行服务就业大局的新道路。

助力减碳成金　成就绿色未来

中国银行股份有限公司浙江省分行

【案例概述】

“惠如愿·碳惠贷”业务充分借助科技力量，采取“线上申请+线下审批”相结合的模式，提升客户服务质效。通过与政府系统直连，客户在“企业码”平台申请并授权后，系统自动采集企业多维度数据，并利用自主开发的评分卡模型有效识别降碳减排优质客户，最高可为评分较高的企业提供500万元纯信用额度。同时，结合行内ESG评价体系，在同等条件下为ESG评价得分高的企业配备一定的优惠利率，创新ESG挂钩贷模式。

【案例背景】

为深入贯彻落实党中央、国务院关于碳达峰、碳中和决策部署，浙江省统计局、省经信厅和省电力公司联合开展全省工业企业碳效综合评价，致力于促进工业企业效能提升、绿色可持续发展。为助力“双碳”目标实现提供精准、有效的金融支持是金融机构响应国家绿色发展理念、支持国家经济可持续发展、推动金融供给侧结构性改革的重要举措，对于金融机构更好地担当社会责任、优化资产结构、促进高质量发展具有积极现实意义。

【主要做法】

“惠如愿·碳惠贷”产品方案以金融力量助力“双碳”目标的实现。申请流程方面，为减轻客户经理工作量，提升服务质效，产品采用“线上申请+线下审批”相结合模式，客户通过“企业码”平台申请并授权后，客户经理即可在行内系统接单并一键查询客户相关数据及绿色可持续发展评分。额度设计方面，产品鼓励以信用授信为“敲门砖”，吸引优质客户，夯实客户基础。以政府实施的企业碳效综合评价数据为核心自主研发绿色可持续发展评分卡对企业进行全方位评价，有效识别减碳减排优质客户，引导信贷资源向降碳减排企业倾斜。其中，评分90分以上的企业最高可获批500万元纯信用额度。利率定价方面，进一步贯彻绿色经营理念，结合行内ESG评价体系，在同等条件下为ESG评价得分高的企业配备一定的优惠利率，创新ESG挂钩贷模式。品质管理方面，产品业务数据通过系统自动向监管报送，无须传统手工统计，在为客户提供便捷服务的同时也有效地减轻了客户经理的工作量。

【取得成效】

“惠如愿·碳惠贷”产品推出后，辖内各行纷纷组织营销力量进行客户拓展。金华分行某客户经理更是第一时间对辖内一家符合产品要求但缺乏抵押物的企业进行营销。客户在企业码平台填写简单申请信息后，客户经理即在银行内部平台查询到该客户相关信息并提前获知预授信额度。经过省行、市行、县支行三级联动、紧密配合，最终于12月16日一早下发全辖首笔“碳惠贷”批复，并于当天成功投放落地。“没想到，碳排放降低的评价还能用来贷款。”该企业的法定代表人在获得300万元“惠如愿·碳惠贷”信用贷款后，激动地竖起大拇指。中行浙江省分行产品的便捷性和服务的高效率得到客户的高度认可和赞扬，产品市场反响良好、业务成效初显。从2021年12月产品推出以来至2022年9月末，累计批复109笔，授信金额6.64亿元。

【经验启示】

反应敏捷，金融支持降碳减排客户。中国银行浙江省分行敏捷反应、积极响应国家绿色发展理念，在获悉政府开展企业碳效综合评价事宜后，第一时间与政府相关部门对接，提前研究部署，在政府发文的当月，中行浙江省分行同时推出“惠如愿·碳惠贷”产品。产品推出后，市场反响良好，助力中行浙江省分行迅速拓展了一批降碳减排优质小微企业客户资源。

服务高效，利用金融科技解放劳动力。“碳惠贷”产品在申请流程设计、评分卡构建、品质管理等方面充分利用金融科技相关技术简化业务流程、提升服务质效，实现了客户在线申请、系统自动派单、客户经理实时查看，在为客户提供便捷服务的同时也有效地减轻了客户经理工作量。

场景融合，探索普惠金融和绿色场景融合发展。在“双碳”目标下，加大对降碳减排小微企业的授信支持，是探索普惠金融和绿色场景融合发展的有益尝试，对于银行更好地担当社会责任、优化资产结构、促进高质量发展具有现实意义。

创新数字普惠新模式　解决小微融资痛难点

中国建设银行股份有限公司

【案例概述】

建设银行立足新金融实践，聚焦小微企业融资痛点难点，秉持“数字、平台、生态、赋能”发展理念，充分发挥在客户、网络、技术、资金、人才等方面的优势，主动变革与创新服务模式，一是运用大数据、精准识别客户；二是构建产品谱系、强化信贷供给；三是创新平台经营、提高服务效能；四是智能风险管理、保证经营质量，持续提升普惠客群服务质效，加快推动服务扩面下沉。通过构建以“批量化获客、精准化画像、自动化审批、智能化风控、综合化服务”为核心的数字普惠新模式，建设银行助力健全普惠金融长效机制，着力打造普惠新生态，以金融“活水”精准滴灌普惠小微企业领域，扎实推进普惠金融业务高质量发展。

【案例背景】

小微企业融资难、融资贵，其症结在于信用信息真实性和对称性难以准确评价和把握，小微企业又缺少抵押物、难找可靠担保，在传统模式下，很难获得必要的金融服务特别是融资服务。建设银行通过深入研究小微企业的经营特点，主动变革与创新服务模式，读懂小微企业金融需求，充分发挥科技和数据优势，创新数据化线上化平台化经营，形成既不同于传统银行，又有别于互联网公司的普惠金融服务新模式，即批量化获客、精准化画像、自动化审批、智能化风控、综合化服务，其核心就是以客户为中心开展服务，以客户需求为出发点打造产品，以客户体验为目标打造平台，以解决客户金融服务痛点和难点。

【主要做法】

一是运用大数据，精准识别客户。建设银行整合内部对公、对私用户数据，连通工商、税务、房产等外部信息，将企业经营行为等转变为量化数据，形成全息画像，从以财务指标为核心的信用评级转向以交易记录等大数据分析为核心的履约能力判断，有效破解小微企业资讯不完整的痛点。二是构建产品谱系，强化信贷供给。建设银行建立数据、场景、客群三维驱动的产品创新模式，针对普惠金融客户的不同特点和需求，实现按需定制多样化信贷产品，开发设计“小微快贷”等普惠金融新模式产品体系及多项专属贷款产品。三是创新平台经营，提高服务效能。建设银行运用互联网、大数据、人工智能和生物识别等技术，为普惠金融客户打造“一站式”移动金融服务平台“建行惠懂你”，突破原有银行办理业务的物理空间和时间限制，大幅提高市场触达和覆盖能力、客户服务效率以及客户自助办理的便捷性。四是智能风险管理，保证经营质量。建设银行将风险底线和风控标准嵌入系统流程，建立了“六位一体”（企业级底线排查、业务反欺诈阻断、场景化模型选客、多维度额度管控、智能化监测预警、专业化催收处置）的智能风控体系，保障业务持续健康发展。

【取得成效】

建设银行创新的数字普惠模式成为二十国集团（G20）框架下普惠金融全球合作伙伴会议唯一入选的中国金融机构案例，并获评2021年APEC中国工商理事会发布的“中国数字经济产业示范样本”。截至2022年上半年末，建设银行普惠金融贷款余额2.14万亿元，贷款客户数225.20万户。建设银行聚焦小微企业、个体工商户、涉农客户、供应链上下游客户等普惠金融群体差异化需求，持续丰富产品体系，提升客户需求满足能力和服务效率，截至2022年上半年末，“小微快贷”等新模式产品自上线以来累计服务客户302.19万户，提供信贷支持 7.41万亿元。同时，建设银行依托数字技术和科技赋能，迭代升级服务质效和风控能力，不断强化普惠金融平台经营，截至2022年上半年末，“建行惠懂你”累计访问量超过1.7亿次，下载量超过2 250万次，授信客户超165万户，授信金额超过1.3万亿元。

【经验启示】

数字普惠金融已经成为当前普惠金融发展的主流，通过将服务场景从融资端延伸至市场主体全生产流程，利用数字技术加强对信贷业务全流程、精细化管理，不断提高金融服务的覆盖率、可得性和满意度，让更多的小微企业以可负担的成本获得适当、有效的金融服务。特别是新冠肺炎疫情期间，数字普惠新模式弥补了传统网点的不足，为金融机构持续服务普惠客户提供了有力保障，助力企业复工复产，为实体经济稳健发展保驾护航。

“政采e贷”
——小微政府采购供应商融资解决方案

交通银行股份有限公司湖北省分行

【案例概述】

“政采e贷”是交通银行湖北省分行为促进小微企业融资服务扩面增量，依托普惠数字化转型，主动对接服务湖北区域内省市各级财政，深入拓展场景客群需求，创新开发的系统内首个线上政府采购贷款定制化产品。该产品真正实现了“无抵押担保、纯线上申请、系统自动审批、额度使用灵活、利率优惠”的功能和特点，解决了政府采购供应商中小微企业资信和抵押不足的痛点；极大地提高了政府采购合同融资的可获得性、便捷性、时效性；回款路径的锁定有效地解决了银行的后顾之忧，极大地提高了授信效率与质量，让银行真正实现了“敢贷、愿贷、能贷、会贷”。

【案例背景】

2021年全国政府采购规模达数万亿元，其中中小微企业合同金额占比超五成。湖北省全省小微企业采购金额数百亿元，客户数超万户。政府采购供应商“回款有保障”的特点，使其成为银行追捧的优质客户群体，更是一片尚未充分开发的蓝海，但小微供应商并未得到有效的融资服务。究其原因，主要来自两个方面：一是银行能提供的多为抵押或者税贷，政府采购订单并不能为其带来无抵押纯信用的融资，小微供应商融资无门；二是当前业务模式纯线上化程度不高，政府采购合同数据利用率不高，政府采购融资业务工作亟须提高效率。

【主要做法】

交通银行湖北省分行积极应用中国人民银行征信中心搭建的中征应收账款融资服务平台，主动对接服务湖北区域内省市各级财政，深入拓展场景客群需求，2022年1月，专为解决政府采购中标企业融资难而生的“政采e贷”在交行系统内率先上线。对小微供应商而言，具有四大亮点：（1）无抵押担保。无须额外提供抵押或者担保，凭政府采购合同放款。（2）流程快捷。扫码申请，额度自动审批。（3）利率优惠。无须申办费用，享受普惠信用贷款优惠利率。（4）审批额度高，额度使用灵活。最高可贷1 000万元，循环使用，随借随还。按月付息，一次还本。该产品的上线，也为银行带来了两大革新：（1）全线上化。信息化创新，让客户和银行足不出户，解决客户申请及银行线下审批的各个流程堵点，从耗时1~2个星期缩短到最快1天以内，让数字动起来，系统跑起来，让基层客户经理从此爱上政府采购贷。（2）自动锁定回款账户，风险闭环管理。交通银行湖北省分行通过平台对接，实现了财政内网→政府采购合同融资平台→中征平台→银行的多方系统实时数据交互，确保了政府采购合同回款账户自动识别、线上变更和自动锁定，省去了小微企业上门联系采购人确认订单信息的人为操作，提升了效率和准确度，确保了回款资金安全。

【取得成效】

"政采e贷"产品真正实现了"无抵押担保、流程快捷、额度使用灵活、利率优惠"。产品推广将有效拓宽普惠优质客户来源，提升小微企业融资的可获得性、便捷性及时效性，真正让基层客户经理"想贷、敢贷、愿贷、能贷"，促进小微融资不断"扩面增量"。截至2022年10月31日，"政采e贷"产品自上线以来，累计服务小微政府采购供应商近200户，累计授信额度6.5亿元，投放贷款111户合计超过2.6亿元，在市场上得到了较好的反响，擦亮了交通银行普惠金融的新品牌。在"立足武汉，布局全省"的业务推进模式下，产品得到了各省辖行的积极响应，省辖行投放客户数占比达55%，贷款金额占比达 65%，成为"辖行振兴"以及金融服务乡村振兴的新鲜动力。

【经验启示】

交通银行湖北省分行以普惠金融服务实体经济为根本出发点，将进一步加大小微企业金融支持力度，以金融创新、普惠数字化转型支持小微企业纾困和高质量发展，着力解决小微企业融资难、融资贵的问题，帮助更多参与政府采购的小微企业获得金融支持。交通银行湖北省分行将持续打磨产品，保持产品生命力，精进服务水平，不断深化与人行、财政和预算单位的业务合作，实现"政、监、银、企"多方共赢，为普惠金融服务扩面增量作出贡献。

让绿色金融更加普惠 让普惠金融更加绿色

交通银行股份有限公司宁波分行

【案例概述】

立足“碳达峰、碳中和”目标，交通银行思考如何在推动普惠金融服务过程中坚持绿色低碳发展的方向，引流绿色金融资源精准滴灌普惠对象，发挥两者相辅相成的协同效应，形成高质量发展新的突破口和增长点。

交通银行始终坚守政治使命，会同有关部门不断完善适应绿色金融与普惠金融发展的顶层设计，一方面通过绿色金融助力经济社会全面绿色低碳转型，另一方面通过普惠金融服务“三农”、小微等融资主体，切实增强人民群众对金融服务的可得性、获得感和满意度。

在JL智慧能源分布式光伏电站项目实践中，交行宁波慈溪支行研究制定碳普惠绿色金融贷款、明确授信目标客户及准入条件，为当地构建高效、低碳、清洁的绿色制造体系作出了积极贡献。

【案例背景】

宁波JL智慧能源有限公司是上市公司JL科技股份有限公司控股的子公司，主要通过成立项目公司进行分布式光伏电站的开发建设、经营管理和运营维护，目前已累计完成超过3万户的户用光伏电站建设。JL智慧旗下分布式光伏电站项目发展较好，交行宁波分行目标客户为JL智慧旗下从事分布式光伏电站项目的项目公司。截至2022年第一季度末，JL智慧从事分布式光伏电站项目的项目公司有250多家，其中户用项目公司150多家，每家项目公司的融资规模控制在2 000万元以内。

【主要做法】

细化项目融资方案。交行宁波分行于2021年8月26日审批通过《慈溪支行JL智慧能源分布式光伏电站项目》，明确授信额度，截至2022年1月19日，共有项目制成员22个。2021年JL智慧分布式光伏电站项目业务快速发展，累计已完成3万户的户用光伏电站安装，为满足企业日益增长的融资需求，支行迅速上报集团预授信和项目制授信，将小微群组额度上调；同时，支行已将JL科技集团申请加入总行预授信“白名单”，待总行审批通过后将立即做好预授信和项目制授信额度的申报工作，为后续业务开展做好准备工作。

做好风险能力分析。JL智慧拟申请授信的各项目公司还款源于户用光伏电站项目的电费收入，交行宁波分行按JL智慧与合作方签订的《光伏电站施工合同》中最低发电量保障条款所约定的每年1 300小时发电时数进行测算，根据山东地区脱硫煤标杆电价0.3949元/度计算，每个光伏电站项目约8年可收回全部投资，而银行融资控制在项目总投的70%以内，因此贷款期限设定为7年，根据交通银行项目融资评估工具测算，在业务期限内，企业有足够稳定的现金流归借款。

【取得成效】

JL科技股份有限公司集团本部在交行宁波分行开立人民币募集资金专户，集团另有38个项目公司在交行宁波分行开户，全部为达标有效户。随着合作深入，后续将有更多的项目公司到交行宁波分行开户和申请授信，每个开发户用光伏电站的项目公司都将与交行宁波分行签署代收付协议，交行宁波分行可根据公司光伏项目开展情况和实际需求，在日常结算、个金理财、代收付业务等方面为企业提供更多优质的服务。2021年7月，宁波分行行长作为JL科技股份有限公司交行授信业务主责任人，带队走访JL科技企业董事长，双方会谈后达成进一步加深合作的一致意见，并于12月初签署交通银行宁波分行与JL科技股份有限公司战略合作协议。2021年11月至2022年1月末，JL智慧分布式光伏电站项目累计完成碳普惠绿色金融贷款投放超过12 000万元，新增普惠小微企业19户，全部为首贷户，支行普惠攻坚队目标是在2022年6月底前再新增普惠首贷户30户。

【经验启示】

本次光伏电站项目敞口由上市公司JL科技股份有限公司担保。JL科技目前只对集团内部子公司（主要是JL智慧）担保，不存在逾期担保、涉及诉讼的担保或因担保被判决败诉而应承担损失的情况。

探讨更为多元化的合作模式，进一步提升双方的合作紧密度，形成互惠双赢。

搭建政银平台 金融“活水”支持文化企业

中国邮政储蓄银行股份有限公司四川省分行

【案例概述】

为努力破解文化企业融资难、融资贵问题，完善文化经济政策，推动文化与金融结合，充分发挥财政资金杠杆作用，助推建设文化强省，2020年12月11日，四川省财政厅、中共四川省委宣传部联合印发《关于开展“天府文产贷”试点工作的通知》，正式开启全省“天府文产贷”试点工作。邮储银行广泛搭建政银担平台，设计了“担保+财政+银行”“财政+银行”两种模式，主动承担部分风险，适度降低贷款利率，大力宣传推广，强化金融支持文化企业，为四川省文化企业发展贡献邮储力量。

【案例背景】

四川是文化大省，有10万余家文化企业。但四川文化企业大多是中小微企业，融资难题一直无法解决。针对这一文化企业痛点，四川在全省创新开展“天府文产贷”试点工作，为文化企业特别是中小微文化企业注入金融“活水”。邮储银行四川省分行把“天府文产贷”作为支持文化类企业发展的有力抓手，进一步深化普惠金融服务，为四川省文化企业发展贡献邮储力量。

【主要做法】

一是多方多层级合作，确定模式。邮储银行四川省分行会同四川省文化产业投资集团分析四川文化产业发展趋势，市、州分行拜访属地宣传部门了解辖内企业情况，县、区支行联系特色文化企业了解融资状况，最终确定了“担保+财政+银行”“财政+银行”两种模式，首批成功入围“天府文产贷”，成为五家“天府文产贷”承办机构之一。二是自上而下强化组织，推动落地。专人全流程跟踪推动，解决过程问题，提炼营销要点，总结发展经验，形成操作指引标准。市、州分行加大客户走访和市场营销力度，通过线上线下培训，确保客户经理掌握业务知识、提升服务效能。三是持续多方位宣传，扩大影响。线上以本行微信公众号和川观新闻、人民网等主流媒体为依托，扩大产品影响力。线下联动文投公司，前往成都、阿坝等文化企业聚集区，召开产品推介会，吸引数百家文化企业参与，覆盖企业包括文旅企业、少数民族文化企业等。充分运用本行专项营销活动、银企对接会等方式，全方位、多层次宣传“天府文产贷”。四是切实减轻企业负担，延伸服务。坚持“保本微利”定价原则，针对“天府文产贷”客户执行利率制定最高上限，客户经理对成功申贷客户逐户指导申请财政补贴，补贴后实际执行利率不超3%。

【取得成效】

一是拓宽文化企业覆盖面。自拓展“天府文产贷”一年来，邮储银行四川省分行已在省内11个市（州）分行落地37笔业务，服务36个文化企业，覆盖12个文化小类，贷款投放1.68亿元，位居所有合作银行之首。二是大力支持欠发达地区。重点为县域和乡镇文化企业提供金融支持，如邮储银行阿坝州松潘县支行成功为四川喀罗大圆满象雄文化传播有限公司投放“天府文产贷”500万元，该笔贷款是四川省三州地区投放的首笔“天府文产贷”，有力地支持了阿坝州民族文化产业的发展。广元市苍溪县支行向苍溪县电影发行放映公司投放“天府文产贷”50万元，为全力推进乡村文化振兴，激发农村发展的内生动力和活力提供金融保障。三是降本纾困利企。邮储银行四川省分行针对“天府文产贷”客户设定最高执行利率，同时指导获贷企业申请财政补贴，享受叠加融资成本补助后，其实际承担利率不超过3%。

【经验启示】

在信贷支持客户选择上，应聚焦党中央、国务院关注和支持的重点领域和薄弱环节，高度关注行业主管部门动向，通过多渠道发力、多平台合作、多方式供给，提升金融支持小微企业发展的精准性。政银合作助力小微企业融资，可以实现“1+1>2”的协同效果。银行积极参与政府搭建的各类平台，一方面可以通过数据对接、信息共享等，加强对小微企业信用信息的挖掘运用，开发出更多有针对性的产品，实现有效获客。另一方面通过利用好政府推出的各类风险补偿措施、贴息政策等，既可以让利于客户，又有利于实现自身商业可持续发展。金融机构应充分发挥自身优势，提升普惠金融服务的广度和深度。如邮储银行可广泛利用点多面广的网络优势，延伸城乡金融服务“最后一公里”，加大对农村地区企业的金融支持特别是信贷支持力度。

打造数字普惠新模式　探索支持小微新路径

中信银行股份有限公司

【案例概述】

中信银行将普惠金融发展与数字化转型发展有机融合、一体推进，积极打造以“数字化产品创新工厂、数字化智能风控平台、数字化运营管理流程、数字化开放生态网络”为核心的数字普惠金融发展新模式，全行普惠金融贷款余额、增量、户数和资产质量等核心指标均位居同业前列。

【案例背景】

量大面广的小微企业和个体工商户是稳经济的重要基础，是稳就业的主力支撑，近年来受疫情冲击影响，生产经营遭遇重大困难，亟须资金支持。但小微企业融资“短、小、频、急、散”且缺乏有效担保，银企之间存在较为严重的信息不对称，导致传统普惠金融面临经营风险大、操作成本高、服务效率低等难题，全社会面临银行“不敢做、不愿做”与企业“融资难、融资贵”的双重困境。近年来，金融科技的飞速发展为我们提供了新的可行方案。互联网、大数据、云计算、人工智能等数字技术具有响应快、成本低和覆盖广的优势，恰好能弥补传统普惠金融在效率、成本、风控等方面的“短板”，大幅提升银行敢贷愿贷能贷会贷长效服务能力，实现银行和小微企业的“双赢”。

【主要做法】

一是建设数字化产品创新工厂。建立产品创新试验田机制，推进IT开发领域制转型，组建“业务+技术”融合团队，按照“流水作业、模块组装、开放对接”模式建立产品创新工厂，提炼75个功能、210个组件、85项参数，产品组件复用率达到80%，产品创新大幅提速，形成品类齐全、方便快捷的“中信易贷”数字化产品体系。

二是搭建数字化智能风控平台。贷前端，搭建“一湖一库一平台”数据体系，实现客户统一风险视图和精准画像。贷中端，搭建智能审批模型，借助数据建模、生物识别等技术，实现授信自动审批。贷后端，搭建智能预警平台，设置4类、75项指标和3万种组合风控规则，实现首检和定检自动化。

三是打造数字化运营管理流程。构建手机银行、网银、“云端营业厅”等移动化服务渠道；搭建以客户“四度评价模型”为核心的精准化营销平台，推广MPP等移动展业工具；开发统计分析“驾驶舱”，构建多维报表分析体系。

四是共建数字化开放生态网络。依托中信集团金融和实业并举优势，加强融融协同和产融协同，为客户提供“一揽子”综合金融服务。与政府部门、核心企业、大型平台积极开展场景对接、数据共享和风险分担合作，合力提升服务质效。

【取得成效】

一是产品研发质效大幅提升。产品需求分析、流程设计和代码编写等工作量减少70%，产品研发周期缩短75%，项目投产能力提升3倍，2021年新产品和项目投产数量同比增长2倍。

二是风险管控质效大幅提升。资产质量经受经济下行和疫情冲击影响，不良率不到1%，低于同业和全行平均不良率，贷后首检和定检自动化率超过90%，贷后管理压力大幅减轻。

三是运维支持质效大幅提升。客户端，从申请、审批到放款、还款全流程“一键式”操作，耗时从几天甚至十几天缩短至几分钟。基层端，营销商机、潜在客户即时分发，多维业务数据即查即得，实现“一企一策、千人千面”数字化精准营销。

四是共建共享质效大幅提升。目前，中信银行已与30余家政府机构、数十家科技公司、数千家核心企业建立开放、共赢的合作网络，为数十万家小微企业送去优质金融服务。

【经验启示】

一是顶层规划是根本。普惠金融和数字化转型涉及全行人力、财会、风险、技术等各条线，只有将其上升为“一把手”工程，才能凝聚全行合力，实现统筹发展。二是业技融合是关键。数字普惠横跨技术和业务两个条线，思维模式和工作习惯大不相同，组建业技融合的复合团队是数字普惠发展的必由之路。三是问题导向是核心。数字化是转型工具，核心仍在于解决客户难点和基层痛点。只有坚持问题导向，才能不走弯路、不踩坑。四是合作共享是捷径。深度融入政府、企业和场景数字化，共建共享平台、全面全时获取数据，往往事半功倍。

“阳光e餐贷”让企业吃上“定心丸”

中国光大银行股份有限公司昆明分行

【案例概述】

光大银行昆明分行通过调研疫情持续下餐饮企业的经营常态及存在的困难，运用“阳光e餐贷”产品，以云南云海肴餐饮管理有限公司（以下简称云海肴）为试点，对餐饮企业的授信方式做了创新，将以往对小微企业授信担保方式大多采取抵（质）押方式大胆转变为信用，结合餐饮企业经营现金流稳定的情况，采取还款方式等额本息或自放款后的第几个月开始还本付息，将风险控制着力点放在操作环节，在控住银行信用风险的同时最大给餐饮企业“减负”，帮助其在受疫情反复影响的情况下快速获得银行融资，持续经营下去。

【案例背景】

2020年，为进一步落实国务院加强疫情防控金融支持的工作要求，帮助特殊时期餐饮企业克服现金流不足、经营压力大的问题，光大银行昆明分行与美团平台合作，推出了普惠金融“阳光e餐贷”产品。2022年，在疫情持续的情况下，光大银行昆明分行对“阳光e餐贷”产品适用对象进一步扩大，继续为流动性遇到暂时困难的小微企业提供信用贷款。

【主要做法】

2022年5月，光大银行昆明分行向云海肴叙做700万元信用贷款，让企业吃上“定心丸”。云海肴是全国知名的餐饮连锁经营企业。2020年3月，光大银行昆明分行通过光大银行阳光“阳光e餐贷”产品，向该企业投放了信用贷款500万元，极大地缓解了企业在疫情防控期间的现金流压力，帮助企业渡过难关。2021年，在企业授信到期后，又对企业新增了200万元的授信额度，累计投放信用贷款700万元。2021年末，疫情出现反复，餐饮行业经营遭遇“倒春寒”，其中就包括云海肴在上海地区的门店。光大银行昆明分行在了解这一情况后，提前开展了授信叙做工作，虽然企业经营较上年有所下降，但基于对客户的信任和了解，继续为企业叙做了700万元的“阳光e餐贷”信用贷款。

【取得成效】

“阳光e餐贷”产品是典型的伴随新冠肺炎疫情暴发而推出的支持小微企业复工复产的信用贷款产品，产品的设计契合了疫情下餐饮企业的经营需要，为餐饮企业的持续经营提供了很好的资金支持。

【经验启示】

通过在特殊时期用“阳光e餐贷”信用贷款产品作为对公板块支持餐饮行业的尝试与突破，进而探索对整个餐饮行业的全面金融服务，一是打造了“阳光e餐贷”普惠金融名品，二是弘扬了光大银行支持实体经济，稳定就业、维护社会安稳的决心和努力，展现了光大银行的央企担当。

“1+N”线上整体解决方案赋能小微供应链金融

上海浦东发展银行

【案例背景】

由于军工行业的特殊性，供应商融资难、融资贵是一直困扰行业发展的难题。军工行业保密特质强，相关小微企业不便提供详细的合同订单信息，无法凭借订单有效获取银行融资。同时，该行业普遍付款周期较长。融资问题困扰中小企业快速发展，也对军工链条“保供”“保交付”产生影响。浦发银行总行与中航金网络平台（以下简称航信平台）联合推出小企业在线保理（航信）产品，依托军工央企优质信用，通过平台进行信息脱敏，多级流转快速融资，解决了军工业务链条小微供应商融资问题。

【主要做法】

中航信用金融服务平台隶属于中国航空工业集团有限公司，是国内唯一的军工行业三方供应链金融平台，定位金融科技，打造共赢生态，输出和提供军工级数据及网络安全服务能力，解决军工行业小企业融资难、融资贵问题，目前已成为行业领先的“供应链金融+科技综合服务商”。目前平台活跃核心企业超过800家，注册用户超过1.5万户，平台注册用户大部分为轻资产的小微企业。针对军工行业客户融资痛点，浦发银行2020年开始积极探索与该平台合作的业务模式，将小企业在线保理作为突破口。2022年，在前期合作基础上，浦发银行结合小微企业的融资诉求，进行“小企业在线保理（航信模式）”二次升级，实现了供应商精准、按需融资，航信可多级流转融资的功能。通过普惠金融产品和服务创新案例API接口直连，航信平台将小微企业提供的贸易背景（合同、发票）通过结构化数据的方式推送至浦发银行在线融资平台。浦发银行据此为平台上合格的供应商提供融资申请、审查审批、融资发放等全流程在线保理融资服务，优化用户操作体验，使原本无法获得银行融资的军工小微企业快速获得银行贷款，有效地帮助小微企业缓解资金周转压力。

【取得成效】

经过两年的运营，浦发银行与航信平台的合作模式已逐渐成熟，依托平台上核心企业优质信用，发挥“1+N”特色，通过小企业在线保理产品，为核心企业供应链条上的小微企业解决了融资方面的困难。截至2022年第一季度末，浦发小微在线保理（航信模式）业务方案项下服务小微企业累计发放金额近3

亿元，核心企业方案上报超过100家，预计覆盖小微企业近3 000家。浦发银行与航信平台的合作模式也实现了银行、航信平台、核心企业、供应商的多方共赢。首先，对供应商(借款企业）而言，依托核心企业的买方信用，供应商可以相对容易地获取融资，且融资成本较低，有效地缓解了小微企业融资难、融资贵的问题。其次，对核心企业而言，简化保理确权流程，开立航信即为核心对应付账款进行主动确权。再次，对航信平台而言，通过与银行合作可获取更多平台用户，有助于其进一步扩大市场份额。最后，对银行而言，可依托航信平台多级流转的业务模式，层层穿透到产业链上游的各级供应商，有利于扩大对小微企业服务的覆盖面，全力助力实体经济。

【经验启示】

银行想要更好地将服务普惠金融、助力实体经济落到实处，需要以开放的姿态拥抱各方合作伙伴，构建并不断扩大自身的金融生态圈；也需要在把控业务风险的同时，积极创新业务模式、优化流程操作体验。在本案例中，浦发银行正是依托航信平台军工特点，在拓展非军工端业务的同时，深入服务军工产业链的小微客户。而这些客户群体，原本是银行常规信贷业务模式较难触达的。今后，浦发银行会继续加深与航信平台的合作，探索尝试更多新业务场景及产品模式，为实现“强军梦”注入更多金融力量。

打造普惠金融新模式　以数字化促进服务质效再提升

中国民生银行股份有限公司

【案例背景】

在国际形势多变、疫情影响严峻、小微企业经营尤为困难的时期，民生银行更加坚定实施小微金融战略，持续为小微企业带来融资便利与实惠。2021年末，在广大小微客户的支持与信任下，民生银行小微贷款余额突破6 000亿元，小微金融服务迈上新台阶。站在新起点上，民生银行主动拥抱新技术，用心把握智能化、网络化、场景化的变革方向，顺应普惠金融“高质量”与“可持续”并举的发展要求，在全行推进改革转型，打造小微经营管理新模式，深入探索数字经济时代小微服务质效的再提升。

【主要做法】

在顶层设计上，民生银行不断发挥数字技术对小微金融的放大作用。实施“大中小微一体化”协同战略，强化链式开发，建设场景化生态银行，促进小微企业经济活动与金融需求的无缝对接，统筹全行数据资源，盘活数据资产，优化小微服务模式，加快“个人+法人”双渠道、“线上、线下与线上”相结合及“一体化开发”转变，增强数字服务韧性，放大金融“活水”滴灌作用。在产品打造上，不断发挥数字技术对小微金融的倍增作用。重视内外部特征数据运用，提升对小微客户融资需求的数字化认知，全面升级产品体系，促进首贷户倍增。以“民生小微”为主品牌，形成“商贷通”“工贷通”“农贷通”“网贷通”四通子品牌及产品系列，加大对制造业、科创企业、绿色节能企业、乡村振兴类农企和农户的扶持力度，增强对产业园区、供应链等融资担保机制的业务创新，强化对重点区域政策性扶持项目的自主创新支持。在体制机制上，不断发挥数字技术对小微金融的叠加作用。树立数字化经营思路，推动互联网、大数据、人工智能等金融科技与小微业务链的深度融合，将数字动能渗透到小微经营决策、营销获客、渠道服务、风险防控到贷后管理的每一个环节，形成叠加效应，降低研发、运营、风控成本，促进降本增效；提高融资可得性和下沉度，着力小微信用贷款产品创新，促进提质扩面。

【取得成效】

通过数字化金融转型，民生银行构建并持续完善数字普惠金融服务新模式，让数据从小微企业的“无形资产”变为“信用资产”，让小微金融服务实现了“触网可得”，也促进了小微金融服务与乡村振兴、绿色金融服务的有机融合。民生银行专门面向小微企业打造的综合化移动金融服务平台——“民生小微”App，聚合“小微企业+企业主”一站登录、“融资+结算+财富”一站服务、“线上+线下”一站对接、“企业权益+家庭礼遇”一站升级、“场景切换+客户旅程”一站融合服务，2022年1月上线至5月的短时间内，用户已突破50万户。乡村振兴领域，在粮棉重镇黑龙江、新疆等地区，民生小微App把“农贷通”“棉农贷”等贷款送进阡陌田野。2022年春耕期，不足一个月，民生银行在新疆地区投放棉农贷款1亿元，在黑龙江农户贷款授信已超过10亿元。供应链小微企业服务方面，民生银行坚持“敏捷开放的银行”战略定位，聚焦科技赋能供应链金融“E链产品”，实现全线上化融资，以“信融E”“应收E”“采购E”“赊销E”等系列产品，满足供应链场景下小微客户的线上化融资和结算需求。外贸型小微企业服务领域，民生银行对接海关总署等平台，研发落地进口线上信用融资产品“民生快贷——关税保函”。小微企业线上授权“单一窗口”海关数据及企业征信等数据信息，即可申请信用可用额度，实现“一函在手、通关无忧”。

【经验启示】

坚定服务普惠金融国家战略。服务实体经济是金融机构的天职和宗旨。民生银行以实现普惠金融高质量发展为己任，加快改革转型、模式创新，加快产品创新、服务升级，增强服务实体经济的源动力，开创普惠金融发展新格局。坚持“以客户为中心”。抓住客户需求、市场需求，打造有竞争力的、线上的、数字化的、信用的授信产品。全行形成一致信念、协同行动，联动推进大中小微一体化、协同做好小微企业服务；紧跟服务实体经济要求，为面临暂时困难的客户雪中送炭，赢得客户信任，从客户痛点难点出发，通过专业高效的服务，提升客户体验，加快客户服务体系建设和增长模式转变。

引普惠金融“活水”　畅通政企银沟通渠道

中国民生银行股份有限公司沈阳分行

【案例背景】

2022年2月，党中央全面深化改革委员会第二十四次会议审议通过了《推进普惠金融高质量发展的实施意见》。意见指出，要深化金融供给侧结构性改革，加快补齐小微企业等金融服务短板。中国民生银行沈阳分行扎根辽沈大地十年来，始终将服务小微企业、践行普惠金融作为服务实体经济的重要落脚点。2021年以来，民生银行沈阳分行积极贯彻落实“六稳”“六保”决策部署，立足地方实际，推动减费让利工作做深做实，持续推动政、企、银三方深度合作，扎实推进普惠金融高质量发展。

【主要做法】

在服务小微企业的实践中，民生银行沈阳分行一是持续加码减费让利政策。在严格执行企业结算账户开户手续费、账户管理费、企业网银Ukey年费、工本费等费用全免政策基础上，将小微企业网银转账免手续费的限额由单笔10万元提升至单笔100万元。此外，民生银行沈阳分行加大了“小微红包”的派送力度。作为中国民生银行小微客户的专属产品，根据小微客户在本行的信用状况和结算情况，在疫情期间给予了更高的回馈额度用于抵扣小微贷款利息和结算收单手续费。两项政策“双管齐下”，极大地缓解了小微企业的经营压力。二是落地做实创业担保贷款政策。民生银行沈阳分行积极推动沈阳市创业担保政策快速落地。作为政府与企业沟通的桥梁，民生银行沈阳分行采用网链式的宣导模式，以各级工商联、商协会、代记账公司为传播媒介，通过举办主题沙龙活动等形式宣传相关政策。对有融资需求的小微企业主，民生银行沈阳分行为其提供“专属客户经理”进行业务对接，根据企业实际经营情况，制订“一户一策”的信贷方案。业务申请提交后，民生银行沈阳分行为客户提供创业担保贷款业务绿色通道，加快业务审批，提高信贷投放效率，客户从业务申请到贷款发放仅需4个工作日，有效地满足了客户的融资需求。

【取得成效】

实现政企银三方深度融合。2021年，中国民生银行沈阳分行与沈阳市人社局、沈阳市金融局建立了良好的银政合作沟通机制，与省、区、市工商联建立了深度战略合作伙伴关系。在各级政府的支持下，民生银行沈阳分行成功与50

余家商协会达成系列合作意向，与20余家代账公司举办了授牌仪式，成功塑造了民生小微金融服务的市场口碑。2022年5月，民生银行沈阳分行主动请缨，成功承办了由沈阳市人社局牵头举办的“中国创翼”创业创新大赛沈阳市选拔赛。进一步彰显了沈阳分行的社会责任担当。大赛不仅激发了更多人参与到创业创新中来，更是挖掘出一大批沈城优秀的创业创新项目，营造出沈城良好的创业创新氛围。

2021年，民生银行沈阳分行共计为小微企业减免各项费用超100万元。发放创业担保贷款401笔，金额7.07亿元，创业担保贷款投放规模占沈阳市创业担保贷款发放总量的44%，位列沈阳市金融局、沈阳市人社局、沈阳市财政局系统内第一。创业担保贷款累计为小微企业节省贷款利息2 923.3万元，间接为社会创造各类就业机会1 200余个，有力地支撑辖内小微企业复工复产。

【经验启示】

普惠金融已成为我国提振实体经济、惠及民生的重要举措，而小微企业作为经济发展的主力军、就业的主渠道，如何实现小微企业贷款“增量、提质、降价、扩面”成为摆在民生银行沈阳分行面前的一道必答题。减费让利政策的出台、小微红包的派送有效地降低了小微企业综合经营成本。更重要的是，通过与政府机关的合作，成功搭建了网链式宣讲平台，打通了为小微企业政策宣导落地的“最后一公里”。普惠金融工作的开展要更加注重建立健全服务渠道，不断扩大受众覆盖面，提升小微企业政策知晓率；还要树立社会责任意识，以客户为中心，明确普惠金融的服务导向性，切实为有需求的企业提供可持续、可深化的普惠金融服务。

"数保贷"助推浙江"专精特新"中小企业发展

平安银行股份有限公司杭州分行

【案例背景】

近年来，在传统供应链金融模式下，受限于风控抓手是核心企业信用的原因，处于供应链更末端的小微企业因缺乏核心企业增信，一直面临融资难题。平安银行杭州分行持续走访调研、深入一线，及时了解和掌握有融资、经营发展等需求的企业，推出了"数保贷"业务。该业务能提升融资担保效能，扩大政府性融资担保业务覆盖面，对符合条件的住宿、餐饮、零售、文化、旅游、交通运输等行业的中小微企业、个体工商户，鼓励政府性融资担保机构为其提供融资担保支持。发挥好农业信贷担保作用，强化涉农信贷风险市场化分担和补偿。鼓励省级再担保机构主动对接国家融资担保基金，扩大再担保业务覆盖面。

【主要做法】

通过数保贷大额纯信用产品，提升对纳税企业客户覆盖面、给予增量信贷支持。进一步加强与政策性担保公司联动，提升批量担保模式业务占比。加速推进分行下辖各机构行与当地担保公司的沟通、及对接合作。在业务开拓过程中，平安银行杭州分行发现一家"专精特新"企业有融资周转需求。这是一家环保行业专业化污水处理科技性运营商，对外提供环保咨询、药剂研制等服务。客户经理在获悉企业融资困难后，及时反馈情况，团队及时制订具体解决方案，从客户自身实际出发，向企业推荐"数保贷"产品，力求在额度、融资成本等方面充分满足客户的融资要求。通过团队一系列上门尽调、指导线上申请、线下面签合同、定向支付等敏捷流程，最终成功帮助企业获得500万元的流动资金贷款，解决了企业在原材料采购方面的燃眉之急。

【取得成效】

为服务好"专精特新"中小企业，平安银行积极响应政策号召，立足新发展阶段，贯彻新发展理念，融入新发展格局，坚持"省心、省时又省钱"的品牌理念，打造"数保贷"专项产品，为"专精特新"中小企业提供优质信贷金融服务。依托集团科技和综合金融服务优势，通过扩大触客范围，帮助小微企业从银行渠道获取融资，降低综合融资成本，实现有温度的小微服务。在整个业务过程中，客户经理和客户之间高效协作，客户申请、尽调、终审到放款全流程通畅，企业资金需求得以圆满解决，客户对服务效率非常满意，也为平安银行服务小微企业带来了良好口碑。平安银行杭州分行积极响及监管部门及总行的号召，持续做好小微企业的金融服务，深入挖掘因疫情暂时遇困行业企业信用贷款的投放；优化产业链供应链金融服务，加强与核心企业的合作，加大对上下游中小微企业的融资支持；强化科技赋能，依法合规运用人工智能、大数据、区块链、云计算等新技术开展流程和业务创新，积极发展线上金融，提高金融需求响应、审批、办理速度。用实际行动帮助小微企业解决发展中的难题，把低成本、高效率、易获得的金融服务提供给百万家小微企业，全力以赴支持实体经济发展。

【经验启示】

继续聚焦浙江地区重点产业集群与重点产业链客群，以“专精特新”先进制造业、绿色低碳等企业为重点支持对象，积极推进“双保”助力融资，实现“见贷即保”，即通过“数保贷”大额纯信用产品，提升对纳税企业客户覆盖面、给予增量信贷支持。进一步加强与政策性担保公司联动，提升批量担保模式业务占比。加速推进分行下辖各机构行与当地担保公司的沟通及对接合作。采取一系列举措推动科技型中小微企业融资，支持“专精特新”高质量发展与制造业产业升级，进一步提升金融服务，强化业务能力，更高效地响应并解决中小企业金融需求。将持续强化线上化、数字化能力，启动疫情防控信贷审批“绿色通道”，加大对小微企业的信贷支持；不断优化包括“数保贷”“新微贷”“宅抵贷”“微e贷”“抵押E贷”“新一贷”等在内的普惠金融产品矩阵，以满足不同普惠金融主体的多元化融资需求，让各类客户享受到“省心省时又省钱”的“一站式”金融服务。

“技术流”+“人才贷”助力高层次人才创新创业

兴业银行股份有限公司

【案例背景】

四川某医疗科技有限公司是一家个性化肿瘤免疫疗法创新型生物医药企业，成立于2016年11月。多位省级专家人才组成核心团队，专注于恶性肿瘤、中晚期肝硬化等重大疾病的诊疗研究服务、产品开发，现已研发了具有自主知识产权的3个基于新生抗原的肿瘤药物管线及针对肝硬化的创新管线。2018年12月起，公司先后引入了重庆莱美、北控医疗、韩投伙伴创投、星通资本等多个投资者，获得投资款项数千万元。为了摆脱单一依靠股权融资的局面，保障自身经营自主权，企业拟通过银行授信丰富融资渠道，但因企业目前还处于研发阶段，尚未产生经营收入，无法获得银行信贷支持。兴业银行通过“技术流”评价体系与“人才贷”产品的结合，助力人才科创企业开展科技成果转化和创新创业活动。

【主要做法】

一是以“技术流”评价结果提升企业准入。兴业银行“技术流”评价使用打分卡模型，覆盖企业产学研情况、对接资本市场情况、高管团队、行业地位、行业归属、获得奖补、科技资质等维度，模型共包含一级指标8个、二级指标15个。将企业“技术流”评价结果设定为优秀、良好、普通、缺失4个层次。该企业拥有国家级人才1人，省级人才1人，专利2项，获得数千万元融资，在“技术流”评价体系中评级为良好级别，满足准入条件。二是以“人才贷”确定授信额度区间。兴业银行“人才贷”根据国家级、省级、地市级人才3个不同层次，分别设置差异化信用免担保额度。其中，该企业法人为四川省“千人计划”人才，符合省级人才层次要求，最高信用免担保额度可达1 000万元。三是以企业经营情况确定具体授信额度。以“技术流”评价结果和企业人才层次作为主要参考，简化授信资料，由科创企业专属审查审批团队根据企业实际经营情况和销售收入确定最终授信额度。该企业的产品仍处于研发阶段，尚未形成销售收入，初步给予企业可使用信用免担保额度500万元。后续随着企业研发成果的逐步转化并形成稳定收入后，还可进一步提高授信使用额度。

【取得成效】

一是产品服务对象明确。聚焦国家科技领军人才和省市高层次人才，连接

“技术流”评价体系，从人才标签、知识产权、研发投入、科创赛事获奖等17个维度，对科技人才科研成果和企业科技创新实力实现精准量化的自动识别，为金融服务科技人才提供了可靠的数据支撑和评价依据。二是产品审批时效快速。仅用时三周即给予该公司信用免担保额度500万元，用途灵活，可在客户投资款到账不及时的间隙随签随用，为客户及时补充流动性资金，企业认可度高。三是产品市场效应高。该笔贷款为成都市首笔“人才贷”，具有良好的市场效应。目前兴业银行成都分行已与当地政府人才办建立了良好的合作关系，多次开展“人才贷”银企对接会，贯彻落实政府最新人才政策，扩大“人才贷”市场影响力，持续支持本地高层次人才创新创业。

【经验启示】

该客户属于成都地区典型的人才科创企业，具有轻资产、技术密集、研发投资回报期长等特点，难以在银行获得传统的抵（质）押授信支持。通过“技术流”评价体系与“人才贷”产品的高度结合，打破了传统授信支持准入门槛，以企业的人才为落脚点，紧密抓住科技人才及发明专利未来的发展潜力，将“无形资产”转化成“有形资产”，形成有效生产力，满足人才科创企业科技研发、新产品试制和扩大生产经营等流动资金需求，助力人才科创企业开展科技成果转化和创新创业活动。

创新绿色金融产品
CCER质押贷款助力普惠金融发展

北京银行股份有限公司

【案例背景】

北京银行作为支持北京城市副中心高质量发展的一支重要金融力量，紧抓首都绿色发展重要契机，坚持经济建设与生态文明建设相协调，加快绿色创新，深化绿色转型，持续丰富绿色金融产品体系，于2022年3月31日落地北京市首单CCER（国家核证自愿减排量）质押贷款，促进“绿色金融+普惠金融”相融合的特色化发展。

【主要做法】

2021年，北京银行进一步提升绿色金融业务战略定位，发布“绿融+”绿色金融特色品牌，在总行层面设立绿色金融专职管理部室，统筹全行绿色金融业务经营发展，同时推动城市副中心分行打造绿色金融专营机构，于2021年底成立了由分行“一把手”牵头的“绿色金融小组”，致力于培养一支“愿创新、敢创新、能创新、会创新”的绿色金融人才队伍，并于2021年7月更名成立北京地区首家以“绿色”命名的支行——北京银行通州绿色支行，全力推进副中心绿色金融发展。此外，结合北京银行与中央财经大学成立“双碳与金融研究中心”的契机，与高校智库开展深度合作，专项开展绿色金融调研以及CCER相关碳金融产品创新研发工作。

北京银行城市副中心分行积极响应政策号召，找准金融支持“双碳”着力点，积极开展绿色金融相关的营销拓展、产品创新、市场调研及品牌宣传等工作。在绿色金融创新实践中，结合部分普惠客户从事CCER项目开发、具有CCER质押贷款需求的特点，深入开展CCER相关政策和产品调研。

自2021年底以来，北京银行与北京绿色交易所保持紧密的业务交流与合作关系，从市场价值、冻结操作、发展前景等角度，对CCER质押贷款的可行性进行了充分沟通和论证，共同确定CCER对于普惠客户融资具有较好的质押价值。

【取得成效】

北京天德泰科技股份有限公司（以下简称天德泰科技）是一家从事碳资

产开发服务的中小企业，成立于2005年9月15日，并于2016年10月24日在新三板挂牌。公司主营业务为碳经营、碳咨询服务、碳资产开发、碳课题研究等，专长于林业碳汇项目开发、投资、交易。公司团队曾参与生态产品价值实现机制、生态补偿机制研究，参与林业碳汇项目相关方法学研讨。

2022年初，北京银行结合天德泰科技融资需求，创新设计专属金融服务方案。首创担保公司为企业提供“1+1”循环授信融资担保；在此基础上，北京银行加强总分支三级联动，在北京绿色交易所专业支持下，以北京市碳排放权电子交易平台公布的2021年11月、12月CCER历史成交均价为基础，以该公司持有的CCER作为质押物，丰富了传统流动资金贷款的押品种类，进一步降低业务风险，同时有效地盘活了企业的存量碳资产。针对该笔业务，分行开辟专属绿色通道，全程设立专人审批，提高审批效率；协助客户在中国人民银行征信中心动产融资统一登记公示系统完成CCER质押登记；与天德泰科技及北京绿色交易所三方合作，共同签订CCER冻结协议，锁定质押物，成功于2022年3月31日为天德泰科技发放贷款300万元，期限2年。该笔资金全部用于支持天德泰科技林业碳汇项目开发，实现了北京市首单CCER质押贷款产品创新。

【经验启示】

通过绿色金融产品创新，将绿色金融政策传导到普惠实体企业，丰富了普惠金融的押品范围，是一次绿色金融创新支持普惠金融发展的成功探索和实践。本笔CCER质押贷款将为国内林业碳汇项目提供金融支持，助力挖掘生态产品价值，促进绿色产业“赋能增值”，也将为国内碳交易市场创造更多宝贵的碳汇资源，不仅是北京银行助力“双碳”战略目标的有效尝试，也是《环境权益融资工具》实施后与北京绿色交易所在碳资产抵（质）押领域的再次创新合作。未来，北京银行将紧扣国家“双碳”战略目标，深化绿色转型，进一步创新和完善绿色金融产品体系，实现“绿色金融+普惠金融”的相互促进与融合发展。

践行普惠金融
——“智慧小二”金融服务平台建设项目

天津银行股份有限公司

【案例背景】

自2019年下半年起，在人民银行天津分行的指导下，天津银行从零起步，充分发挥科技能力、金融能力、产品能力、运营能力，通过3年左右的探索实践，搭建起“智慧小二”金融服务平台，截至2022年第一季度末，天津地区“智慧小二”金融服务平台基本形成了以支付、金融、营销、数字化全维度赋能小微商户的数字生态，不断提升小微商户自身经营能力，形成民生领域为主的15分钟便民生活圈。在场景建设过程中，天津银行始终保持“谋结果、重过程、提能力”的工作思路，一方面确保产品和服务要真实解决市场长尾客群的痛点需求，另一方面也在打造“人无我有”的差异化核心竞争力，坚持把践行普惠金融与数字化转型紧密地结合起来。

【主要做法】

天津银行“智慧小二”金融服务平台是天津市15条助企纾困措施之一。天津银行积极响应国家号召，践行普惠金融理念，以移动支付为切入点，以扶持小微商户、服务天津实体经济为核心，充分发挥科技能力、金融能力、产品能力、运营能力，为天津本地众多小微、民营经济注入源头活水。一是金融赋能。充分发挥金融科技和大数据风控技术，结合不同小微商户群体需求以及实际场景应用环境分析，推出“智慧小二·天行用呗”“智慧小二·租金贷”“智慧小二·民宿贷”以及“智慧小二·惠民付”等系列信贷产品，形成普惠高效、风险可控、商业可持续的金融支持个体工商户新模式。二是营销赋能。针对商户自主营销获客的需求，“智慧小二”金融服务平台上线营销获客板块，商户可以一键进行海报发送及自主生成不同形式的优惠券，达到营销获客目标。三是数字化赋能。基于小微商户对自己消费用户数字化管理的需求，平台推出老客复购率和周边消费客群经营数据分析指标，提升小微商户自身智慧经营能力。四是助力政府数智化治理。为天津市各区政府数智化治理输出商贸服务图谱数据看板系统，助力政府实时掌握辖区小微商户市场主体经营情况，降低行政管理成本，为决策提供参考依据。

【取得成效】

首先是服务小微商户效果显著。经过3年多的探索实践，截至2022年5 月，“智慧小二”金融服务平台累计入驻小微商户43.35万户，其中天津地区24.93万户，占天津市活跃小微市场主体的36%，每天服务150 万天津市民的近 200万次消费。平台自上线以来，累计为个体工商户节约各项费用约2.8亿余元；5.27万户个体工商户获得年化利率最低为3.95%的低成本信用贷款，累计节约融资成本1.2亿元；为京津冀和上海、四川、山东等省市的5.27万户小微商户提供23.24亿元信贷资金。其次是社会效益显著。2022年，天津市政府办公厅将推广“智慧小二”金融服务平台列为在常态化疫情防控下进一步支持市场主体高质量发展的15条措施之一，也是“助企纾困”唯一指定平台。2021年，项目获得天津市金融局“金融服务实体经济创新案例”表彰。人民银行天津分行多次在官方微信平台报道“智慧小二”工作。

【经验启示】

天津银行坚持“改革+创新”双轨发展路径，秉承“市民银行”定位，把“社会主义现代化城市商业银行”作为发展愿景的总目标，不断开拓新局面。作为本地法人银行，天津银行积极响应国家号召，回归本地、回归本源、服务实体经济，践行普惠金融。几年来，天津银行坚持自主可控从基础做起，进行数字化转型，打造了数字金融坚实的科技基础。基于此，才能为海量的小微商户和客户提供服务，通过科技的力量全面提升小微商户自身智慧经营的能力，同时为广大消费者提供更优质体验的服务。“智慧小二”平台信贷类产品与实际场景深度融合，能够满足小微主体的差异化需求，产品生命力强。

全面发展广义普惠金融

邯郸银行股份有限公司

【案例背景】

普惠金融应该是使全业务（存款、贷款、汇款）、全客群、全面受益的广义普惠金融。但普惠金融在一定程度上被误解为只包括信贷供给的狭义普惠金融，影响了真正意义上普惠金融的全面发展。贷款只是少数人群的需求，全部金融消费客群还需要存款不排队、汇款不收费、取现便利、适老服务等各类普惠金融服务。

【主要做法】

一是突出做好普惠信贷服务。坚持小微企业银行的市场定位，全面做好小微信贷；成立微贷中心，叫响“邯银微贷，‘择’无旁贷”口号；成立小票贴现中心，便利小微企业融资；积极服务乡村振兴，创新向“支农银行”转型。二是全面加强普惠存款服务。提升服务效率，创建“不排队银行”。采取增加柜员、延时服务等12项措施，目前各网点高峰时段平均排队时间仅为4分钟。延长营业时间，创建“夜间银行”。在邯郸、石家庄、保定、秦皇岛开办了全国首批“夜间银行”。三是改变银行“非现化”现象，创建“现金特色银行”。各网点和ATM均可取出10元零钞；开办了河北省首家“硬币兑换中心”；热情为客户提供大钞零钞互换、纸币硬币互换；开展技术练兵，在2020年省技能竞赛中获团体第一名。四是持续开展服务提升活动，创建“优服银行”。践行“客户无过错、服务无止境”理念，全行37%的营业网点实现了连续5年以上零投诉，多年保持为“河北省服务名牌”单位。五是做优做快普惠汇款服务。破除“中间收入崇拜”，创建“免费银行”，推出四大免费措施，为全国免费最彻底的银行之一，2021年免费额相当于利润总额的12%；提升汇兑服务效率，创建“智慧银行”。

【取得成效】

一是实现了区域化发展，网点覆盖全省60%的人口；二是实现了集团化发展，发起设立的武安村镇银行存款规模居全省110家村镇银行第2位、贷款居第1位；三是实现了规模化发展，2021年末总资产2 024亿元，相当于驻邯第二大行的2.1倍，居世界千强银行第558位；四是实现了高效化发展，2021年实现净利润10.1亿元、增长19.2%，不良贷款率低于全省、全市银行业平均水平；五是实现了品牌化发展，先后荣获“全国文明单位”“全国五一劳动奖状”“全国民族团结进步模范集体”“全国三八红旗集体”“全国五四红旗团委”“全国青年文明号”“全国内部审计先进集体”等10项全国性荣誉，行党委获评“河北省先进基层党组织”。

【经验启示】

一是牢固树立全面发展广义普惠金融的理念。在突出解决贷款难、贷款贵问题的同时，重视解决存款难、存款贵，汇款难、汇款贵问题。二是商业银行要回归“普惠服务企业”的初心和本质。摒弃“特殊企业论”，踏踏实实服务实体经济。三是商业银行应大幅降低服务收费。摒弃“因成本而收费”的思维，做到“成本内部化”，树立薄利多销的经营理念。四是把城商行当作全面发展广义普惠金融的战略重点。战略上重视城商行，舆论上呵护城商行，政策上支持城商行。五是全面加强对发展广义普惠金融的考核评价。增加对下沉网点、排队时长、汇款收费、服务投诉等普惠存款、汇款的考评。

“晋薪管家”——智慧薪酬数字化服务平台

晋商银行股份有限公司

【案例背景】

银行业数字化转型已是大势所趋。利用“金融+场景”的方式搭建起场景化平台，将金融嵌入客户生活场景，增添金融服务的多样化，已成为银行转型发展、提质增效的重要方式。晋商银行作为山西本土唯一一家上市地方法人银行，积累了本土大量小微企业客户，运用数字化展业工具，努力实现以非金融反哺金融，创新营销拓客模式。为加速增强客户黏性，提高客户迁移成本，支持小微企业提升人员管理效率，增强内部协同能力，依托代发工资场景，晋商银行推出“晋薪管家”。通过“代发薪+企业服务”全新的代发薪业务模式，直击企业人事线、财务线、协同办公线痛点、槽点，提供覆盖人事、个税、财务、协同办公等专业领域的整体解决方案，打破传统金融服务边界，向代发业务前后端延伸，助力企业降本增效，赋能企业数字化转型，伴随企业实现“薪”的跨越。

晋商银行充分利用作为地方性法人银行与本地企业的良好合作关系，识别客户需求，为客户提供极致功能体验，从而赢得口碑效应。

【主要做法】

一是建立总分支行管理协作机制。晋商银行总行数字金融部作为业务牵头部门，通过分支行调研工作、支行行长论坛等活动，“晋薪管家”产品培训以及相应的推广奖励机制，全方位、多角度地推广宣传。二是筛选目标客户。总行拟定客户筛选指南，制定正面清单和负面清单，定期从分支行收集意向客户，聚焦目标客群，熟悉客群特征，提升分支机构工作效率。三是营销推广产品。开展客户路演，客户经理和运营人员共同上门，为客户演示系统功能、介绍服务价值，详细向客户介绍产品的8大功能、6大特色、4大模块，指导客户操作使用，为客户答疑解惑。对有意向的客户，提供精准服务，协助客户完成注册开通账号、签约企业网银、导入花名册、配置算薪规则等注册签约流程。四是及时维护客户。针对每个企业建立一对一产品服务群，包含总行、分行、支行和运营方等相关业务人员，及时回访客户的使用情况，高效沟通使用过程中的问题和解决方案。持续总结客户提出的需求和建议，积极与运营方沟通业务需求和提升要点，逐步实现系统的迭代升级，提升客户的使用感和满意度。

【取得成效】

为进一步增强该产品的推广宣传力度，晋商银行已制订产品运营实施计划方案，制作产品宣传资料，针对产品运营环节，设置中心专岗责任，建立与分支行的联络沟通机制，分工细作，责任到人。同时已开展为期两个月的分支行调研工作，在全行范围开展数字金融产品宣讲及数字化转型文化宣导工作，收集分支行有关数字金融业务的问题及意见建议，做到分行全覆盖，深入支行。

【经验启示】

“晋薪管家”的推出，提升了晋商银行的拓客、获客和留客能力。通过平台获取企业的薪酬水平、人员结构、离职率等真实运营数据，为普惠业务提供有效评估信息，沉淀企业真实数据，精准服务小微企业。同时挖掘零售衍生能力，拓展对私业务，通过在企业员工端平台嵌入零售业务产品，拓宽对私业务触达率。对于小微企业而言，该产品“一站式”满足企业办公场景需求，提高小微企业办公数字化程度，帮助小微企业简化人事、财务、行政等重复性工作流程，增强其信息化管控能力。

面对数字化浪潮，晋商银行立足新发展阶段，加快数字化转型、落实新发展理念，确立了“一横三纵一蓝图”的数字化转型总体思路，成立了数字化转型工作领导组，对标一流，创新场景金融业务，解放思想、拓宽视野，组织骨干成员到先进银行学习培训，转变观念，对组织建设、队伍建设、团队建设等方面给予支持。积极引进外部金融科技资源，加强与金融科技公司合作，加速研发场景金融产品，以产品为导向，拓展市场，稳步发展。定期组织员工数字化知识学习和转型培训，开展知识竞赛和技能竞赛，增强全员数字化转型的意识和能力。做实做细具体工作，把“晋薪管家”的推广和发展落到实处。

聚力数字化服务升级 推动小微金融高质量发展

江苏银行股份有限公司

【案例背景】

2013年，江苏银行提出建设“最具互联网大数据基因”银行，并于2015年推出“税e融”产品，开始了数字化实践探索。2021年，“十四五”规划把数字化转型作为实现金融高质量发展的关键驱动力之一，提出不断提高金融服务实体经济的能力和水平。当前，小微金融业务发展机遇与挑战并存：一方面，国家加快实施创新驱动发展战略，大力推动减税降费、优化营商环境等惠企政策直达市场主体，孕育了一大批创业创新企业，蕴含巨大的金融需求；另一方面，数字化转型进入“深水区”，用户对于银行服务和体验的需求呈现更多样化的趋势。这些因素对银行提出了新的要求，需要准确把握数字化转型内涵规律，不断提升金融服务能力，实现自身高质量发展。

【主要做法】

一是创新数字化营销模式。拓展数字服务场景，对接智慧城市、数字政务等，标准化集成输出小微金融服务，提升金融服务触达能力。运用AI辅助营销，推动“AI线索挖掘+商机对接”，建立线索标签、客户网格，实现营销触达。创新智能引导服务，业务流程运用相关数字化技术，差异化显示业务要素，精准匹配客户需求，提升客户体验。二是创新数字化产品服务，持续推进小微服务移动化、智能化升级。产品端融合创新，推动获客渠道、服务品牌、数据运用、模型算法“四个创新”，业内首家推出小微金融“一站式”服务产品“随e贷”。客户端精简流程，依托大数据技术运用，实现业务全流程线上化，提升业务效能。决策端智能分析，通过构建客群、区域、风险网格，为客户智能匹配合适的额度、定价等产品要素组合。三是创新数字化风控体系。客户准入端结合行业、地区、纳税等差异化要素，优化准入、下沉等四大模型，构建和客户更加适配的策略模型体系。业务审批端持续推进智慧风控迭代升级，设置10多类、近1 000项系统决策规则，形成服务客群更广、精准性更强的算法模型网络。风控贷后端利用智能信用分析、动态监测等技术对客户贷后行为进行监测、跟踪、预警，提前识别潜在风险。

【取得成效】

江苏银行始终以服务地方经济、服务小微企业为职责定位，推动小微金融服务扩面上量，连续多年获得国家级荣誉表彰。2020年，国务院联防联控机制介绍江苏银行通过数字化手段助力小微企业疫情防控举措；2021年，央视新闻专题报道江苏银行智慧化小微金融服务；江苏银行是江苏省唯一连续14年获得“普惠金融服务先进单位”的金融机构。2021年末，江苏银行小微贷款余额超过4 800亿元，在江苏省市场份额继续保持第一位，其中，普惠型小微贷款余额1 121亿元，较上年末增长32%。服务科技型企业超过1.1万家、贷款余额超过1 200亿元，服务科创企业户数和贷款均位居江苏省前茅，实现了江苏省内高企“三分之一有合作、六分之一有贷款”，“专精特新”企业“二分之一有服务、四分之一有授信”，区域市场占有率领先。2021年末，江苏银行拳头产品“随e贷”业务已累计向9.8万户小微企业发放贷款71万笔、近1 500亿元。

【经验启示】

互联网大数据技术的发展，为传统金融打破服务边界、解决产能约束开辟新路径。金融机构进一步加强科技运用，为小微服务的全面数字化提供技术支撑，将服务由“地面”延向“云端”。面对新形势，商业银行聚焦金融科技，主动识变、应变，可从三个方面着手：一是加快布局数字化渠道建设。“入口”和“流量”是数字化渠道建设的核心要素，要进一步创新数字化场景合作，扩大服务半径与范围。二是持续创新数字化产品服务。技术进步推动供给升级，要丰富线上化产品服务功能，加强无接触金融服务能力。三是不断夯实数字化风控能力。将原有分散化、静态化的策略模型与算法进行集成，打造覆盖度广、灵活度高的模型策略矩阵，进一步完善小微智慧风控体系。

聚焦绿色低碳　助力“双碳”目标

苏州银行股份有限公司

【案例背景】

为服务支持国家“碳达峰、碳中和”战略目标，充分运用结构性货币政策工具支持绿色金融产品创新，在人民银行南京分行的大力支持下，苏州银行推出“苏碳融”产品。该产品通过与再贷款政策对接的创新模式，实现对绿色低碳项目的精准支持。“苏碳融”再贷款主要是人民银行对地方法人金融机构发放的再贷款，意在强化对绿色企业、绿色项目，特别是绿色涉农、绿色小微和绿色民营企业的金融支持，切实将央行政策资金优惠利率传导至绿色企业，最大限度地实现减碳效果。该产品旨在充分发挥央行资金的低成本优势以及结构性货币政策工具的精准导向作用，是人民银行南京分行在江苏省内开展再贷款运用方式的创新。

【主要做法】

“苏碳融”业务服务对象为绿色涉农企业和绿色民营小微企业，是基于《江苏省央行资金重点支持绿色企业名录库》中符合再贷款政策要求的涉农、小微和民营企业。业务品种可以为流动资金贷款、项目贷款，贷款资金必须用于企业经营，单笔贷款利率不超过6%，不限担保方式，可优先采用用能权、碳排放权、合同能源管理收益权等权益类抵（质）押，同时可利用“苏碳融”产品内嵌的碳减排核算模型，基于行业经验值和特定参数，自动核算企业碳减排量并计入企业碳账户。对于符合支小再贷款政策要求的“苏碳融”贷款，优先安排支小再贷款资金给予支持；若绿色贷款台账中优惠利率贷款（年利率不超过4.5%）、中长期贷款、信用贷款金额占比达20%，可向人行申请再贷款展期政策支持，具体参照人民银行相关规定执行；对“苏碳融”贷款中符合江苏省财政厅“小微贷”“苏农贷”政策要求的贷款，由江苏省普惠金融风险补偿基金提供增信和风险补偿。

【取得成效】

苏州某新材料股份有限公司是一家高新技术企业，是国内碳制品行业中技术领先的集团型企业，公司产品运用于铁路、轨道交通等绿色交通领域，主营业务产品碳滑板是列车电能转化为动能的关键部件。公司目前已获得上百项发明、实用新型专利及商标权等知识产权，拥有从原材料到成品加工制造的全覆盖的自主知识产权，填补了国内空白，在绿色低碳行业的关键零部件实现了产品的进口替代。2022年1月20日，苏州银行太仓支行向该公司成功发放首笔500万元“苏碳融”贷款，这是苏州市首笔“苏碳融”业务，可享受再贷款支持，解决了资金需求急、抵（质）押物缺乏、利率高等中小企业融资难题。本笔贷款被用于企业电碳制品技术改造项目，淘汰原有落后的加工工艺及设备。生产线完成技改后，在节能减碳的前提下，可年新增电碳制品产能5 000件，预计该项目年用电量可减少8万千瓦时，本笔贷款可推动企业年减排二氧化碳17.81吨。本笔“苏碳融”业务已在“苏州银行公司金融”微信公众号上向社会公开披露碳减排信息，接受社会公众监督。

【经验启示】

苏州银行在绿色金融领域不断摸索创新，以实际行动贯彻落实党中央、国务院关于绿色低碳发展的重大决策部署，展现了苏州本土法人城商行的首位担当，努力为实现“双碳”目标贡献“苏式力量”。

“生活圈”平台，为小微企业和农户赋能

台州银行股份有限公司

【案例背景】

当下，大批小微企业有意增强线上化经营能力，但囿于自身的财力、技术、人才局限，转型困难较大。台州银行网点周边市场主体数量庞大，小微企业、商户、农户众多，有着较强的线上化经营需求和数字化转型意愿。台州银行通过手机银行推出“生活圈”平台，帮助小微商户、农户引流获客和综合经营管理，帮助“生活圈”用户获得生活便利和消费折扣等增值服务。相较于第三方公司，台州银行拥有金融牌照，具备支付、账户、授信等能力，也具备搭建综合平台的能力，能更好地为小微企业和农户赋能。

【主要做法】

“生活圈·优惠券”是为小微商户经营提供的电子折扣券。居民可以随时随地查询到商户发布的免费满减券、免费抵扣券、免费赠品券、团购券、代金券等折扣信息，购买并到店消费。“生活圈·优惠买单”是为小微商户营销打造的电子会员卡。居民可享受到周边商户的会员折扣，单单有折扣，次次享优惠。“生活圈·特惠购”是为小微商户及农户建立的在线销售渠道。居民可选购厂家直销、批发商特供的生活用品，可采购农户生产的农副产品，产地直供爱心助农。“生活圈·社区团购”是为小微商户服务社区提供的零售新模式。居民在“生活圈福利群”参与社区团购活动，基于移动社交，获取性价比高的商品。通过社群、直播为居民提供优惠商品、优惠券等折扣信息、增加日常在线采购的场所，顺应居民移动化、线上化、零星化、碎片化的生活消费新模式。同时防范非法平台诈骗、防范假货。“生活圈”满足小微商户及农户营销、宣传、收款的线上经营管理需求，帮助小微商户及农户建设社群、平台运营管理能力，推进小微商户及农户数字化转型，助力政府构建智慧社区，助推数字社会建设。

【取得成效】

自2021年2月正式运营一年多来，已吸引近15万家商户入驻“生活圈”平台，吸引25余万名居民，促成交易140多万笔、7 000多万元，平台活跃度、交易量持续快速提高。在赋能小微及助企惠农方面发挥了重要作用。小微商户可以通过“生活圈”发放免费券、打折券、团购券等优惠券，开展宣传营销活

动，也可以通过“生活圈”厂家直销、品牌特供和爱心助农板块在线销售产品，实现降本增收。普“惠”生活，便民惠民。台州银行“生活圈”合作商户涵盖村居、小区周边的早餐店、理发店、水果店、面包店、小超市、美容院等，与周边居民日常生活息息相关，居民能普遍得到优惠，促进消费升级，提升城乡居民的生活幸福指数。

【经验启示】

台州银行以台州成为全国小微企业金融服务改革创新试验区为契机，持续变革转型，致力于为小微企业提供高效、优质的金融服务，加大小微金融模式、渠道、产品、服务创新，努力更懂当地、更懂小微、更懂村居。长期以来，台州银行贴近社区、村居、厂区做服务，与小微企业、社区居民关系融洽、知根知底，积累了较深厚的群众基础，能够给予企业、商户独具特色的服务便利、运营助力，也非常愿意参与到政银联动中，协力推进全社会数字化改革。“生活圈”是台州银行推进数字化转型的组成部分，台州银行将普惠金融服务与产品融入居民的经营和生活场景，形成“线上线下融合”多层次、多渠道的金融服务体系，帮助他们更好地链接上下游或周边社区，建立私域运营能力，不断提升经营管理水平与市场竞争力。

云押贷：助力小生意　“贷”动大未来

徽商银行股份有限公司

【案例背景】

个人抵押类经营贷款是发展普惠金融的核心产品之一，但在业务实践中，贷款效率低、申请材料多、客户体验差等问题普遍存在。为全面提升传统抵押类个人经营贷业务服务质效，徽商银行立足实际，积极创新，利用线上电子渠道、大数据采集、反欺诈准入、用户画像、模型自动审批等技术，创新研发“云押贷”产品，有效扩大线上业务服务小微客群覆盖面，缩短业务办理时长，提升服务体验，带来了积极的社会效益和影响。

【主要做法】

一是聚焦客户体验，优化业务服务流程。徽商银行充分调研分析业务流程中的服务痛点，加快推进信息系统建设，重构线上业务流程，优化抵押流程，共同推进线上抵押系统接入，实现系统互联互通。二是强化数据驱动，提升贷款办理效率。线上采集申请人、申请人配偶、经营企业的行内外“黑名单”信息、反欺诈信息、司法涉诉信息、征信信息、工商信息等信息，综合运用大数据技术，建立用户画像和风控模型，通过系统自动进行审批，3分钟内由系统出具贷款金额、期限、利率等相关信息。三是构筑防控体系，平衡风险控制手段。以第一还款来源为基础，以抵押担保作为第二还款来源，充分利用内外部信息互补以及数据与人工互补的优势，构筑“线上准入+模型审批+现场核验+担保落实”四位一体的多层风险防控体系，严格落实贷后资金监测和客户经营情况的跟踪，有效防范和控制贷款风险。四是持续迭代升级，满足客户多样需求。依托大数据、互联网等技术，结合客户实际资金需求，持续创新服务模式，推动系统迭代升级，陆续推出“线上无还本续贷”“3年期中期贷款+线上随借随还”“还款方式定制化”等特色化金融服务，缓解疫情下小微客户融资周转难题，充分满足客户多样化融资需求。

【取得成效】

一是提升了业务办理效率。云押贷的投产有效整合了各系统功能模块，简化线上申请流程，通过自动化审批模型的建立，提升了贷款评审客观及标准化水平，切实缩短贷款审批时间。目前，云押贷业务办理效率大大提升，线上申请3分钟出预审结果，最快2~3个工作日放款，让小微客户感受到了实实在在的便捷与实惠。二是有效支持小微客户经营发展。截至2022年5月末，徽商银行云押贷贷款余额178亿元，较年初增加48亿元，为12 322户小微客户提供便捷高效的融资支持。2022年5月投产上线的“线上无还本续贷”和“3年期中期贷款”功能，累计投放超过2亿元。

【经验启示】

一是倾听客户心声，聚焦业务痛点。普惠金融服务应始终围绕客户实际需求，多渠道、多方位地与客户沟通和交流，倾听客户心声，收集客户反馈问题，真正做到以客户为中心，产品接地气、有实效，让客户满意。二是强化服务创新，持续迭代升级。市场和客户需求随时都在发生变化，产品推出后应及时收集用户反馈，不断调整产品政策和服务模式，打破固有传统思维，持续推进产品和服务迭代升级，确保服务紧跟客户需求变化。三是加大科技赋能，践行数字普惠。持续强化科技赋能，借助电子渠道、大数据、人工智能等信息化技术，加大线上信贷产品的研发力度，推广线上化服务模式，提升服务效率和水平。

“超抵贷”为小微企业发展增添新动力

江西银行股份有限公司

【案例背景】

在传统房产抵押业务模式下，小微客户普遍存在融资慢、融资贵的问题。一是传统房抵业务办理时限长，不能快速响应客户需求；二是传统房抵业务授信额度低，抵押成数一般为房产评估价的七成；三是传统房抵业务利率高，增加小微客户融资成本。江西银行“超抵贷”产品直击传统房抵业务的痛点、难点。一是通过线上申请、快速审批，有效地缩短了业务办理时间；二是通过引入税务、流水等数据进行增信，抵押率可达100%，有效地解决了因房产抵押率低导致融资金额不能完全满足客户需求的问题；三是利率低，产品实行差异化利率定价，最低可至LPR，极大地降低了客户的融资成本。

【主要做法】

一是高位推动，确保项目组织保障到位。项目伊始，江西银行成立以行领导牵头，由产品、风控、技术等人员组成的项目组，对整个项目进行统筹安排，合理规划。二是持续打磨优化，提升产品核心竞争力。自2021年11月产品投产以来，该产品在运行的6个多月的时间里，从优化风险模型、提高授信额度、优化申贷流程等方面迭代优化了多次，上线了多套房、第三方抵押等功能，快速响应了市场需求，提升了产品核心竞争力。三是遴选“白名单”，推动精准营销。通过行内系统跑批，对各分支机构辖内优质楼盘和小区进行再次梳理，遴选出“超抵贷”产品“白名单”，并对名单内房产适度放宽准入风险模型门槛，同时，提炼产品重点要素要点，指导分支行开展精准化营销，提高产品通过率和市场知名度。四是落实尽职免责制度，激发敢贷愿贷动力。“超抵贷”借助科技加持，贷后可实现触发式预警管理。而所有非人工干预的业务将纳入江西银行尽职免责内部认定标准和流程，让营销人员卸下包袱、轻装上阵，充分调动敢贷愿贷的内生动力。

【取得成效】

肖老板在广州番禺区从事厨房用品加工，2022年第一季度，他因疫情影响缺少资金购入原材料，整天愁眉苦脸。江西银行广州分行普惠客户经理在企业走访时得知此事，立即打开手机上的“江小贷”App，给肖老板详细介绍了江西银行新推出的“超抵贷”产品。肖老板对产品的额度和效率赞赏连连，当场就要申请。肖老板将少量的资料拍照上传，仅10多分钟，就收到了贷款成功获批的短信提醒。肖老板是江西银行助力小微企业发展的一个缩影。“超抵贷”自2021年11月末上线以来，累计授信 32亿元，为 1 024户（数据截至2022年9月末）普惠小微客户提供了便捷、高效、优惠的融资服务，尤其是在当前疫情多点散发的形势下，产品的超大额度、超高效率、超长期限、超低利率等特点为复工复产、复商复市注入强劲金融动能。

【经验启示】

“超抵贷”积极运用金融科技创新，通过大数据收集、分析客户行为数据及金融交易数据，进行多维度数据整合、运用，实现“房产+经营”数据互联互通。结合全流程线上化申请、审批、签约、提还款和贷后预警，一方面有效地解决了银行线下尽调成本高、客户管理难等问题；另一方面有效地解决了客户融资慢、融资贵、材料烦琐等问题，大幅提升业务办理效率，节约客户时间，带来全新的体验。该产品为江西银行继续深耕金融科技服务创新，不断探索数字科技与传统金融的融合发展作出了良好示范。

粮食收储贷款产品的创新和实践

中原银行股份有限公司

【案例背景】

河南省是粮食大省，扛稳粮食安全是河南的使命担当。河南在全国粮食产量排名第二，2021年河南省粮食总产量超过6 544万吨，市场融资需求旺盛。但河南粮食贸易和加工企业小而分散、缺乏抵（质）押物、融资可得性差。中原银行立足于河南农业大省的省情，利用"管好粮食"的供应链闭环逻辑，解决融资难题。粮食收储支付高频、时效性强，传统的动产融资线下放款，无法适应粮食收储季高频结算需求，无法实现动产的线上化管理，供应链业务的操作风险凸显。中原银行运用金融科技，联合第三方产业龙头和监管企业等，实现监管线上化、放款、还款和贷后线上化等，极大地降低了操作风险，提高业务办理效率，优化客户体验。

【主要做法】

中原银行推出优粮优信和粮食收储——太一平台融资模式，支持粮食收储融资。优粮优信模式即与省级担保公司合作，粮食反质押至担保公司，由担保公司为融资人提供全额担保。通过对仓库的智能化改造，联合担保公司利用物联网和区块链工具，实现粮食出入库管理、粮情监控、数据监控等功能，相关数据传输至银行系统，粮食入库线上放款，还款粮食出库。

粮食收储——太一平台融资模式，即融资人将粮食抵（质）押至银行，并由监管公司进行监管。太一平台是中原银行自主开发具有SAAS服务功能的产业链金融服务平台，该平台通过与监管方仓储系统直连，实现粮食入库、出库、粮情等信息传送、抵（质）押物清单线上确认、粮食入库线上放款和还款解押出库。贷后方面与万得系统直连，实现自动进行价格盯市、价格预警、工单预警和临期预警和线上对账等功能。

通过对仓库的智能化改造和物联网应用，实现监管信息数字化，对粮食入库、在库和出库的全流程监控，数据对银行全程可视，提升了银行风险防控能力；通过闭环管理，解决物流、信息流、商流、资金流合一的问题，打破传统抵（质）押逻辑，提高收储企业融资可得性；通过业务线上化，提高人工效率，优化体验，减少成本。

【取得成效】

中原银行通过整县推进，聚焦国有粮库、龙头用粮企业上下游、产业集聚区等方式进行批量获客，推动效果显著。2022年夏粮季收购期间，全行营销粮食收储意向客户200户，上报91户，金额14.8亿元。

某县是河南省产粮大县，当地国有粮库众多，自托市粮规模逐渐减少后，空库较多。企业市场化收购热情高，但缺乏收购资金。中原银行大力推广粮食收储贷款产品，通过智能化仓库改造，实现了粮食出入库全过程的线上监管和随借随还的线上借还款操作，解决了企业缺乏抵（质）押的问题，契合了企业季节性的粮食收购资金需求。

某县是酒精产业集聚区，中原银行某支行在了解到某生物科技有限公司因采购玉米存在临时资金缺口后，迅速反应，通过粮食收储——太一平台模式为其新增了一笔收储贷款。通过仓库智能化改造、系统直连、人防与技防相结合，实现了全流程线上化，解决监管难题。该业务既解决了企业采购玉米季节性高频提款的需求，又有效降低了操作风险，提高了服务质效，为打造粮食产业金融生态提供了一条新路径。

【经验启示】

中原银行自推广粮食收储业务以来，积累了宝贵经验。一是对于季节性强的业务，特别是粮食收储类业务，总行要牵头进行方案设计，开辟绿色审批渠道，总分协同进行业务落地，缩短审批流程，充分满足业务季节性的特点。二是在供应链金融方面，动产抵质押物通常对银行不可视，无法有效控制货物，在产品设计过程中应重点关注抵（质）押物的监管问题，做到监管可视、流程可视，真正实现“货物看得住，资金管得住”。三是充分运用金融科技，解决效率和操作风险问题。接下来，中原银行将加大对农业现代化的金融支持力度，全力支持农业产业链及其上下游客群发展，助力乡村振兴。

数字金融产品创新

珠海华润银行股份有限公司

【案例背景】

华润银行作为华润集团控股银行，从成立之初就坚持发展特色产业金融，全力协助产业链与金融的协同发展。在国家大力倡导金融支持实体经济，扶持中小企业发展，推广普惠金融，鼓励发展供应链金融的大背景下，近两年，华润银行通过与华润集团、央企、行业龙头企业合作，分享数据，打通数据壁垒，利用产业链上下游所积累的海量数据及监控手段的变革，进行了风险决策及贷后管理的变革，给产业链上下游的中小微企业和普惠金融服务带来了契机。

华润银行在信息化银行战略引领下，结合集团产业优势，运用大数据、互联网、区块链、开放银行服务等新兴技术，开发了全流程线上化服务中小微企业的金销贷、金采贷产品。通过在集团内怡宝、雪花、华润水泥、华润万家等子公司的试点后，逐渐将金销贷和金采贷推广到全社会。创新的业务模式有效地解决了小微企业融资难、融资贵的问题，同时解决了中小微企业授信运营成本、风险管控成本高的问题，最终促进了产业链的稳定发展。

【主要做法】

金销贷和金采贷分别向核心企业下游经销商和上游供应商提供授信服务。华润银行与核心企业建立交易生态数据的互联，将核心企业生产经营、采购数据、管理经验量化入模，再结合征信、工商、税务、法院、反欺诈等大数据，由系统自动对借款人进行审批和贷后监测，并将贷款纳入核心企业的生产计划、采购场景，形成贷款资金闭环或定向使用。

金销贷和金采贷利用丰富的数据源进行数据风控，构建高精度的用户画像，通过数据分析建模，对项目客群进行预筛选、精准营销，提高审批通过率，降低小微企业授信难度，利用数字化风控有效控制信贷风险。

华润银行通过生物识别、电子签名等算法模型和技术手段，将线下作业转变为全自动化的线上流程，在客户无感知的情况下分析客户经营情况与还款能力，极大地提升了小微客群的服务能力。

借款人通过手机仅需要10~30分钟就可以完成贷款的申请、审批和提款，相比线下授信审批方式，有了质的飞跃。在疫情防控期间，无接触的金融服务，既支持了小微企业的融资需求，又响应了隔离的要求，做到金融支持“疫情不打烊”。

【取得成效】

产品投放市场两年多，已合作核心企业120余家，累计服务产业链上下游1.5万家中小微企业，累计投放信用贷款380亿元。2021年底，该产品不良率1.06%，远低于同业小微业务平均风险水平。2019年12月26日，经国家版权局审核，金销贷、金采贷业务平台取得计算机软件著作权登记证书。同时，还得到人民银行总行及各级监管单位的认可，先后获得由人民银行科技司主办的部级奖项——“2019年银行科技发展成果三等奖”，以及“第十届广东金融科学技术进步奖——创新奖”“2019年度金融科技产品创新突出贡献奖”“第三届中国工业互联网大赛优秀奖”等多项荣誉。

【经验启示】

华润银行通过三年的探索和试错，依托产业链延展和模式创新，将供应链中的商流、物流、资金流、信息流数据化，初步实现了批量获客、数据风控、场景风控，以及供应链金融业务数字化和智能化，在一定程度上解决了当前供应链金融发展难题。华润银行会坚持产业互联网金融领域的创新，在风控上加强数据的宽度和深度，在场景上继续拓宽服务范围，在技术上持续提升开发效率，进一步完善数字金融产品体系，优化客户体验，提升服务能力。

对于华润集团而言，实体经济存在的短板和弱项就是我们需要攻克的目标和任务。结合中央和国资委对中央企业提出的高质量发展要求，华润银行的产业金融探索，将从集团聚焦的重点产业出发，积极服务国家战略，践行央企使命责任，向央企、国资乃至全社会输出金融科技服务能力，实现精准滴灌，以产业协同生态化增强产业链竞争力，促进实体经济快速发展。

践行普惠金融 助力茶企点绿成金

桂林银行股份有限公司

【案例背景】

某品牌有机茶是昭平县有名的品牌茶，该公司一直致力于以严要求、高标准打造“绿色无污染”的昭平有机茶。自新冠肺炎疫情暴发以来，昭平县各中小企业经营面临严峻的挑战，该公司生产经营也出现了困难。

【主要做法】

一是专属授信支持，助力企业发展。桂林银行主动上门服务，了解该公司面临贷款抵押物不足、销售渠道不畅等问题，第一时间制订“一企一策”专属方案，通过“见贷保”+“桂惠贷”的模式，帮助企业解决抵押物不足的问题，成功为其授信200万元。“见贷保”业务是新型担保合作模式，即“总对总”批量担保业务在广西的实践与创新。通过创新银担合作模式，有效简化了担保流程，提高信贷效率，实现“见贷即保”，推动信贷担保体系建设与金融支持小微企业、“三农”的有效结合。二是依托渠道平台，助力产业发展。桂林银行采取“线上+线下”方式，依托自身线上平台、“天天开心团”和下辖网点农产品展示区，不断帮助企业拓宽销售渠道。2022年，桂林银行联合自治区退役军人事务局在该公司有机茶基地成功揭牌“昭平县退役军人就业创业示范基地”和“桂林银行服务乡村振兴产业示范基地”，进一步将该公司有机茶基地打造成就业创业和茶业产销交流平台。

【取得成效】

通过桂林银行的销售渠道布局、绿色贷款支持，该公司凭着过硬的产品品质和口碑已经实现产销稳健顺畅，品牌价值持续显现，其品牌有机茶已远销国内20多个省市，真正实现了“一片叶子富了一方百姓”。一直以来，桂林银行积极探索“生态广西、绿色乡村”绿色金融特色发展模式，高度重视本土优势特色茶产业高质量发展，将“服务乡村振兴的银行”作为地方银行服务地方经济社会发展的着力点和提升差异化竞争优势的突破口，依托“市—县—乡—村”四级服务网络，创新推动形成“绿色农业+”多业态发展模式，促进县域第一、第二、第三产业融合发展。截至2021年末，桂林银行为广西茶产业提供贷款支持超过4 500万元，为茶叶种植户和企业解决融资难、融资贵问题提供强有力的金融支撑。

【经验启示】

桂林银行始终坚持地方特色产业发展和绿色信贷有机结合，采取财政支持和配套服务的优惠政策，多平台联动，应用“抵押+保证担保+信用”的方式，搭配“融资担保机构担保贷款+财政贴息”，盘活企业资产，降低企业融资成本，解决茶企融资难、融资贵问题，同时，充分发挥金融机构线上线下平台优势，统筹整合相关资源，延伸做强产业链，丰富提升价值链，促进茶产业多环节增效，茶农多渠道增收，通过绿色信贷助推地方产业发展、地方产业发展助力绿色信贷增长，实现地方经济和绿色金融协调互促发展。

数字化驱动　为梦想加码

厦门国际银行股份有限公司

【案例背景】

厦门国际银行立足新发展阶段，贯彻新发展理念，深化数字化转型、服务实体经济、服务地方金融。2020年末厦门国际银行创立普惠金融子品牌“Hello！梦想+”，以“这一厦，为梦想加码！”为口号，致力于做客户逐梦路上的支持者，与客户共同成长。厦门国际银行围绕乡村振兴探索、普惠小微业务数字化升级、区域特色普惠小微样板打造等重要发力点，坚持品牌延续、口碑提升、产品赋能三方面发力。基于客群分类及需求分析，针对小微企业主及个体工商户、个人消费者、涉农主体三类客群，围绕普惠金融子品牌“Hello！梦想+”，构建“未来梦想+”“生活梦想+”“山海梦想+”三大产品体系，提供更聚焦、更精准的差异化产品及服务。

【主要做法】

厦门国际银行围绕“数字+场景+客群”的经营理念，打造并建设数字小微业务支持平台，加快普惠数字信贷产品迭代和研发效率。依托数字小微平台，建设以客户为中心、平台数据风控为抓手、“线上+线下”的数字小微服务体系，打造“业务敏捷、管理敏捷、运营敏捷”的小微业务管理中台，推出多款数字小微信用贷款产品。同时，推动产业金融服务平台的落地，进一步拓展小微金融服务范围，挖掘新蓝海。

围绕服务小微企业，为满足其生产经营的多元化需求，厦门国际银行坚持数字引领，产品驱动，推出银税互动的线上个人纯信用经营性贷款产品“税享贷”，利用互联网金融与大数据风控模型的优势，为依法纳税、经营状况较好的小微企业提供便捷、高效、智能的线上融资服务；推出数字小微梦想贷系列产品“知享贷”，将“知识产权”纳入厦门国际银行对小微企业的信用评价体系，全面扩大普惠小微数字信贷产品服务客群范围。

围绕乡村振兴战略，厦门国际银行支持绿色农业、推进数字惠农，跨越山海不断延伸服务触角，助力地方支柱产业生态发展。其中，针对武夷山地区中小茶厂研发“茶厂贷”产品，解决茶厂资金短缺问题。针对特定地区的批发市场商户特性，设计研发“兴农贷”产品，解决商户经营资金周转困难。

【取得成效】

厦门国际银行积极响应政府及监管部门号召，主动践行高质量发展要求，充分运用金融科技手段赋能产品和服务创新，将信贷资源投放至普惠小微企业及个体工商户；在大力扶植实体经济的同时，为不同类型的个人消费者提供了线上线下融合的便捷信贷服务体验，在普惠金融服务方面取得良好成效。

2021年，厦门国际银行深化数字化转型、服务实体经济、服务地方金融，推动场景金融创新。在持续优化税享贷、小微E贷等特色产品的同时，厦门国际银行创新推出面向科技型小微企业将其知识产权数据纳入风控评估模型的信用类“知享贷”、面向茶商茶农小微企业的信用类“茶商贷”“茶厂贷”、面向北京新发地批发市场商户的“兴农贷”等信贷产品，进一步丰富了金融服务产品体系，更好地满足了客群的多样化资金需求。

截至2021年末，厦门国际银行普惠型小微企业贷款余额超过500亿元，较年初增量超过145亿元，较年初增速超过40%，大幅高出全行贷款增速；服务超过7万户普惠型小微企业，较年初增长超过4万户，圆满达成2021年普惠型小微企业的“两增”考核要求。

【经验启示】

厦门国际银行一路秉承金融服务实体经济的本色和初心，以有温度、有匠心、有担当的普惠金融服务，助力中小微企业及个人追梦、筑梦、圆梦。通过不断实践，厦门国际银行总结出发展普惠金融的“十八字”要诀：早布局、优机制、提效率、“山海经”、重创新、强风控。通过科技赋能，构建双线融合的普惠、小微金融产品矩阵，提升业务流程整体运作效率及水平，为普惠小微企业提供多种场景下的高效金融支持。同时，充分考虑到各地自然和经济条件的差异，支持的普惠金融主体、重点也各有侧重，厦门国际银行鼓励各分行基于当地特点参与产品创新，为精准施策打通金融服务“最后一公里”提供强大“融资融智”支持，不断探索普惠金融差异化改革和发展路径。

科技成果转化贷款风险补偿业务

青岛银行股份有限公司

【案例背景】

为支持实体经济发展，切实解决中小微企业融资难、融资贵问题，展现服务中小微企业的责任担当，青岛银行聚焦科技型中小微企业，借助山东省科技厅、山东省财政厅联合下发的山东省科技成果转化贷款风险补偿政策，依据《山东省省级中小微企业贷款增信分险专项资金（风险补偿类）操作指引》《山东省省级中小微企业贷款增信分险专项资金管理暂行办法》《山东省科技成果转化贷款风险补偿操作指南》《山东省科学技术厅　山东省财政厅关于提高山东省科技成果转化贷款风险补偿备案额度的通知》等制度，推出了科技成果转化贷款风险补偿业务，向已在全国科技型中小企业信息库入库的中小微企业提供专项金融产品服务，用于支持科技型企业的科技成果转化等生产经营资金需求。

【主要做法】

科技成果转化贷款风险补偿业务是指青岛银行向借款人发放的，用于企业科技研发、经营周转的流动资金贷款，贷款发放后青岛银行向当地市科技局申请备案，并由山东省科技厅进行复核，符合备案条件的纳入风险补偿范围。科技成果转化贷款风险补偿业务的特点，一是享受省、市财政专项风险补偿资金支持，最高补偿比例70%，降低了银行业务风险；二是担保方式灵活，除了抵押、质押、保证外，对于符合青岛银行办法要求的科技型企业可采用信用方式，信用敞口最高可达800万元；三是根据最新政策，单户企业纳入风险补偿的贷款年度余额不超过2 000万元，同时纳入补偿范围的贷款享受财政贴息，以实际支付贷款利息的40%进行补贴，每家企业最高贴息50万元且只能享受一次利息补贴，降低了企业融资成本。

【取得成效】

青岛银行将科技成果转化贷款风险补偿业务作为2022年度重点推动业务，将山东省内高新技术企业、“专精特新”企业、“瞪羚”企业、“独角兽”企业、青岛人行“白名单”企业等各科技类型企业进行汇总，通过总行数据管理部，将以上数据进行筛选及补充，形成一个汇总性科技企业“白名单”，将名单下发到各分支行，由各行进行主动营销，并在营销过程中建立联系人制度，要求全触达，总行每月通报相关业务开展情况，鼓励先进，督导后进。青岛银行科技成果转化贷款风险补偿业务已在多家分行开始办理，截至2022年第一季度末，已累计发放贷款9 500多万元，支持科技型小微企业30多户。

【经验启示】

青岛银行科技成果转化贷款风险补偿业务自推出以来，客户反响较好，支持了科技型企业的发展。一是金融机构要不断加强银政合作，该项业务就是借助山东省科技厅、山东省财政厅联合下发的山东省科技成果转化贷款风险补偿政策，针对科技型中小微企业轻资产运营、缺乏有效抵（质）押资产的融资需求痛点，对于优质的科技型中小企业推出信用授信模式，简化了授信手续、提高了服务效率，也为金融机构获取优质客户提供了业务渠道。二是运用风险分担这种业务模式，降低了银行的信贷风险，提高了银行的贷款意愿，从而加大对企业的支持力度。

“惠才计划”让人才“近悦远来”

北京中关村银行股份有限公司

【案例背景】

“治国经邦，人才为急”，但往往很多人才得不到赏识，“一生襟袍未曾开”。发展初期，人才及其所在的创新创业企业，尤其是科创类企业，具有业绩与估值相背离的特点；通常企业没有实现盈利、没有抵（质）押物、没有第三方提供担保，很难取得银行普惠的信贷资金。这些企业传统上主要通过创投机构、股权基金取得资金，从而股权被过早、过快地稀释，甚至有丧失公司主导权的可能，不利于企业结构优化和创始团队成果创新。但未盈利、无抵押、无担保并不意味着这些人才不能获得银行的普惠金融服务。为强化人才创新创业要素保障，更好地服务创新创业人才，北京中关村银行秉持做“创新创业者的银行”的初心，推出了普惠金融创新产品“惠才计划”。

【主要做法】

“惠才计划”的普惠金融服务模式区别于传统的金融产品，是非传统意义的人才贷款。“惠才计划”将创新创业人才的属性与其创办的企业的经营特征进行了深度融合，重点关注科创企业的行业赛道、团队成员、战略和执行力、商业壁垒、持续生产以及风险抵补方式，厘清行业转型升级方向和产业发展趋势，发现并识别真正具有独特模式、前沿技术、真实场景的创新创业企业。该产品根据人才的学历背景、工作背景、人才引进标准、奖励情况和普惠小微企业的经营收入、融资规模以及资产积累等情况进行风险评价，无须固定资产抵押，期限最长可达三年，利率低，授信方式灵活，通过数据模型计算审批授信额度，最高可达500万元，以此帮助人才摆脱融资难、融资贵、融资周期长的困境。中关村银行建立了创新创业生态服务体系，将产业基金、孵化器、PE以及券商等各类市场化和非市场化的服务主体作为联合战略投资机构，为中关村银行投贷联动系列产品包括“惠才计划”所服务过的企业提供产业资源、金融资本和政策扶持。中关村银行整合内外部资源，从各个领域为人才提供全方位、多维度、专业化的金融服务，为企业对接活动，举办各类路演、圆桌交流等，实现全生命周期、全方位保障、全要素提升、全过程服务。

【取得成效】

“惠才计划”普惠金融服务模式是发现和培育新经济各类高端技术人才

及企业的有益探索和创新，体现了人才优先、科技优先的服务理念。该普惠金融创新服务将生态体系建设与债权融资、人才属性与企业发展进行了创新的有效结合，提升了普惠金融服务能力和效率，项目开展期间在市场取得了非常好的反响，具有较强的典型意义和示范作用，并与多家同业机构交流，带动了行业在普惠金融服务人才领域的转变。自“惠才计划”普惠金融创新服务发布以来，累计支持普惠企业近100户，审批金额近2亿元，户均近200万元。其中，支持人才中90%以上为专业领域的高端人才，80%以上具有海外留学背景，80%以上为科技成果转化，人才所在的创业企业70%以上为未盈利企业，100%为信用类授信。同时通过“惠才计划”普惠金融服务模式的创新又帮助企业获得后续轮次融资的占比高达90%以上。中关村银行的“惠才计划”普惠金融服务模式创新不是一般意义上的普惠金融，而是将普惠金融与科技金融进行有机结合，通过普惠金融创新支持高精尖产业发展和经济转型升级，同时破解了小微企业的融资困局，打造创新创业者喜爱的最佳“栖息地”。

【经验启示】

一是解决中小微企业融资困境。“惠才计划”充分发挥“人才+资金”的优势，实现了人才发展有舞台、人才创业有资金，通过人才创新创业的普惠金融需求，北京中关村银行精准施策，解决了创新创业的第一桶金，畅通了科技人才融资渠道，更好地支持和服务了高层次人才及其所在企业开展科技成果转化和创新创业活动。

二是用大格局、宽视角挖掘高技术人才。新经济下创业企业各具特色，技术路线、盈利模式、产品特点都各不相同，“惠才计划”在传统银行的信贷产品上加以创新，用灵活的准用条件以及前瞻的科技金融格局视角，从技术、模式、资本和市场方面充分发掘高科技人才的价值，支持科技自立自强，攻克“卡脖子”技术难关。

供应链装运前融资　保障小微企业跨境贸易

汇丰银行（中国）有限公司

【案例背景】

A客户是位于广东佛山的一家金属制品生产企业，主要生产不锈钢工具盒、储存箱、柜等，产品的类别近100种，主要销往北美、欧洲、大洋洲。其最主要的海外买家是美国一家大型跨国企业B。B企业一直是香港汇丰银行授信客户，从2021年开始，汇丰环球贸易及融资业务团队为B企业设计了供应链装运前融资解决方案，用来支持B企业的全球供应商，同时通过汇丰银行贸易融资系统（MEPO）实现项目全流程端对端的电子化。A客户作为B企业在中国的供应商，首批加入此项目，获得了汇丰银行的授信支持。

【主要做法】

在核实确认买卖双方真实业务背景的基础上，海外买家B向供应商A提交订单采购。供应商A基于订单信息，在系统中提交融资申请。因融资为基于出口背景的订单，贷款的币种为美元，放款金额需要结汇并在同一天完成受托支付。汇丰银行完成融资申请审核后向供应商A贷款专户放款，并受托支付至供应商指定的第三方。供应商A发货后通过系统提交全套单据，海外买家B审核确认后，通过香港汇丰银行向供应商A支付货款，到期偿还该行敞口。

【取得成效】

汇丰中国响应国家政策支持实体经济和双循环国策，助力国家经济的健康发展，不断致力普惠金融方案的创新。供应链金融一直以来是汇丰银行服务贸易客户生态圈的战略发展重点。此单试点交易是供应链装运前融资项目在MEPO项下首单成功案例，协助完成了对于新产品操作流程的调整和完善，对推动项目进一步复制推广具有重大意义。MEPO 系统的应用使得供应商从交单、系统自动审核到提款实现了全操作流程的电子化。同时，该笔业务进一步提高了汇丰银行与客户的合作黏性，利用产品特性锁定了客户最大的买家B企业的回款，同时带动了销售回款、流水经转和外币结售汇及衍生产品等业务机会。试点交易的成功将推进行业内跨境供应链融资模式的复制推广，借助汇丰银行广泛的全球网络，为境内在全球供应商产业链上的外贸型小微企业提供降本增效的融资机会。

【经验启示】

在2022年国内经济持续受到疫情影响的环境下，该项目试点为大湾区外向型的中小企业提供创新的供应链金融产品，为稳定外贸和推动中小企业的复工复产作出贡献。基于供应链的不同阶段，各个层级的供应商或者买家都会有不同的融资需求，银行可以在原有成熟优势产品的基础上，按照客户的实际需求量身定做创新的产品。基于交易各方的平台历史交易数据的应用，可以协助银行提供快捷高效的授信决策。融资全操作流程的电子化在实际操作中能起到提高效率、减少盖章以及纸质文件传递，推进绿色环保概念在日常工作中的应用。

南商聚惠达——开启数字普惠金融新体验

南洋商业银行（中国）有限公司

【案例背景】

为满足产业链核心企业线上业务平台及其客户在生产、经营及贸易中账户及资金管理的需求，提升南洋商业银行对小微企业及“三农”客群提供普惠金融服务的效率和质量，拓展普惠金融服务的广度和深度，进而提升普惠金融数字化综合服务能力，为产业生态圈提供创新“账户+支付”的金融体验与服务，南洋商业银行于2021年10月推出了南商聚惠达业务。南商聚惠达业务，是为产业链核心企业线上业务平台及其平台两端交易的中小微及农户客群提供资金管理服务，通过1+N“账户+支付”体系，结合电子账簿的金融服务方式，集“收、付、管”于一体的智能化系统，为电子商务平台及其平台两侧中小微、“三农”客户提供场景化、线上化、数字化的“账务+支付”综合金融服务方案。

【主要做法】

该业务主要解决线上业务平台企业及其中小微、农户客群在资金管理与分账方面的痛点，根据产业链线上平台的项目场景需求，定制化提供“账户+支付”的配套金融服务方案，有效增强流程效率及客户黏性，多元化为产业链生态的交易场景赋能。目前，南洋商业银行已落地“农业产业互联网平台”项目。该项目服务的产业链生态，是安徽省内一家从事各类农作物培育、繁殖、推广一体化业务的高科技现代农业上市公司，是国家高新技术企业、农业产业化国家重点龙头企业，也是南洋商业银行开展支小助农、支持振兴乡村经济的重点客户，南洋商业银行为其产业链生态中的广大中小微及农户客群服务。该项目实现农业产业链线上生态圈的账户及支付结算、资金管理的综合服务，实现了销售、订单、账务、支付信息统一化、线上化、自动化管理，给核心企业线上平台及其平台客户带来更优越的数字化普惠金融服务体验。

【取得成效】

南商聚惠达业务的此例“农业产业互联网平台”项目具有一定的创新性与可复制性，并在合规、风险防控方面制定了相应举措。南商聚惠达业务在“农业产业互联网平台”项目的应用，以高效便捷、系统自动的线上金融服务模式，为线上化业务生态下的广大中小微客户及农户提供高效、便利的账户及支付结算金融服务，进一步推进金融服务生态创新，有效推动普惠金融高质量发展，助力实体经济与数字化普惠金融的快速发展。

【经验启示】

具有创新性，南商聚惠达产品在现有银行账户体系下创新实践。在该项目中，通过1+N“账户+支付”伞形账户体系，为农业产业互联网平台及其产业链生态中的广大中小微及农户客群，解决合规分账、收付款、资金结算等诉求和痛点。

具有经济效益和社会效益，首个落地“农业产业互联网平台”为客户提供线上购买农资、销售农产品等所需的资金支付结算、收付款、支持记账、对账等功能。

具有可复制性，南商（中国）关注其他产业链的类似诉求，在产品设计上提高多产业链适配性，为未来延伸服务更多产业链打基础，深入践行服务实体经济、支小助农、振兴乡村数字化普惠金融。

“关贸E贷”助企抒困

浙江萧山农村商业银行股份有限公司

【案例背景】

自新冠肺炎疫情暴发以来，萧山区响应稳外贸号召，大力支持外贸企业保订单、拓市场，全区外贸进出口量稳步增长，2021年全区进出口总值1 030.5亿元，增长30.0%，进出口规模首次迈上千亿元新台阶。以区内老牌出口企业浙江某羽绒制品有限公司为例，其产品出口德国、日本、英国等发达国家和地区，企业近年来大力开发销售新渠道，并尝试跨境电子贸易等新模式，出口大幅增长，2021年总出口量达7 500万美元。2022年以来国外订单量骤增、原材料成本上升叠加运费暴涨等原因，流动资金面临较大缺口。

为切实帮助外贸企业应对融资难题，落实稳外贸要求，萧山农商银行在浙江农信的指导下，推出本外币一体化线上融资产品“关贸E贷”。该产品融合海关、税务、征信多维度信息，以外贸企业历史货物出口量、企业结关场景为放款额度依据，以出口收汇为主要还款来源，企业只要自主登录企业网银，即可实现线上化的放款操作，极大地降低了企业融资成本和时间成本，实现外贸企业贷款办理“零次跑”。

【主要做法】

创新产品，科技赋能。借助浙江农信平台创新推出“关贸E贷”融资产品。“关贸E贷”是融合海关、税务、征信多维度信息，以出口企业报关信息为授信介入起点，为外贸出口企业核定融资额度，实现线上放款和还款的融资产品，其“线上申请、线下签约、自主发放”的基本模式能为出口企业带来较大便利。

组建团队，积极走访。组织业务骨干加强新产品学习，积极开展本外币联动，以“客户经理+产品经理”的专业团队模式深入外贸企业了解融资需求。在“汇帮你”出口企业走访活动中，了解到该企业正面临资金短缺的困境，通过多次上门与企业对接，根据企业实际经营情况、报关数量及融资需求，为企业提供“关贸E贷”融资方案。

“一企一策”，助企纾困。在办理过程中，银行专业团队对客户进行全流程辅导，从融资申请到网银自主放款，手把手指导客户完成。例如，为该企业提供1 000万元的信用额度办理 “关贸E贷”，该笔融资共计发放140万美元。

放款后，客户即用该笔款项支付货款，解了燃眉之急。

【取得成效】

“关贸E贷”产品通过与浙江电子口岸高效合作，推进国际业务数字化转型。该产品具有以下优势：一是通过单一窗口一键申请、网银联动实时放贷、多方渠道自主还款，极大地提升了办贷效率，减少客户脚底成本。二是简化了企业融资担保手续，降低了企业融资难度，帮助企业解决融资需求，保住外汇订单，拓展出口市场。三是企业可充分利用外币贷款低利率优势降低融资成本。

对于银行来说，该产品通过与“单一窗口”系统对接，经过客户申请及授权，获取企业报关数据，实现银、企、关三方信息对接，大大提高了银行贷款调查的效率，降低了贷款风险，并同时切实为外贸企业提供“零次跑”服务，进一步盘活“出口收汇”这一沉淀资金。

【经验启示】

“关贸E贷”产品通过与浙江电子口岸合作，使银行为企业办理贷款可轻松提取报关单等相应信息，获得企业真实贸易背景，打通企业与银行授信调查流程。对于银行而言，既节省客户办理业务时间，也让银行对小微企业授信、放款更有效率。萧山农商银行目前已将“关贸E贷”作为服务外贸出口型企业的首选推荐业务，力求为客户提供更好、更便捷的普惠金融产品。

商易贷让“路边店”“夫妻店”活起来

新疆阿克苏农村商业银行股份有限公司

【案例背景】

阿克苏农商银行服务辖区内有正常经营的个体工商户、小微业主近6万户，渗透民生领域各行各业，在繁荣经济、稳定就业、促进创新、便利群众等方面发挥着独特的作用。近年来，受疫情和经济下行压力加大双重影响，部分个体工商户、小微业主不仅面临“融资贵、成本高”，而且还遭遇“订单减、需求降”，生存和发展存在较大困难。为让遍布城乡的个体工商户、小微业主顺利“活”下去，真正“活”起来，阿克苏农商银行根据个体工商户融资需求特点，量身推出“商易贷”产品。

“商易贷”产品贷款金额最高30万元，期限最长为三年，担保方式多种（信用、保证、抵押、信保），还款方式多样（等额本金、等额本息、分期还款）。该产品利用银行现有资源，结合外部数据，采用线上用信、线下授信的贷款模式，满足个体工商户和小微企业主生产经营需求。客户经理通过小程序实地调查后，根据现场情况及客户提供的资料，选择填写调查内容，在现场可实时计算授信额度。

【主要做法】

为提高个体工商户融资效率，优化客户体验，阿克苏农商银行坚持资料简化、成本降低、手续简易，通过以营业收入、现金流量、资产情况、经营年限、征信记录、行政处罚、法律诉讼、存款情况等可量化指标制定标准化调查表，客户经理根据实地调查情况在调查表中据实录入，即可对个体工商户进行信用评定和额度测算，最高可发放30万元信用贷款，贷款利率较原贷款利率下调近100个基点，解决了诸多个体工商户“短平快”“小碎散”“利率高”的融资问题。

【取得成效】

该产品自2020年4月发布至今，已投放贷款2 728户、6.79亿元，其中以信用方式投放贷款2 543户、6.68亿元。截至2022年5月末贷款余额共计1 871户、2.62亿元，其中信用方式共计1 766户、2.47亿元，占比为94.33%。该产品不仅契合了个体工商户实际需求，降低个体工商户发展的融资成本，而且又稳定了各类市场主体信心和预期，进一步激发和扩大了市场需求，是阿克苏农商银行实现“六稳”“六保”，稳固经济恢复的重要举措。

【经验启示】

“商易贷”是阿克苏农商银行首次尝试半线上贷款发放模式，也是落实“以客户为中心”业务办理“零跑腿”的有力举措。阿克苏农商银行针对个体工商户的特点，实地调研，主动作为，通过“商易贷”产品和服务，真正让遍布城乡的“路边店”“夫妻店”“活”起来，真正诠释了阿克苏农商银行落实“放管服”和“为群众办实事”的责任和担当。

“公积金增信贷”助力企业社会信用“变现”

武汉农村商业银行股份有限公司

【案例背景】

小微企业融资难问题不仅是中国的难题，也是个世界难题。其中，小微企业财务信息不够标准和透明、公开披露的财务信息有限、难以准确评价小微企业的信用、前景以及资金使用效益导致的信息不对称是小微企业融资难、融资贵的关键所在，如何破解信息不对称是解决小微企业融资难的首要之举。

武汉农村商业银行坚持服务实体经济、坚持差异化经营、坚持本土化发展的定位，不断探索创新服务小微企业的新产品、新模式。企业为员工缴纳住房公积金是一种诚信、一种责任。特别是在经济下行压力加大的情况下，小微企业仍能为员工缴纳住房公积金更难能可贵。从住房公积金缴纳情况可以了解企业的经营情况，也可以判断企业的诚实守信情况。武汉农商银行敏锐发现企业公积金缴纳这一软信息，成功破解信息不对称难题，开发了“公积金增信贷”，将企业的社会信用变成真金白银，助力企业持续增长，为全国较早研发的同类信贷产品和服务模式。

企业按时足额为员工缴纳住房公积金，既较好地解决了员工住房公积金贷款问题，也为促进经济社会稳定协调发展发挥了重要的稳定器作用。武汉农村商业银行结合中小微企业经营实际，创新推出“公积金增信贷”，将企业社会信用实实在在“变现”为银行融资授信，有效破解小微企业融资难和银行寻找客户过程中信息不对称的难题。

【主要做法】

融资模式新。“公积金增信贷” 打破传统授信看重企业土地、 房产等抵（质）押物模式，将中小微企业的社会信用变为商业银行的融资信用，参考企业连续缴纳公积金的额度及状况，结合企业经营情况和实际资金需求，用于满足企业日常生产经营中的流动资金需求。贷款采取纯信用方式，不需要任何抵（质）押物，也不需要提供担保。

融资成本低。该贷款产品采取优惠利率，贷款利率不高于普惠型小微企业贷款平均利率，除贷款利息外，不收取任何费用，确保将金融“活水”有效灌溉至小微企业这一良田，助推企业快速发展。

融资速度快。企业申请该贷款仅需提供营业执照、法定代表人相关信息、近一年财务报告等信贷基本资料和公积金连续缴纳证明材料即可，贷款材料简洁清晰，申请流程方便快捷。

【取得成效】

自2021年开办“公积金增信贷”以来，向36家小微企业发放贷款近亿元，户均贷款金额264万元，贷款利率最低达到3.7%，成为武汉农商银行服务小微企业的又一利器。

武汉某检测有限公司，主营业务污染源监测、环境质量监测、环境影响评价监测等，具有检测乙级资质、住房和城乡建设部室内环境质量验收资质。该公司资产主要是检测设备和办公设备。由于无法提供有效抵押物，公司前往多家银行融资均未获得成功。在与企业交流过程中，武汉农商银行发现该公司公积金连续缴交超过24期，年缴存额约114万元，最近一期缴存人数超过100人。公司管理规范，无逃废债、恶意欠息等不良信用记录。根据公司住房公积金缴纳情况及历年经营情况、信用记录，武汉农商银行判断该公司讲信用、财务指标正常。根据授信决策模型，为该公司办理公积金增信贷400万元，采用信用方式。在银行信贷资金支持下，该公司资金困难得到有效缓解，步入了发展“快车道”。

【经验启示】

小微企业融资难、融资贵问题，主要是难在信息不对称。特别是没有贷款经历的小微企业信息相对更少，更难以通过观察其历史还款情况判断其还款意愿，而且这些没有贷款经历的小微企业对银行贷款业务可能了解得更少。银企双向信息不对称，提高了银行经营成本，增加了企业获得融资的难度。

武汉农商银行通过企业缴纳住房公积金情况判断企业的信用、财务情况，是破解银企信息不对称的创新性尝试。要全面破解信息不对称问题，银行要深化金融科技应用，丰富外部信息来源，敢于创新信用类贷款产品。建立税务、电网、物流、海关、征信等数据共享机制，构建企业信息共享平台，缓解银企信息不对称带来的融资难问题。

践行“三真”理念　发挥金融“稳链、补链、强链”作用

天津农村商业银行股份有限公司

【案例背景】

天津农商银行围绕天津市12条重点产业链开展营销对接工作，全面掌握并深入分析产业链核心企业及上下游企业生产经营和金融需求等情况，多措并举，针对性制订综合金融服务方案，提高金融服务实体经济的精准度和有效性，助力天津市制造业高质量发展。

为助力天津市制造业高质量发展，在人民银行天津分行、天津金融局的大力支持下，天津农商银行开展了天津市12条重点产业链企业专项对接行动，通过采取量身定制产品、创新服务模式、设立专营机构、强化银政企对接、配强营销队伍、加大考核激励、强化组织保障等多项举措，全面提升重点产业链企业金融服务质效。

【主要做法】

一是真学习。将产业链企业和科技型企业列入战略转型客群管理。通过与有关部门、行业协会积极开展互动交流、邀请专家开展专题讲座等方式，学习研究产业链及科技型企业客群。

二是真行动。建立“一名行领导、一个工作专班、一份服务方案、一套服务产品”的“四个一”工作体系。优选24家支行组建“金融支持重点产业链发展先行示范行”，明确各自主责产业链，举全行之力打造一支懂产业链、善做产业链的营销尖兵队伍，集中精力开展专攻专营，开展一系列围绕助力产业链发展的金融服务工作。

三是真求变。针对重点产业链上“专精特新”“雏鹰”“瞪羚”高新技术企业等科技型企业特点，天津农商银行打破“重资产、重担保”的传统授信逻辑，进行产品创新突破，围绕天津高新区企业创新积分制试点工作，以高新企业创新积分为基础，核定授信额度，推出信用类产品“吉祥·双城科创积分贷”产品。

【取得成效】

天津农商银行通过开展产业链营销对接工作，进一步增强了批量获客能

力、提升了金融服务质效，有效助力天津实体经济高质量发展。截至2022年9月末，当年已累计向619户产业链企业提供信贷支持共计97.8亿元。

【经验启示】

一是通过建立总分联动的工作机制，总行可直接参与到对客互动中，更了解客户关注什么、需要什么。

二是通过总对总对接企业资源、场景资源，总行可进一步为基层赋能，帮助产业链示范行更好地聚焦客户、服务客户。

三是通过组建“先行示范行”，能够充分发挥基层支行示范引领作用，形成“比、学、赶、超”氛围，促进业务增长。

四是结合营销场景开展产品创新，使产品更具适配性。

“衡阳快贷”助力普惠金融腾飞

衡阳农村商业银行股份有限公司

【案例背景】

农村商业银行主责主业在城乡居民、在小微企业、个体工商户，但现阶段农村青年人群流出严重、当地种养殖户信贷风险较大、小微企业主与个体工商户客户借贷需求信息不对称。为有效解决此类问题，实施乡村振兴，支持当地区域实体经济，衡阳农村商业银行自主研发线上贷款产品“衡阳快贷”，以“党建共创、金融普惠”大走访行动为基础、以“大数据”为风控依据，对申贷客户多维度分析判断还款意愿、还款能力和授信可行性。

“衡阳快贷”于2021年9月13日、11月1日成功上线小额信用贷款模块和房屋抵押贷款模块。其“‘线下’走访+‘线上’”审批彻底改变了原来完全依赖人工的方式，省时、省力、省成本，有效规避了信贷办理过程中人为操作的风险、农户评级授信难、营销授信不精准等问题。为普惠金融深入城乡、小微、个体人群，助力乡村振兴建设与当地实体经济提供了有力工具。

【主要做法】

线上快贷“大数据”风险测评。“衡阳快贷”系统含23项风控模型策略。一是先依据快贷系统大数据规则和风控模型来判定客户基本资质、识别风险，再通过走访、尽职调查结果对客户进行评级授信，给予授信额度。二是依靠与衡阳市不动产中心内网专线互通，实行信用贷款与房屋抵押贷款两个模块无缝对接，对客户实现“无感”营销。有可抵押房产的客户可以自动获取信用、抵押两个额度，从根本上解决了传统快贷信用贷款通过率低的问题。

线下“党建共创、金融普惠”大走访行动。一是为有效解决农户线上数据少的问题，衡阳农商银行发动30个支行对辖内95个村（社区）、1 436个村民小组进行了全面走访。充分宣传发动村组党员干部、金融联络员配合银行客户经理一同走村串户，拍摄农户住宅、车辆、设备、存货等有形资产，了解农户种养殖、经商、外出务工等无形信息。经初筛后，支行进行评议并交总行审议，最终形成该村组“农户白名单”后录入快贷系统。二是针对个体工商户、小微企业主贷款信息不对称的问题，开展“百日浴血奋战 情暖雁城大地”走访专项活动。要求全行员工到支行去、到农户家里、到商圈去，走客户、问需求，全面掌握基层、市场情况。

【取得成效】

走访工作初见成效。截至2021年末，衡阳农村商业银行已与服务辖区内95个村（社区）签订了《以村（社区）为单位集团授信战略合作协议》，对83 517户村民进行走访，农户“白名单”推荐72个村，推荐村民22 519人。

快贷营销稳步增长。截至2022年6月6日，“衡阳快贷”累计申请37 618户，通过13 932户，总授信162 503万元，签约5 640户，金额68 869万元，用信3 907户，金额30 536万元，平均用信8万元。其中线上房屋抵押贷款294笔，授信9 291万元，用信260户，平均用信23万元。

办贷效率提高。对于全客户群体，客户手机端申请，操作简单，无须提供任何纸质资料。信用贷款系统审批，最快3分钟放款。抵押贷款可以缩短至十几分钟完成。

风险识别、管控能力提升。“衡阳快贷”以衡阳市政务数据、行内数据（包含农户白名单）、人行征信数据、互联网数据等为数据支撑，开展建模和决策。对客户能不能贷、贷多少，利率多少都有系统性科学评判，大大提高了银行对信贷客户风险识别和管控的能力。

【经验启示】

以科技创新推动业务发展。“衡阳快贷”的创新推出，不仅是一款信贷产品的诞生，而是衡阳农商银行紧跟市场步伐、提高发展质量、全面战略转型、落实普惠金融的重要抓手。

信贷必须线上线下相结合。“功能在线上、功夫在线下”，衡阳农商银行“衡阳快贷”充分发挥农商银行点多、面广、人熟的优势，通过线上线下相结合的手段满足农户需求，提升客户申贷体验。

创新供应链融资业务　赋能乡村振兴

杭州联合农村商业银行股份有限公司

【案例背景】

为更有效地服务浙江省内农户以及农业经营主体，杭州联合农商银行顺应互联网金融和大数据时代趋势，加强科技技术在供应链业务创新中的运用，根据浙江省内农业龙头企业及其产业链上下游需求定制产品方案，践行“支农”“扶农”“助农”的战略，大力推进普惠金融，助力共同富裕。

作为城区农商银行，杭州联合农商银行创新供应链融资业务，针对产业链上核心企业，结合链条上企业客户交易结构、结算结构以及历史交易数据等特点，提供包含账户管理、结算、融资等一揽子综合金融服务方案，将杭州联合农商银行信用向产业链上下游两端延伸，打通城区农村商业银行与乡村融资的屏障，助力乡村振兴。

【主要做法】

加强精准对接，鼓励发展供应链金融业务。一是明确政策导向，引导全行积极对接符合国家产业政策方向、有真实贸易背景、技术先进、有市场竞争力的产业链链条企业。二是加强梳理摸排，综合摸排存量客户，分析区位产业以及创新业务模式需求。三是加强总支联动，整合资源禀赋，一链一策，高效、快速、精准对接客户需求。

加强科技赋能，完善供应链金融服务能力。一是整合线上流程，对接核心企业ERP系统，实现融资申请、资料收集、合同签订、贷款发放以及贷后管理等流程的数字化整合。二是创新风控技术，基于核心企业产业链需求，运用反欺诈模型等技术，将各类模型嵌入核心企业数据库，为核心企业上下游客户提供在线融资服务。

丰富场景应用，精准服务供应链条企业。一是推出“快E融”，与商贸流通企业合作，围绕商户加盟启动资金需求及应收账款质押融资需求，为乡村连锁加盟小商户的发展提供信用保障。二是推出“E农贷”，与农业龙头企业合作打通双方系统，实现全省农户及农业经营主体在核心企业订单系统下单付款可使用贷款支付。三是推出“链贷通”，与家装采购平台合作，围绕省内县域经销商的囤货需求，及时为其提供资金支持。

【取得成效】

通过精准对接、科技赋能，杭州联合农商银行成功解决多场景下，农户、农业经营主体、县域经销商融资难、融资慢的困难，为县域乡村发展提供金融助力。同时依托数字化流程，解决了上下游客户在融资申请过程中资料多、审核多、签字多的“三多”现象，让上下游客户融资实现了“零次跑”。截至2021年末，杭州联合农商银行累计向核心企业链条上428户企业投放3.34亿元的融资服务支持。

【经验启示】

总支联动，促进系统功能完善。前置营销端结合客户需求提出完善诉求，后台管理端凭借专业能力、风控意识完善功能诉求，助力功能系统内核升级、金融服务方案创新，实现全链条系统顺应时代趋势、行业发展。

技术创新，助力服务能力提升。引入数字化技术及风控模型，让数据“跑”代替人跑，从本质上实现服务能力提质、增效、抗风险。合理运用信息化技术，深挖数据价值，为制订一链一策的综合金融服务方案提供分析基础。

客户为重，实现精准服务提供。以客户为中心，挖掘不同应用场景需求，全链条、一体化提供定制化服务，研发多样化产品，延伸服务半径，实现不同产业精准区分、完美契合，不同细分领域风险点精准判别、有效防控。

“富农易贷”提升农村信贷服务质效

江苏省农村信用社联合社

【案例背景】

为认真贯彻落实2021年中央和江苏省委一号文件精神，大力开展农户小额信用贷款，着力提升江苏省农村金融的覆盖率、可得性和满意度，江苏省农业农村厅和江苏省农村信用社联合社联合发文、共同制定推出“富农易贷”产品，目标至2022年末，实现所有符合条件农户100%全覆盖。

“富农易贷”是指由全省农村商业银行为广大农户提供的低门槛、免担保、纯信用、小额度、广覆盖的普惠信贷产品，具有一次授信、三年有效、循环使用、随借随还等特征，旨在满足广大农户生产经营和生活消费等方面的有效资金需求。贷款的对象为江苏省范围内年龄在18~65周岁，具有还款意愿、能力和合法收入来源的1个以上家庭成员为村集体经济组织成员（社员）的农户；每户信用额度一般为1万~30万元。

【主要做法】

贴上前，“点对点”精心准备。一是制定细则，坚持因地制宜制定契合实际、规范高效的实施细则。二是沟通协作，积极争取当地政府的支持。三是信息共享，与省农业农村厅建立农业信息、名录清单等方面共享机制。

走下乡，“背对背”评议授信。一是全面建档。以阳光信贷为基础，采集辖内农户家庭基本构成、主要资产等相关信息，完善农户基础信息清单。二是筛选合格农户。充分运用走访建档信息数据，多个维度进行准入筛选。三是实施阳光评议。邀请本村组干部参与，“背靠背”开展阳光、透明的民主评议，拟定授信额度。四是上报审批。按照“成熟一批，上报一批，审批一批”的原则，对评议结果实行在线上报、快速审批，生成“白名单”。

登上门，“面对面”送信体验。一是落实“联络员”引路。协调熟悉村组情况的联络人，帮助提前进行客户分类、上门预约。二是带齐“移动包”登门。带齐宣传资料和移动运营设备，逐村逐户登门拜访，告知授信额度。三是开展“手把手”教学。现场指导农户自助获贷、感受“富农易贷”的简易、快捷。

拉上网，“一对一”辅导用信。建立网格化服务体系，划分“责任田”，建立农户—客户经理快速联系通道，方便农户咨询。全面做好农户线上申请贷款的演练培训，指导农户线上用信。

【取得成效】

提高了普惠金融覆盖面。各地农业农村部门与当地农商行通过签订战略合作协议、联合发文、数据共享、共同走访等形式，有效地推动了“富农易贷”工作做实做深。截至2021年末，农商行与各级农业农村部门联合启动“富农易贷”工作已覆盖行政村13 516个，占比达90.1%，已授信农户657.3万户，5 842.9亿元，授信覆盖面56.6%；已用信69.3万户，653.6亿元，户均用信9.4万元。同时，“富农易贷”的品牌影响力与日俱增，首次写入2022年江苏省委一号文件。

解决了贷款“担保难”问题。打破长期存在的农户“贷款难”“担保难”问题，让信用变成实实在在的资源，实现信用变现和信用增值，优化农村各种要素资源的配置，带动和激发了更大的生产力。

推动了农村信用体系建设。开展“富农易贷”不仅有利于不断扩大农村有效信贷供给，还有利于发挥积极的正面导向作用，引导更多农村居民诚实守信，加强和深化农村信用体系建设。

【经验启示】

一是加强领导，扎实推进。加强与各地农业农村部门对接汇报，成立联合工作小组，充分协商讨论，推动各项政策措施有效落地。排出工作计划，围绕商定的目标，会同农业农村部门科学制订工作推进计划。二是完善机制，做好培训。配套科学合理的考核激励措施，调动各方的工作积极性，并配套尽职免责管理办法，建立“敢贷、愿贷、能贷”的长效机制。针对政策内容、管理要求、操作流程等方面开展专题培训，确保相关业务人员全面掌握工作要求和流程步骤，保障业务规范、有序开展。三是抓好风控，保证质量。把控好建档走访的真实性与有效性、评议授信的科学性与合理性以及引导用信的合规性与及时性，坚决禁止盲目冒进和短期突击。

以全产业链金融服务　促进“一县一业”发展大格局

云南省农村信用社联合社

【案例背景】

为深入贯彻党中央、国务院及云南省委、省政府乡村振兴战略部署，落实人民银行、银保监会普惠金融、绿色金融工作要求，云南农信社积极探索、拓展全产业链金融综合服务新模式，促进“一县一业”发展大格局。以富源县联社为代表的县级法人行社，通过强化“四个一”举措、“链”出发展新动能、“代”大服务边界等工作措施，打造魔芋、大河乌猪全产业链综合金融服务体系，为当地特色产业提供有力的金融支持，助力“一县一业”主导产业品牌提升工程。

【主要做法】

强化“四个一”举措，丰富产业链金融服务。一是创新推出“魔芋贷”“乌猪贷”等信贷产品，支持产业发展。二是支持一批典型示范点。将金融服务的对象从一个客户拓展到一个集群。三是做好一条产业链服务。将金融服务支持向产业链上的基础种养殖户、个体工商户、小微企业多方延伸。四是激活一个产业链发展。推进产业链向第二、第三产业延伸，获得“合作共赢”的经济效益和社会效益。

“链”出发展新动能，打造全产业链综合金融服务体系。一是金融产品延链。不断构建、延伸、丰富快捷资金服务、支付结算等综合性金融服务产品。二是线上平台补链。积极推荐特色产品销售企业入驻云南农信商城，助推县内企业“走出去”。三是营销对接强链。积极参与当地政府组织的品牌宣传推介，将农信社金融产品与市场、商家、消费者无缝对接。

“代”大服务边界，提升全产业链客户黏度。一是名单化精准对接服务。以“名单化企业”为目标，为企业提供贷款、工资代发、代收代付等服务。二是差异化公私联动服务。对产业链农户、商户申请贷款实行“优先授信、利率优惠”。三是产品化创新金融服务。依托核心企业，探索开展应收账款质押贷款、保理业务、国内信用证等业务。

【取得成效】

富源县联社通过探索、拓展全产业链金融综合服务新模式，充分运用“信贷+科技+X产品”，一体化推进产业链金融服务的内涵与外延不断拓展，对产业链上的基础种养殖户、个体工商、小微企业等各类主体金融全覆盖，促进普惠、绿色金融更好地服务乡村振兴，构建了金融服务乡村振兴新发展格局。

截至2022年第一季度末，富源县联社“魔芋贷”贷款余额3.6亿元，“乌猪贷”余额1.9亿元，为当地“一县一业”魔芋、大河乌猪产业注入金融“活水”。该案例仅是云南农信社服务乡村振兴的一个缩影，各法人行社聚焦“一县一业”主导产业，积极开拓创新，推出130余款信贷产品，形成“百花齐放”的信贷产品创新局面，在当地取得了较好的经营成效和社会效益。临沧、版纳、普洱等地法人行社针对茶农、茶商推出“金叶贷”“茶业贷”，寻甸、巍山等行社针对肉牛养殖户推出“肉牛贷”“云牛贷”，建水、华坪、永胜等行社针对果农推出“葡萄贷”“金果贷”，等等。

【经验启示】

一是把握形势，立足县情，专注主业。各县法人行社依托乡村特色优势资源，金融服务“一县一业”全产业链，不折不扣地落实乡村振兴战略，以更有力的举措推动发展全产业链高质量金融服务。

二是政银合力，强化创新，延伸服务。各县法人行社积极主动对接当地政府产业主管部门、乡（镇）政府、村委会三级组织，充分运用“信贷+科技+X产品”，一体化推进产业链金融服务的内涵与外延不断拓展，实现产业链各类主体金融全覆盖。

三是明确目标，合作共赢，实现发展。各县法人行社研究制定金融服务产业高质量发展目标，树立合作共赢理念，夯实自身与农户、新型农业经营主体、龙头企业之间的紧密关系，支持有潜力、有效益的优势特色产业发展壮大。

“秦V贷”数字普惠贷款

陕西省农村信用社联合社

【案例背景】

2021年中央一号文件指出，要鼓励开发专属金融产品，支持新型农业经营主体和农村新产业、新业态。陕西省委、省政府在近两年乡村振兴任务清单中赋予陕西农信“深入发展农村数字普惠金融”和“积极推进金融科技赋能乡村振兴示范工程”专项职责。在此背景下，陕西农信深入研究适应县域及农村金融服务要求的新兴金融服务模式，研发推出专门服务县域及农村小微客群和新型农业经营主体的数字普惠贷款“秦V贷”，旨在解决该客群数据匮乏、获取困难、风控难度大、适配性产品不足等问题，缓解贷款难、贷款慢、投放难、风控难等痛点。

【主要做法】

一是针对县域及农村地区小微和新型农业经营主体客户数据获取难、风险防控难、信贷供给难等难题，对“IPC调查技术”进行改良，设计轻量化的细分行业调查问卷，模拟客户经营及种养殖生产的全过程、关键环节，内置细分行业经营特征和风控逻辑，引入行业基准值较准机制，由系统对数据进行交叉验证，对触碰规则的信息，采用蒙特卡洛树搜索方法、区块链技术中的拜占庭容错算法，通过人工和AI相结合方式进一步远程交叉验证财务数据，大幅降低采集难度，提升采集质效，有效地解决了该客群数据不充分难题。目前，面向小微企业、个体工商户及个体经营户客群，设计了90个细分行业财务问卷，针对新型农业经营主体，设计了种养殖两大类14个一级行业、176个二级行业的调查问卷。

二是由系统基于多重校验的采集数据自动还原客户现金流量表、资产负债表、损益表，再融合行内外多方数据，构建“专家经验、逻辑回归、机器学习”相结合的高维风险模型，形成授信决策，实现了准入风险筛查、贷前实时评级、贷中模型控制、用信风险拦截、贷后及时监控等动态管理的全生命周期数字化风控体系。

三是使用设备指纹、生物探针、模拟器识别、星网关联、深度学习等技术，构建多维度、矩阵化的反欺诈技术集群。

四是以“秦V贷”模式推进小微企业、个体工商户、新型农业经营主体建档评级授信方式数智化转型。

【取得成效】

一是运用金融科技手段，以数据要素为底层驱动，通过细分行业的差异化、特色化模型有效地提升了对县域及农村地区小微客群、新型农业经营主体的信贷服务能力，有效地解决了该客群数据不充分、财务不规范、信息不对称等核心风控难题，有力地推动了“3+X”特色现代农业工程和“一县一园、一镇一业、一村一品”产业发展，提升了该客群的信贷服务可得性。“秦V贷”自2021年第一季度上线以来，截至2022年3月末，累计授信8.13万户、173.11亿元，累计用信6.22万户、180.48亿元，贷款余额97.63亿元，不良率仅0.04%。基于该产品推出“秦V贷·战疫小微贷”“战疫保供贷”等专属产品，通过非接触式服务全力支持民生保障、战疫保供类市场主体的金融需求。

二是“秦V贷”通过科技赋能，传承农信社背包银行优良传统，升级服务模式，让“数字背包银行”重回田间地头、大街小巷，对打破农村地区“数字鸿沟”、推进涉农信用体系建设，打通金融服务“最后一公里”起到重要推动作用，形成了适用于中西部地区农村金融机构和中小金融机构发展农村数字普惠金融的一种可借鉴模式，也为省级农信机构开展数字普惠贷款体系建设和产品创新提供一定参考经验。

【经验启示】

农村金融机构无现成模式可照搬，唯有以自身“市场定位和服务客群”为中心点，发挥辐射范围广以及人熟、地熟、乡情熟等传统优势，坚持“线上线下结合”“下沉、细分”等原则，按客群分类施策，针对客群特点组织、应用多种数据，构建差异化风险模型和风控策略，研发针对性较强的专属数字贷款产品，构建特色鲜明、适应自身特点和社会发展形态的数字普惠贷款服务体系，才是可持续发展之道。

“京绿通Ⅱ”绿色金融专项再贴现产品

中信百信银行股份有限公司

【案例背景】

为落实国家碳达峰、碳中和目标，积极探索运用结构性货币政策工具扎实推动绿色金融发展，支持经济向绿色低碳转型，引导和撬动辖内金融机构向绿色低碳领域配置更多金融资源，人民银行营业管理部推出“京绿通”专项再贴现工具。

百信银行结合旗下纯线上票据融资产品“百票贴”的优势，率先响应人民银行绿色再贴现产品政策，推出北京地区首笔“京绿通Ⅱ”专项再贴现产品，为京津冀地区绿色经济发展提供新动能。

“京绿通II”专项再贴现产品是由人民银行营业管理部于2021年5月29日设立，致力于发挥商业汇票在推动节能减排、发展清洁环保产业、解决突出环境问题等方面的支持作用。

与一般再贴现工具相比，“京绿通”专项再贴现工具具有专项额度保障、名单制管理、流程优化和利率优惠的优势：为“京绿通”首批提供20亿元专项额度；纳入支持范围的绿色企业经第三方机构认证并由有关政府部门公布，最大限度地确保政策的公平性；操作更加便利高效，原则上在收到金融机构申请后的两个工作日内完成放款。

【主要做法】

科技赋能智能化服务体验。“百票贴”采取可插拔的技术架构灵活应对市场变化，通过轻量级的H5前端来触达客户；通过OR技术识别客户信息，无须客户录入，自动结构化分词、存储，秒级即可完成，提升客户体验；通过链接进行实时视频核实，同时行内进行双录验证留档，实现跨越空间的“面对面”；依托百信大数据风控体系，在对风险进行准确计量后，进行企业授信审批、票据甄别，防范风险，以“科技+金融”双轮驱动，为京津冀“首都经济圈”乃至全国的绿色金融发展增添了新活力，支持经济向绿色低碳转型，助力产业绿色低碳转型。

创新贴现方式，大幅提升融资效率。百信银行通过在线秒贴的方式，从企业客户授信注册、发起票据贴现申请至最终资金汇款，全流程短至半小时内完成，极大地提升了企业客户的融资效率。

创新票据工具，助推绿色经济发展。“京绿通Ⅱ”专项再贴现产品是百信银行在旗下纯线上票据融资产品“百票贴”的基础上，进一步创新优化票据工具的成果。百信银行充分发挥自身互联网银行的资源禀赋优势，提升融资效率，有效化解绿色企业融资难题。

【取得成效】

2021年以来，百信银行在党中央、国务院“碳达峰、碳中和”目标指引下，将绿色转型发展提升至银行战略高度，积极探索绿色金融改革创新。百信银行深入贯彻“绿水青山就是金山银山”的绿色发展理念，积极部署，通过设计创新产品、优化资源配置、打造专业团队等一系列举措，加大对于绿色企业融资支持力度，助力绿色金融发展和乡村振兴。截至2021年末，百信银行“京绿通Ⅱ”绿色金融专项再贴现产品余额达4.77亿元，位列北京市第一，向近百家绿色企业支持票据资金融通5.42亿元。

百信银行针对符合“京绿通”再贴现产品的企业及票据设立专项优惠通道，切实让利小微绿色企业，降低企业实际融资成本。优惠对象为人民银行营业管理部披露的“京绿通”绿色企业名录内的企业以及持有符合要求票据的贴现企业。向符合条件企业及持有符合优惠要求票据的贴现企业发放相应优惠券，企业线上贴现时减免对应的贴现利息。

【经验启示】

未来，百信银行将继续积极响应人民银行政策工具设立的初衷，进一步落实人民银行货币政策要求，对符合“京绿通Ⅱ”专项再贴现产品提供专属定价通道，打造绿色企业、绿色项目的低成本融资综合服务方案，有效推动普惠金融精准滴灌绿色企业，以金融科技赋能绿色普惠金融健康发展。

全国政府性融资担保数字化平台助力普惠金融发展

国家融资担保基金有限责任公司

【案例背景】

按照财政部相关要求，国家融资担保基金（以下简称融担基金）牵头建设了“全国政府性融资担保数字化平台”（以下简称数字化平台），以解决长期以来我国政府性融资担保体系存在的信息化程度较低、基层担保机构推进信息化能力较弱、体系信息互联互通水平低、业务信息化水平偏低、业务管理系统标准化程度低等问题，推动行业健康发展。

【主要做法】

融担基金按照“统一规划、分期实施、一级部署、多级使用”的总体思路，推进行业信息化、一体化、集约化建设。

一是按照“互联网+担保”思维，提供全方位数字化解决方案。采用“薄前台、厚中台、强后台”的先进IT架构体系，构建了“安全的基础设施+强大的数据中台+灵活的业务操作系统”三位一体（“一云一中台三系统”）数字化解决方案。一云，即“担保云”（安全基础设施）。采用超融合架构建设了“政府性融资担保行业云”，已通过国家三级等保测评，采用“一级建设”“多级使用”的方式全面解决行业信息安全基础设施薄弱等问题。一中台，即全国政府性融资担保“数据中台”。不但实现了跨来源数据的汇聚和全生命周期管理，加速数据到数据资产的形成，释放数据价值赋能业务开展，而且提供“前店后厂”快速敏捷的服务平台，实现服务生态化、业务平台化。三系统，即“再保”“直保”“直保台账”三系统。具有操作一体化、流程闭环化、高度灵活化、业务产品化、功能可配化等特点，支持融担基金、省级合作机构、市级机构、县级机构融资担保、再担保业务全流程线上操作。

二是坚持数据标准先行，汇聚内外部数据。融担基金致力于打造全国政府性融资担保体系通用标准，同时围绕内部业务合作、银行机构、政府部门和市场化采购四个来源渠道，逐步实现国家、省、市、县数据纵向贯通，政务、银行、担保等数据横向联通，实现担保体系内外信息融通。数字化平台以“好用、易用、乐用”为设计主旨，自2021年12月底上线试运行以来，已支持28个省（市、区）、5个计划单列市及新疆生产建设兵团体系全部1 400多家机构再担保业务线上办理。

【取得成效】

创新引领担保行业数字化转型。数字化平台实现了各级机构全口径业务从尽调、放款、备案、保后、追偿、核销等全流程、全生命周期统一管理，通过数据标准化、流程规范化、管理产品化、调节精细化等方式提升业务全流程办理效率，既保障业务规范化，防控操作风险，也为政府性担保资源合理分配和担保体系宏观调控提供重要抓手。

逐步实现数据治理和业务赋能。融担基金制定了《全国政府性融资担保数字化平台数据标准（1.0版）》，涵盖七大主题、112项数据分类、近2 000个数据指标规范，是行业数据高效治理和未来发挥数据资产作用的基础划型标准；统一对接国家公共信用信息中心，购买主流市场数据，实现与工商银行、建设银行的信贷系统对接，数据范围涵盖3亿个市场主体，数据集成更加丰富多样；基于内外部数据，开发了保前信用报告查询、尽调报告自动填入、保后定期风险轮训、系统预警自动推送等功能。通过数据赋能，实现了防控关口前移、保后精准风险防控、实时智能预警、减轻业务人员工作负担等多重目标。

避免体系成员重复建设和多级投入。融担基金致力于构建“低成本、广覆盖、安全可靠”的数字化平台。其中，直保业务操作系统已推广至9省60余家原担保试点机构，全面铺开后预计将为体系节约数亿元数字化转型建设成本。此外，体系成员可免费查询、使用融担基金牵头购买和对接的数据，2022年全年累计查询次数超过630万条，年化节约成本逾5 000万元。

【经验启示】

数字化平台提供的全套数字化转型解决方案将从根本上提升体系服务能力和业务质量，将全面带动体系实现数字化能力共享共用、管理经验互学互鉴、业务能力互促互进、风控管理智能高效，实现从信息化到数字化，再到智能化的跨越式发展，成为与行业高质量发展相适应的信息基础设施基石。

“专精特新”小巨人主动授信服务方案

北京中关村科技融资担保有限公司

【案例背景】

为贯彻落实党中央和北京市关于服务支持“专精特新”企业政策要求，践行政策性融资担保机构定位，更好地服务“专精特新”企业高质量发展，北京中关村科技融资担保有限公司（以下简称公司）推出面向国家级、北京市“专精特新”小巨人企业主动授信服务方案，专门针对“专精特新”小巨人企业开展主动授信与深度配套服务，吸引优质企业客户，持续涵养挖掘该类企业投资等多元化“担保+”需求，延伸服务链条，建立深度合作。

【主要做法】

人力保障，专项攻坚。服务对象为北京“专精特新”小巨人、国家“专精特新”小巨人企业，公司设立“专精特新”小巨人专项服务小组，由公司创新联动部（筹）、风险管理部、瞪羚投资团队及其他符合条件的事业部成员共同组成。小组主要负责对目标客群开展统筹管理与服务机制动态更新。

细分客户，高效运作。根据不同维度对“专精特新”小巨人企业客群进行分层，以标准化形式进行评审，简化流程，提高效率，给予目标客群3 000万元基础主动授信额度，可根据尽职调查情况及常规个性化评审对最终授信额度上下浮动调整。

知产先行，增信融合。坚持知识产权与担保增信的融合。反担保措施上轻实物资产抵押，重客户核心知识产权，结合相关政府补贴补偿政策机制，有效激发企业无形资产在融资中的功能，打破实物资产对企业融资的桎梏，降低企业综合融资成本。

多方评估，科学决策。以技术及行业分析为侧重点，引入第三方机构分析报告为项目经理提供决策辅助。依托大数据对核心技术能力进行分析评估。

需求导向，综合服务。公司在主动授信基础上，进一步围绕客户需求进行综合服务，有效解决客户供应链资金、固定资产投资、并购融资、股权激励融资等在企业发展过程中的合理资金需求，以资金平衡为还款来源分析依据，借助见知现金流分析产品为工具，帮助企业进入发展“快车道”。同时强化企业流动性管理，有效防控风险。在降低担保费率的基础上，还可主动对接低费率银行资金渠道，为客户提供后续补贴政策咨询及贴息申报等全链条增值服务。

【取得成效】

孵化成长。该产品致力于帮助创新能力强、市场占有率高、掌握关键核心技术、质量效益优、专注于细分市场的“排头兵”企业成长为行业“巨人”。

技术为本。以企业的技术评价作为重点，通过最大限度地解决企业在供应链等环节所需资金，保障企业将自有资金和股权融资资金最大限度地投入研发，从而在资金上实现为企业的技术迭代加速，进而推动企业产品市场化、规模化的完整商业逻辑的实现。

服务优化。公司已成功为一些“专精特新”企业提供主动授信服务，助力客户在通过融资款支撑自身研发及运营费用的前提下，为在手订单执行提供流动性资金支持，促进企业迈入健康发展快车道。疫情暴发时期推出绿色通道为企业纾困，在大家的共同努力及企业、银行、公证处等外部机构的积极配合下，公司在受疫情影响严重的三个区（朝阳、丰台、海淀）开辟了一条绿色服务通道，实现资金迅速到账，缓解企业特殊时期的现金流紧张问题，为“专精特新”企业的经营发展保驾护航。

规模上量。公司推出“专精特新”小巨人企业主动授信服务方案后，2022年上半年新增服务“专精特新”企业户数433家，规模41亿元，其中北京市小巨人户数145家、规模达19.52亿元，国家级小巨人户数31家、规模达4.43亿元。

【经验启示】

公司积极发挥政策性职能，坚持“以客户为中心”，通过标准化评审、科技型导向、全链条服务精准滴灌，为“专精特新”企业提供全方位服务。助力“专精特新”中小企业孵化升级，深度挖掘该类客群价值，以“担保+综合服务”延伸服务链条，涵养建设优质投资储备项目，做大做实项目库及企业数据库。助力“专精特新”小巨人企业做大做强，为北京国际科创中心建设添砖加瓦。

基于物流和订单数据的供应链担保融资

中合中小企业融资担保股份有限公司

【案例背景】

中小企业是经济社会的重要组成部分，但由于其资金实力和抗风险能力明显弱于大中型企业，因此金融机构从控制风险角度出发，难以为这些企业提供充足有效的资金支持。中合中小企业融资担保股份有限公司（以下简称中合担保）立足融资担保领域，不断探索解决中小企业融资难、融资贵的方法。

中合担保在调研中发现，由于钢铁企业采购不支付预付款，需要先收到货物后再支付货款。因此供应链企业需要提前垫付大量资金，进行原材料采购、生产和物流运输。但供应链企业自有资金有限，且仅能获得少量银行贷款，而企业单笔订单供货周期需要2~3个月，生产周转率很慢，因此无法满足钢铁企业需求。为解决供应链企业资金周转问题，中合担保以供应链融资的模式，为客户提供金融服务。围绕核心企业供应商供货这一场景，基于明确的订单以及对客户的产成品在运输过程中的监管，为客户的融资提供担保，开发基于物流和订单数据的供应链担保产品。

【主要做法】

确认融资人已与核心企业宝钢股份签署真实的采购合同，未来会形成明确的应收账款。融资人向公司提供中标通知书及签署的电子合同，公司对电子订单的真伪进行核验。

客户的每一列车货物在装车后会由铁路部门出具运输货票，证明已经将销售的货物发往港口；中合担保根据货票记载的货物重量和货值，按一定的比例金额出具担保函，合作的保理公司在收到中合担保出具的保函后，即进行保理放款，保理融资款只能用于融资人向供应商支付原材料的采购款。

港口货物代理商在货物入库后，向中合担保出具入库单，以确保货物进入港口的监管仓库。

在宝钢股份派船到港口接货时，中合担保向港口货代公司出具装船指令，允许已集港的货物装船。在未接到中合担保的指令之前，港口的货代公司将不会对货物进行任何移动或装船操作。

宝钢股份支付的货款，事前已约定支付至监管账户中。融资人在收到货款后，须完成对应的保理融资偿还操作后，才能自由使用余款。

【取得成效】

有效提升经营业绩。在中合担保供应链融资模式的支持下，客户销售额增长了3倍。其在2022年第一季度的销售额，即与2021年全年的销售额持平。企业营业利润也实现大幅增加，2022年第一季度营业利润同比增长85%。

有效提升服务效率。经过近一年的反复磨合、完善、优化，中合担保为客户提供的融资便捷性和融资效率大幅提升。如客户在上午提出融资申请，中合担保可在1~2小时内出具电子保函，合作的保理机构在收到中合担保的保函后，可在当天下午完成融资放款。完全满足了客户用款及时性的要求。

大幅改善运营效率。在中合担保的支持下，客户的供货周期大大缩短，从发货、集港运输、装船到收到客户的销售回款，平均时间从40.9天缩短到20天左右。

有效降低融资成本。中合担保提供的担保融资，是根据客户的需要按需提款，并在收到宝钢股份支付的货款后还款。利息按天计算，随借随还。综合融资成本只占客户销售金额的0.3%左右，大大降低了客户的融资成本。

【经验启示】

本产品特色是在应收账款形成前，依据未来的应收账款提供融资担保；通过对货物物流数据进行动态跟踪实现风险管控，确保货物最终会由核心企业接收而支付货款，形成业务闭环。

以供应链融资的方式，通过对客户订单信息、运输信息、集港信息、装船信息等一系列供应链信息的整合、跟踪和分析，中合担保在抛弃了传统的抵押、质押风控方式的情况下，可以动态对供应链的运行情况和运行质量进行实时监视和控制，确保客户的风险在公司的风控标准范围内。对客户而言则突破了传统融资方式下无抵押就无法融资的障碍，通过提供完整供应链信息的模式取得授信，大幅提升了运营周转率和利润水平，形成了多方共赢的良好结果。

知识产权“担保+回购”天津模式

天津市中小企业信用融资担保有限公司

【案例背景】

高效促进知识产权运用，对于激发中小企业创新活力，推动构建新发展格局具有重要意义。作为天津市政府性融资担保的龙头机构，天津市中小企业信用融资担保中心（以下简称天津市担保中心）自2018年以来一直关注如何以科学、稳健、有效的普惠金融服务模式创新，切实解决科技型中小企业因缺乏不动产担保而带来的资金紧张难题，全面构建以知识产权链条理论为支撑的“避险”机制和以“担保+回购”四方分险为特征的“控险”机制为支柱的知识产权质押融资服务模式和系统解决方案，并依据企业经营需求实现融资担保产品和服务创新。

【主要做法】

知识产权链条理论指引下的知识产权包评估方法。天津市担保中心基于将“无形”化为“有形”，将“独立”化为“系统”的思路，即将知识产权看做企业创新性技术和经营能力的概念化、抽象化形式，其创造过程、应用过程和变现过程都需要与相关的人才、设备、生产、销售等具体要素的深度融合，并最终体现为以技术驱动为主导的企业全要素生产率提升和高质量发展，创新涵盖知识产权、实物载体、技术应用场景、研发团队、制造能力和销售渠道六个维度的“知识产权链条系统”模型，全面、发展、客观、系统地评估企业知识产权资产包的实际价值。通过评价知识产权包，企业知识产权价值得以具化和细化，如实反映企业未来的偿债能力和发展潜力，同时以经典金融理念认可的方式呈现，因而获得在保企业和第三方评估机构的高度认同，并有效防范因单纯评估知识产权而产生的融资担保业务风险。

“政银担企评”“担保+回购”知识产权质押融资模式。知识产权定价的关键问题是如何在着力避免道德风险的前提下，有效发挥第三方评估机构的专业化优势。为有效解决这一问题，天津市担保中心创新设计科技型企业的融资产品，形成天津市担保中心担保、专业评估机构“评估+回购”、银行发放贷款、区政府向企业贴息贴保的五方参与的“政银担企评”合作模式，企业综合融资成本最低不足2%。此外，知识产权质押融资前交由专业的第三方机构进行估值。若企业在担保期间无法偿还贷款，则评估机构将按照合同约定以代偿额的

10%~30%的不等比例补偿天津市担保中心，同时实施知识产权回购并负责处置变现。基于以上双重模式创新，因评估机构不合理知识产权定价导致的金融风险得到有效控制，科技型中小微企业融资难、融资贵的问题也得以妥善解决。

依据企业实际需求实现知识产权金融服务综合创新。天津市担保中心将金融服务供给侧结构性改革立足于企业差异性、个性化需求，同时与行业协会、专业机构密切合作，先后推出“智保贷”“软著贷”“知担融”等知识产权融资担保特色产品，并以知识产权质押担保业务为起点，激发中小微企业创新活力及知识产权的融资能力，逐步探索出一条以知识产权、股权及相关实体资产组合式融资担保贷款创新模式。例如，天津市担保中心与中国（滨海新区）知识产权保护中心开展合作，针对区内高端装备制造产业的中小微企业，推出“知担融”融资担保产品，通过“批量担保”与“单笔单议”相结合的业务模式，为在保企业提供“融资担保+专利保护”的叠加服务，形成双方互荐、企业受益的良性机制。2022年，天津市担保中心持续加大对科技创新型企业融资担保服务力度，推进“政银担”风险共担模式，纳入滨海新区知识产权融资风险补偿资金合作机构范围，拓宽知识产权融资担保贷款风险分担和缓释渠道，推动风险补偿及融资费用补贴等区内专项支持政策落地，利用常规担保、批量担保、创业担保等多种业务模式对科技创新型企业提供综合融资服务，形成知识产权融资担保专项服务方案。

【取得成效】

通过与天津市辖区深入开展知识产权质押融资合作业务的成果验证，“避险+控险”双重机制支撑下的业务模式和创新产品能够全面提高主要利益相关者的价值水平：政府贴息贴保政策精准实施，银行贷款风险大幅降低，担保机构配置金融资源能力和金融杠杆功能明显增强，企业融资门槛和融资成本显著降低，第三方评估机构审慎性和业务规模同步提升。自2018年开展知识产权质押融资担保模式创新业务以来，累计为56户中小微企业提供融资担保贷款共计6.3亿元。截至2022年第三季度末，天津市担保中心知识产权质押融资担保业务余额2.8亿元，在保企业29家。

【经验启示】

目前，天津市中小企业信用融资担保中心已成功将知识产权质押融资的特色模式在滨海新区、东丽区等多地进行复制、推广，并计划进一步拓展至其他市辖区。知识产权质押融资担保的天津模式已成为天津市担保中心服务科技创新型企业，开展政策性融资担保业务的重要手段，同时相应的业务设计和实践注重多方互利共赢，依靠金融创新持续赋能科创企业。

“粮贷保”普惠业务

东北中小企业融资再担保股份有限公司

【案例背景】

保障粮食安全是实现经济发展、保障社会稳定、维护国家安全的基础。目前我国稻谷、小麦和玉米等口粮的自给率均超过95%，但由于疫情蔓延、俄乌冲突、全球通胀等复杂国际形势，全球粮食生产和价格仍有不确定性因素。

为进一步加大对粮食安全领域的融资担保支持力度，确保当地农民手里粮食应收尽收，解决当地粮食收储企业融资难问题，强化对粮食供应链条的担保支持，践行“创新、担责”理念，东北中小企业融资再担保股份有限公司（以下简称东北再担保）推出“粮贷保”普惠业务产品，重点支持粮食购、储、销环节的粮食企业。

【主要做法】

东北再担保依托其再担保运营体系建设优势，引入合作担保机构和监管公司，共同为粮食企业的银行贷款提供担保支持，主要以粮食质押监管作为反担保措施，将粮食质押给合作担保机构。监管公司对粮食进行远程和现场双监管，合作担保机构向东北再担保提供反担保，东北再担保向银行出具担保函，合作银行按照东北再担保指令放款。

监管方案和监管流程是“粮贷保”普惠业务产品的核心。业务各方在达成具体合作意向后，设计具体担保方案及监管方案，要求必须满足对质物能够进行线上和线下、远程和现场多重监管。业务各方完成审批后，签署相关合同，监管方派人员驻场，完成质物的权属核查，质物的数量、质量的验收，以及质物的交付和登记。

对质押粮食监管可采用动态监管模式，重点加强监管过程管理。在监管过程中，为不影响企业正常经营，允许出质人还款提货或换货。当质押粮食价格随市场价格波动下调，导致质押粮食货值下降超过20%时，要求债务人及时采取措施进行跌价补偿。如未落实跌价补偿措施或融资发生逾期时，质权人即合作担保机构有权委托监管方对质物进行变卖等处置。

【取得成效】

有效地缓解了粮企资金不足问题，保障粮食供应安全。该业务产品实现了金融资本和企业需求的有效对接，推动解决传统粮食行业融资难、融资贵、渠道窄等行业痛点问题，助推粮食产业持续稳定健康发展，服务保障国家粮食安全问题。

创新粮食监管模式，支持全产业链条协同发展。该业务产品引入专业监管公司对粮食进行监管，由合作担保机构承担保证责任，监管流程及控制手段优于传统监管模式；在解决粮企收购资金的同时，间接帮助农民完成售粮及粮款回收，提高农民种粮、售粮积极性；通过与粮食深加工企业的合作，支持上游收购企业提高粮食“代收代储”能力，保障下游深加工企业粮食需求，促进全产业链发展。

产品快速推广落地，得到社会广泛认可。该产品自2021年12月首笔业务落地以来，已累计支持内蒙古地区粮食购销企业18户，累计担保责任额1.72亿元。首笔业务落地后，在业务落地速度、总体融资成本、业务模式等几个方面均得到市场认可。目前，已有水发农业、梅花生物科技、牧原粮贸、阜丰生物、正大饲料、大北农等大型玉米深加工、饲料、粮食贸易企业与东北再担保进行业务接洽，拟围绕上游粮食收购、储备方面的融资担保业务开展合作。

【经验启示】

引入担保机构，将再担保业务与存货质押监管业务相结合，明确合作担保机构的担保责任，进一步夯实监管责任，强化合作各方对企业物流、资金流的掌握，有效把控第一还款来源，防范担保风险。

该业务采用“动产质押+监管”的担保模式。在粮食流通领域，质押粮食的市场流通性强，变现程度高于房产、土地等不动产抵押物，且在项目发生风险时，处置、变现方式相对灵活。

动产质押风险控制核心是质物的监管，压实监管责任是风险防控的核心。该业务引入的监管公司由合作担保机构投资，监管责任和保证责任有效统一，且监管流程制度化、标准化、规范化，监管人员定期轮岗，对质物采用线上和线下、远程和现场多重监管，可有效防范担保风险。

省级中小企业稳企稳岗基金专项贷款担保

黑龙江省鑫正融资担保集团有限公司

【案例背景】

2020—2022年，黑龙江省政府为应对新冠肺炎疫情对经济社会秩序的冲击，帮助受疫情影响较严重的批发零售、住宿餐饮、文化旅游、交通运输、安排就业较多的制造业等行业的困难企业纾困解难、稳岗扩就业，设立了百亿元省级中小企业稳企稳岗基金。黑龙江省鑫正融资担保集团有限公司（以下简称鑫正担保公司）打破常规，创新机制，研发并落地了“省级中小企业稳企稳岗专项贷款担保”产品。

【主要做法】

制订切实可行的专项担保业务方案。鑫正担保公司从组织上抓管理、操作上抓细节，制定各项管理办法及配套工作指引。将制度建设、操作规范、权责监督、档案管理贯穿业务操作全流程，做到数据可溯源、资料可查询，保证了业务操作处处留痕迹、事事有依据。

搭建专项平台着力提高操作质效。鉴于受困市场主体用款急、数量大、分布广的实际情况，鑫正担保公司本着定制、智能、便捷、安全原则，迅速搭建开发了黑龙江省级中小企业稳企稳岗基金专项担保业务管理平台，利用线上化操作和绿色审批机制，实施固化业务审核信息和负面清单等举措，有效实现了一对多、多窗口在线的批量化受理审批，真正做到了对接“零时延”、审批“零接触”、放款“零障碍”。该系统陆续通过“信息安全等保三级”审验，获得计算机软件著作登记权专利、荣获中国数字化年会“年度数字化服务典范”大奖。

创新业务模式实行“见贷即保”。与传统“见保才贷”的银行合作模式不同，稳企稳岗基金专项贷款担保业务采取“见贷即保”和“一对多”的业务模式，采取免抵押的信用反担保方式，只要求企业提供个人和相关企业信用保证。

推行“政银担”风险共担机制。风险补偿采取“单笔赔付、总额限制”的方式。当单笔贷款逾期时，风险补偿资金、贷款银行、融资担保机构按照7：2：1的比例分担；总额限制是指根据合作银行是否完成普惠型小微企业“两增”目标确定为全部合作贷款的代偿金额上限。

固化业务风险审核要素，实施双岗审核制。重点就借款人名称、行业、收入资产、就业人数、企业划型、所在地区、贷款余额、贷款用途等12项基于政策要求的信息进行符合确认。系统校验后，直保组、审核组对银行审批过的业务进行“双岗审核”。

【取得成效】

自“双稳”业务开展以来，鑫正担保公司累计完成稳企稳岗基金专项贷款担保总额224.0亿元，5 810笔，共减免保费1.6亿元，促进中小微企业融资增量、扩面、降价，实实在在地稳住了2 873个市场主体、16万个就业岗位。无论是专项业务支持企业数量还是担保投放规模，始终位居全省之首，引导和带动了金融资本和社会资本帮助中小微企业解困、稳岗、扩就业，统筹推动黑龙江省内疫情防控和经济社会健康发展，切实为黑龙江省稳企稳岗的政策落地发挥了示范引领作用。

【经验启示】

建立政银担风险分担机制。由政府主导设计并推行的政银担合作机制和分险模式，能够打通银行与担保机构的合作痛点，扩大业务规模。稳企稳岗专项贷款担保业务正是依靠政府主导、银行推动、担保公司极力配合，在合作协议约束下，有效落实各方分险责任，切实解决了黑龙江省内中小微企业在疫情影响下的融资难题。

建立可持续的风险补偿机制。黑龙江省政府设立稳企稳岗百亿元基金，并发布相关风险补偿实施办法，明确了采取“单笔赔付，总额限制”的风险补偿机制，并取得了显著效果。有效的风险补偿机制能够充分发挥财政资金的撬动效应，激发银行机构的放贷动力，发挥担保机构的增信功能，形成分层次的金融服务体系，切实引导金融资源支持实体经济。

推动建立降费奖补机制。财政降费奖补政策支持，能够切实扩大融资担保业务规模，降低企业融资担保成本，改善融资环境，尤其能够发挥政府性融资担保机构对经济发展的重要作用。

新能源出租车置换“绿色担”

四川发展融资担保股份有限公司

【案例背景】

新能源出租车置换业务是响应国家号召，减少碳排放、实施节能减排的重要举措。为助力实现国家“双碳”目标，结合《成都市鼓励巡游出租车纯电动化试点财政鼓励实施细则》等政策要求，四川发展融资担保股份有限公司（以下简称川发担）联合银行为成都市各巡游出租车公司设计了“绿色担”新能源出租车置换贷款项目，积极为各出租车公司提前更换新能源车提供担保支持。

【主要做法】

凝聚“双碳”行动，履行支小支微使命、坚守初心开新局、紧跟时事精准施策，川发担贯彻落实“双碳”行动，用好融资担保工具，聚焦主业，为助力出租车行业企业纾困解难，发挥融资担保责任担当。

强化资源整合，满足多样化需求。“绿色担”新能源出租车置换项目由川发担与银行联合发起。该项目依托成都市交通运输局、市生态环境局、市财政局相关财政奖补政策，将金融工具和财政政策紧密结合，充分发挥普惠担保的通道和杠杆作用，将财政奖补政策及时传递到小微企业，实现了政策效应的延伸和放大，具有全信用“零抵押”、审批速度快、额度项下内支用方便、还款灵活、贷款方式多样等优点。

聚焦重点难点，解决“卡脖子”问题。针对出租车公司因经营模式多样、报表数据欠规范、动产管控难度大、贬值快等原因面临的融资难题，川发担主动将金融工具和财政政策紧密结合，创新运用成都市新能源巡游出租车专项补贴资金作为最重要的还款来源，通过对补贴和购车资金实行资金扣划监管，保证出租车公司有稳定和确信的还款来源，实现对出租车行业的信贷支持，助力低碳出行。

【取得成效】

初心不忘，支小支微措施有效。一是支小支微效果显著。将金融工具和财政政策紧密结合，实现对出租车行业的信贷支持，有效地减少了企业贷款通道、过桥环节，有利于企业获得持续的资金供给，赢得了出租车行业企业“满意度”，为助力企业纾困解难、稳定实体经济彰显融资担保责任。二是有效发挥节能减排方面的金融工具作用。巡游出租车具有行驶时间长、里程多等特点，若使用传统燃料，则碳排放量较大。支持出租车行业企业发展，响应国家号召，减少碳排放，有效地发挥了在实施节能减排方面的金融工具作用。

精准施策，困难企业受益有道。“绿色担”项目覆盖众和、新盛、城市快车、金雁、运总等在成都市范围内具备一定影响力的出租车企业。首期授信金额5 400万元，将支持新能源车置换近700辆。川发担与成都银行合作总规模将超过1亿元，预计将支持成都市新能源车置换1 200辆以上。截至2022年6月，放款金额为3 016.44万元，为378台新能源出租车的置换提供了有力保障。

创新服务，信贷支持落地有声。针对出租车公司因经营模式多样、报表数据欠规范、动产管控难度大、贬值快等面临的融资“卡脖子”难题，川发担努力创新服务，在困难重重的情况下，依然实现了对出租车行业企业的信贷支持，让有需要的出租车企业确实能够在项目中纾困，让信贷支持落地有声。

【经验启示】

“绿色担”业务是川发担积极转变传统担保业务模式、探索新型银担合作机制、服务地方经济发展的创新之举，是落实国家“双碳”工作要求的具体行动，契合了《中共四川省委关于以实现碳达峰碳中和目标为引领推动绿色低碳优势产业高质量发展的决定》精神，是川发担助力本省加快建设全国优质清洁能源基地和国家清洁能源示范省的有力探索。作为省地方金融监管局批准成立的专注支小支微的专业化担保机构，川发担旗下的普惠担保将切实加强绿色金融供给，进一步丰富和完善“绿色担”业务品种，扩大业务规模，赋能中小微企业，助力节能减排，努力在推动经济社会发展全面绿色转型中彰显川发担的新担当、新作为。

“千企万户”支持计划

中原再担保集团股份有限公司

【案例背景】

中原再担保集团股份有限公司（以下简称中原再担保集团公司）与河南省内各县、区政府合作推出“千企万户”支持计划，拓展“政担”合作，支持区域内小微、“三农”等主体。该计划由政府出资建立政府性融资担保机构资本金补充、代偿补偿、保费补贴等机制，省级再担保机构负责“见贷即担”的批量产品设计，为合作担保机构分险，市县担保机构提供批量担保，引导各类银行支持辖内特色产业。该支持计划在推动担保体系保障机制构建的同时，着眼于扶持小微企业、“三农”主体，为地方经济提供高效、低成本的担保服务，助力领跑中部地区高质量发展。

【主要做法】

通过“千企万户”计划，中原再担保集团公司推动金水区政府完善当地担保生态，建立担保机构资本金注入机制，对中原再担保集团科技担保公司进行注资1亿元，专项支持科技创新类企业融资发展；建立代偿补偿机制，构建规模为1亿元的融资担保代偿补偿资金池，委托中原再担保集团公司管理，专项用于“千企万户”支持计划的担保代偿补偿；建立保费补贴机制，对为金水区服务的政府性融资担保机构给予担保费补贴，费率补足至2%。

中原再担保集团公司发挥省级再担保机构引领和分险作用，有针对性地开发支持区域经济特色的担保产品，协调合作担保机构、对接合作银行，为地方经济提供批量、低成本的担保服务。作为郑州国家中心城市的主城区和承担省会政治功能的核心区，金水区金融资本、金融机构、金融人才、金融业态等资源要素优势明显。

“千企万户”支持计划将选取金水区花卉市场、科技市场、知识产权等特色产业园和金水区“十四五”规划重大项目，开发符合产业园特色、项目建设特点的批量化担保产品，为培育特色产业、引导各类金融资源支持金水区建设，推动中部地区高质量发展注入新鲜血液。“千企万户”计划通过担保、再担保纽带，引流银行资源支持区域特色经济、利用国家融资担保基金分险资源，同时助推了体系建设。

【取得成效】

截至2021年12月底，金水区“千企万户”支持计划已累计为区内登记注册的5 474户小微企业、“三农”主体提供9.38亿元融资担保服务，成功打造了政银担合作支持经济发展的“金水样板”。

一是与漯河经开区管委会签署“千企万户”合作协议以及代偿补偿资金池托管协议。推动漯河经开区管委会扶持区属立达担保公司做大做强，建立代偿补偿、保费补贴、资本金补充、绩效考核机制，引导立达担保加大对区域内小微、“三农”企业支持力度。代管漯河经开区2 000万元的首期代偿补偿资金池（总额5 000万元）。截至2021年12月底，漯河经开区“千企万户”已支持项目累计4 245万元。

二是与新密市政府签署“千企万户”合作协议以及代偿补偿资金池托管协议，代偿补偿资金池总额5 000万元，首期到位资金2 000万元，由中原再担保集团公司统一管理。

三是与荥阳市政府签署“千企万户”合作协议，约定构建规模不低于5 000万元的代偿补偿资金池，计划在2025年合作规模达到10亿元以上。

四是与濮阳县政府签署“千企万户”合作协议以及代偿补偿资金池托管协议，约定构建规模不低于500万元的代偿补偿资金池，对县域内高成长性企业、先导产业企业、“专精特新”企业、小升规企业和纳入县建设3~5年规划的政府重点建设项目进行融资支持。

五是与新郑市政府签署“千企万户”合作协议，约定代偿补偿资金池总额不低于1亿元，首期注资2 000万元，由中原再担保集团公司统一管理。

【经验启示】

“千企万户”支持计划引导更多金融机构聚焦“一区一县”社会发展的支柱产业和重点领域，同时积极发挥各级财政资金的杠杆作用，撬动银行、社会投资等金融资源，成为政银担合作的样板与典范。开展“千企万户”支持计划，必将对完善河南省政府性融资担保体系建设，放大政府性融资担保机构职能，助力小微企业和“三农”发展，探索中部地区高质量发展路径产生示范带动作用。

更智慧的担保、更专业的服务
——“银担普惠信用贷”

湖南省融资担保集团有限公司

【案例背景】

湖南省融资担保集团有限公司（以下简称湖南省融资担保集团）通过调研走访主管部门、合作银行，开展研讨会商等多种方式，采用由银行购买政府性融资担保机构担保分险服务的创新方式，开发了“银担普惠信用贷”专项产品。

【主要做法】

在操作模式上由湖南省财政设立“银担普惠信用贷”业务专项风险补偿资金。银行向开展业务的直保机构购买“银担普惠信用贷”业务分险服务，支付分险服务费。直保机构向省再担保公司报送“银担普惠信用贷”业务并进行按月备案，与银行约定分险赔付率和赔付额度上限，在业务发生风险后，对符合分险条件的业务在约定范围内进行风险分担。

该产品有4个亮点：免担保、免抵押、纯信用、优惠利率。相较传统担保关系法律责任不同，分险对象不同。具备以下优势：一是普惠覆盖面广。该产品运行成熟后可推广至各家银行所有的普惠类产品，拓宽普惠金融服务广度。二是客户体验感好。产品不向客户收取担保费，不与客户发生法律关系，流程简捷，且不增加客户综合融资成本。三是银行积极性高。由于人民银行和银保监局对银行普惠信用贷款占比提升有考核，而传统担保产品不属于纯信用类贷款，无法纳入考核范围。而采用分险模式设计的“银担普惠信用贷”采用非担保法律关系，能够解决这一问题。四是引导效能更优。通过事前设定融资综合成本上限，使客户获得信用贷款的综合成本更明确和优惠。

【取得成效】

2022年4月19日，湖南省融资担保集团在长沙举办“银担普惠信用贷”创新产品投产试点签约会，首批合作试点银行为华融湘江银行、长沙银行、长沙农商行，首批合作规模为100亿元。截至2022年9月30日，产品投产试运行半年以来，3家合作银行共计备案规模达39.92亿元，备案户数为12 746户（合并不同银行相同客户），户均31.32万元，平均利率为5.91%，首贷比例为32.21%，取得了较好的示范效应和社会效益。

一是“扩面”效果显著。3家合作银行备案业务户均金额仅为31.32万元，且首贷比例均超过15%，最高达到60%以上，普惠金融实现扩面下沉。其中，长沙银行累计备案金额25.53亿元，备案户数6 974户，户均36.6万元，首贷比率为30.6%；华融湘江银行累计备案金额7.49亿元，备案户数2 737户，户均27.35万元，首贷比率为16.8%；长沙农商行累计备案金额6.9亿元，备案户数3 545户，户均19.47万元，首贷比率为54.8%。

二是“降费”卓有成效。“银担普惠信用贷”产品引导合作银行备案业务贷款利率均值为5.91%，较2021年3家银行普惠信用贷款平均利率下降252个基点，降幅为29.89%。其中，长沙银行备案业务平均贷款利率为5.74%，较2021年普惠信用贷款平均利率下降316个基点，降幅为35.51%；华融湘江银行备案业务平均贷款利率为5.51%，较2021年普惠信用贷款平均利率下降243个基点，降幅为30.60%；长沙农商行备案业务平均贷款利率为6.48%，较2021年普惠信用贷款平均利率下降59个基点，降幅为8.35%。

三是“让利”行之有效。“银担普惠信用贷”产品无须客户支付担保费，改由合作银行根据备案规模的0.8%向合作担保机构进行支付服务费，省财政通过给予合作机构一定的首贷奖补和保费补贴进行政策性引导，中小微企业综合融资成本大幅降低，行之有效地缓解了融资难、融资贵难题。

【经验启示】

湖南省融资担保集团在深入了解财政政策、银行市场情况和担保公司运作机制的基础上，通过重构业务模式，设计出具有湖南特色的地方版总对总批量业务模式。创新内容包括法律关系重构、银行作为分险主体、事前设定利率上限、首贷补贴等，明确了财政资金引导目标，大幅提高了合作银行的积极性和业务效率。对构建“政银担”三方共同参与、可持续的市场化合作模式，具有重大参考意义。

创新开发批量担保产品 开启“融资+融智”客户服务模式

亳州市融资担保有限责任公司

【案例背景】

为充分发挥财政资金的导向和放大作用，大幅拓展政府性融资担保覆盖面并明显降低费率，鼓励和引导金融机构向有资金需求的小微和“三农”发放贷款，做好“六稳”工作，落实“六保”任务，优化营商环境，亳州市融资担保有限责任公司（以下简称亳州担保）创新开发专门服务于小微企业和“三农”主体的“小微担”“农信担”纯信用批量化线上担保产品，创新开启“融资+融智”客户服务模式，切实帮助企业纾困解难、赋能增效。

【主要做法】

一是发挥数字赋能作用，提高融资可得性、便利性。接入合作银行信贷系统，依托合作银行服务网络和风控模型，引入政务信息资源，深入挖掘企业信用价值，把信用转化为“用信”，开展纯信用批量化担保贷款，切实提高融资可得性。用户可通过手机客户端、企业网银进行线上操作，授信期限为三年，产品采取“见贷即保、一次授信、随借随还、循环使用”的用信管理模式，精减担保审批流程，24小时内可完成放款，大大提高了融资便利性。

二是嫁接财政金融政策，有效降低融资成本。建立保费补贴机制，免收客户担保费，由财政给予保费补贴，为企业贷款增信降本；获得人民银行支农支小再贷款11亿元额度支持。同时，与合作银行沟通，平均贷款利率降低160个基点，各项政策叠加大幅降低企业融资成本。

三是创新风险管理机制，增强融资担保服务能力。建立风险分担和风险补偿机制，增强抵御风险能力。其中“小微担”设置担保代偿率上限为2%，2%以上的风险由合作银行承担；“农信担”代偿率2%以上的风险由受益县区财政给予风险补偿。

四是延伸客户服务半径，提升担保服务温度。亳州担保除为企业提供资金支持外，更加注重“智力”支持。定期举办“企业家开放课堂”“企业家工作坊”，打造企业家成长社区；选派骨干赴企业挂职，总经理每周带队赴企业调研，精准服务客户发展；开设微信视频号，自制金融、法律小视频，提升企业家金融、法律意识。通过多元化的“融资+融智”服务模式不断提升担保服务温度。截至2022年第一季度末，“小微担”“农信担”累计在保金额达19.27亿元，3 217户，累计为客户节约保费1 900万元，带动就业人口3.5万余人，创造营业收入约35亿元，增加税收约3亿元，社会效益显著。

【取得成效】

一是拓宽融资渠道，扩大政府性融资担保覆盖面。借助合作银行大数据优势实现数据互联互通、企业信息线上交互，解决小微和“三农”信息不对称问题，通过叠加财政资金引导放大作用、政策性担保增信作用，大幅拓宽政府性融资担保对小微和“三农”的融资覆盖面。截至2022年第一季度末，两个产品自上线以来共授信3 700余户，24.95亿元，首贷率近80%。

二是降低融资成本，有效缓解融资贵问题。免收担保费，且银行实施优惠利率，对订单农业涉及的大宗货物监管产生的监管费用、保险费用等均由担保公司承担，大幅降低客户综合融资成本。截至2022年第一季度末，两个产品累计为客户节约融资成本近6 000万元。

三是强化风险管理，增强担保可持续运营能力。创新风险管理机制，合理分散风险，减轻担保机构负担，有效提升担保机构抗风险能力及可持续发展能力。截至2022年第一季度末，两个产品风险控制良好，代偿金额为300余万元，代偿率均在0.005%以内。

四是延伸客户服务半径，引导企业良性发展。通过系列“融智”服务，促进本市企业家实现理念、规模双提升，助力企业良性发展。2021年至2022年，50余户企业实力不断增强，无须担保即可从银行直接融资，节省了1%的担保费。

【经验启示】

作为连接企业和金融机构的融资桥梁，为充分发挥担保效用，一是要加强自身能力建设，加快搭建信息化平台，建立智能风控模型，提升数字赋能能力，实现便捷性与普惠性的有机统一；二是要加大产品创新力度，一方面结合地方特色产业持续推出特色普惠担保产品，另一方面依托信息化建设开发标准化、批量化融资担保产品，扩大普惠金融覆盖面；三是要深化客户服务内涵，不断探索发挥“融智”功能，帮助企业家解放思想、拓宽思路，全面提升经营水平和管理能力。

“融担云——普惠融资服务”助力行业数字化转型

中证信用融资担保有限公司

【案例背景】

针对融资担保公司普惠业务面临的挑战，中证信用融资担保有限公司（以下简称中证融担）依托强大的风险管理能力和自身在普惠业务的多年实践，推出了普惠融资业务数字化解决方案“融担云——普惠融资服务”，在服务自身普惠业务的同时，打造线上化业务能力、智能化风控能力和科技化运营能力，以较低成本快速实现数字化转型，建立可持续的普惠业务模式。

【主要做法】

一是通过科技赋能提升普惠融资场景下的风控能力及科技运营水平。“融担云——普惠融资服务”已实现一整套满足开展普惠金融服务的数字化解决方案。基于中证信用的信用大数据，通过数据风控和科技化运营支持，构建一整套线上化、自动化、智能化的普惠融资业务系统，打造中证融担自身核心的数字化能力。其中核心功能包括：

全过程线上化管理：实现普惠融资业务全过程管理，支持根据不同场景配置不同业务流程和业务功能，打通融资方、核心企业和资金方。

智能风控：基于大数据和规则引擎，将数据风控用于客户准入、授信审批、支用审核和贷后监测预警，建立智能化的风控决策能力。

科技运营：建立科技化、自动化、智能化的运营体系，涵盖在线签约、自动识别、智能核验、权利登记和监控预警，实现融资担保业务高效、可靠的运营。

二是通过业务实践支持快速拓展融资担保业务。“融担云——普惠融资服务”结合中证融担的案例经验，总结了普惠融资场景下的业务诉求，经过一系列的科技提炼，通过自动化、可配置化的科技手段实现数字化产品与实际业务迅速结合的服务目标。主要体现在以下几个方面：

流程自定义，可编排、可组合：结合流程引擎和规则引擎，可根据业务场景快速配置业务流程、定义数据风控规则、编排运营操作，支持业务快速上线。

风控规则开箱即用：通过总结行业智能风控经验，形成上千条标准化的数据风控规则和上百个场景性风控模型，实现数据风控开箱即用，无须专业信评就可实现智能化风控。

运营科技化自动化：将运营操作科技化和自动化，建立身份识别、权属识别、智能核验、权利登记、在线签约、资金监控及清算清分等一系列科技化运营能力。

【取得成效】

中证融担“融担云——普惠融资服务”从融担行业普惠业务面临的实际问题出发，重点构建自身数据风控能力和科技化运营能力，全面用于普惠业务，并在供应链融资、电商、物流等领域的20余个业务场景落地验证基础上，通过基于大数据的数字风控，利用科技化运营提升整体运营准确率及效率，降低运营成本。该服务现已支持包括信用贷款融资、应收账款质押融资、商票质押融资、存单质押融资等融资形式，实现了小微业务线上化、自动化和智能化，从而支持普惠业务能够持续健康发展。截至2021年底，累计服务小微融资规模超过200亿元，并保持小微担保“零代偿”。

同时，该项服务也在助力融担行业行数字化转型，提升普惠融资服务质量和效率方面起到积极作用。帮助同类融资担保公司快速建立适合自身的业务模式，提升业务能力，通过H5和小程序等有效拓展客户，利用智能风控等有效控制小微业务风险。

【经验启示】

融资担保机构是普惠金融的重要力量之一，但其发展普惠融资业务面临很多困难和挑战，要做到愿担、敢担、能担、会担，有效提升融资担保公司的风控能力和运营能力是关键所在。而中证融担的“融担云——普惠融资服务”正是从融资担保行业普惠业务面临的实际问题出发，重点帮助融资担保公司构建自身的数据风控能力和科技化的运营能力，并在大量的场景经验验证的基础上，通过基于大数据的数字风控看清风险，让风险变得可控，利用科技化运营提升整体运营准确率及效率，降低运营成本，从而支持融资担保公司普惠业务能够持续健康发展。

全区首创“担保+银行+糖企+蔗农”糖业融资新模式

广西农业信贷融资担保有限公司

【案例背景】

广西是全国最大的糖料蔗种植基地和食糖主产区，糖料蔗种植面积稳定在1 100万亩以上，食糖产量稳定在每年600万吨以上，种植面积和产量连续17年占全国的60%左右。从事糖业种植、收购、加工、销售等涉糖类产业工作的人口超过2 000万人，占全区总人口近50%。近年来，随着“订单农业”推行，蔗区全面开放，糖料蔗结算款结算周期缩短，糖企资金需求更加紧迫，广西农业信贷融资担保有限公司（以下简称广西农担公司）创新“担保+银行+糖企+蔗农”糖业融资新模式，引导和推动金融资本投入广西糖业，全力为广大涉糖产业经营主体保驾护航，助力广西糖业高质量发展。

【主要做法】

创新特色产品。广西农担公司推出糖业专属产品“桂农担—甜蜜保”产品，针对民营制糖企业自身融资能力不足，榨季甘蔗兑付款集中，甘蔗经营收购户与制糖企业稳固的购销关系，通过甘蔗经营户与糖企签订的“收购订单”确定甘蔗经营收购户未来收益作为还款来源，弱化种植户和经营收购户反担保措施，是无须抵押的专属担保产品。该产品单笔授信额度可达300万元，担保费年化费率低至0.5%，综合融资成本低至2.85%，使甘蔗款兑付问题迎刃而解。

加强银担企合作力度。发挥重点糖企产业链条带动作用，建立“总对总”协调、“分对分”落实机制，层层压实责任，充分发挥糖企效能。确定当年11月至次年3月为榨季糖业担保贷款“攻坚月”，将糖业投放任务纳入主要涉糖办事处绩效考核。聚焦农业银行、广西农村信用社等主要涉农银行，充分发挥其服务网点多、人员多、贴近蔗区优势，确保糖业续贷续保工作开展，通过加强银担企合作力度，不断提升服务质量。

优化流程，标准操作提升办贷效率。针对涉糖续贷续保客户，简化申请材料，仅需客户提供最新征信报告进行审查，无须再提供基础材料，无须再上公司评审会，缩短业务流程节点10个。针对新增推荐涉糖客户，公司协同合作银行采取“标准批量、同步流程”的方式办理业务，在不影响风险评估判断的前提下，部分项目材料缺失的，可按照“特事特办”原则先行审查审批，放款前补充完善后即可出具《放款通知书》，开通绿色审查审批通道，优先进行处理，优先审批，严格限时办结。

【取得成效】

搭好平台，引资入糖提质增效。通过“担保+银行+糖企+蔗农”的合作方式，连续四个榨季累计引导银行金融资本近50亿元支持糖业发展，累计服务种植大户、甘蔗收购户等糖业经营主体超过5 000户，通过支持糖业经营主体辐射甘蔗种植户近50万户。通过广西农担公司的垂范作用，带动了金融支持糖业的热潮，糖企的资金需求得到满足，甘蔗款得到及时兑付，农户种植积极性显著提高，原材料得到保障，糖厂可以从容面对白糖价格的波动影响，近几年的生产效益显著提升。

力保主体，聚焦痛点保“源头活水”。随着订单农业的发展，经过几个榨季的实践调研，广西农担公司判断甘蔗收购户是承接糖厂和蔗农联系的重要环节，收购户用于收购甘蔗的资金到位情况决定了糖厂和蔗农的收益，甘蔗收购户与糖厂签订收购合作协议，负责村屯甘蔗的收购，甘蔗收购户基本为本村屯村民，掌握本村种植甘蔗面积、人员、产量等关键信息，糖厂与甘蔗收购户合作，可以充分利用甘蔗收购户熟人头、熟地头优势，确保糖料蔗按时进厂，通过支持有限的甘蔗收购户，辐射整个蔗区蔗农，提升蔗农种植甘蔗积极性。

责系民生，减费让利节约成本。主动降低涉糖业务担保费率至0.5%，协调合作银行降低涉糖经营主体融资成本，近四个榨季累计为涉糖经营主体节约综合融资成本3.47亿元。特别是2020—2021年，广西农担公司为了支持蔗糖经营主体走出困境，积极复工复产，推出免担保费政策，政策覆盖两个榨季，大大降低了糖业经营主体的融资成本。特别是2021年自治区政府出台广西“桂惠贷”政策后，将广西农担公司担保的涉糖业务全部纳入“桂惠贷”支持范围，叠加政策使得融资成本降至近十年最低水平。

促稳就业，多方合力扩大就业容量。通过支持甘蔗收购户获得启动资金，糖厂会根据收购站进场吨数补贴相关费用。据了解，每吨甘蔗纯收入25元，单个榨季仅收购甘蔗实现增收近10万元，累计带动了近5 000户甘蔗收购户实现了增收。随着甘蔗种植的规模化加快，农户既可以将自己的土地租赁给专业种植大户种植获得租金收入，同时又可以在甘蔗地里劳作获得劳动收入，不仅实现闲置土地资源的盘活，还实现在家门口就业的机会，增加了家庭收入。

【经验启示】

主动作为，创新专属服务产品。广西农担公司率先创新涉糖产品“桂农担—甜蜜保”，产品设计依广西糖业发展特点而定，贴切实际，自广西农担公司2018年创新“桂农担—甜蜜保”产品以来，引领全区担保体系产品创新的热潮。

抓住痛点，把握机遇逆势而为。广西农担公司逆势而为，在糖业发展低迷期，强力介入担保解决糖企糖料蔗兑付款难题，延长了糖企卖糖的周期，自如应对糖价波动，实现了行业逆周期调整。

优化流程，不断提高服务质量。广西农担公司对涉糖业务开通绿色审查审批通道，简化申请材料，调整审查审批流程，与银行同步开展尽职调查，统一授信标准，建立糖业担保贷款放款日报表，专人负责，办贷效率明显提升。

数字化转型助力农村金融担保服务

甘肃省农业融资担保有限责任公司

【案例背景】

现阶段，我国各家金融机构都在积极探索数字化转型，将金融科技与传统金融业务不断融合创新。甘肃省农业融资担保有限责任公司（以下简称甘肃农担）作为一个具有“财政+金融”“政府+市场”属性特征的政策性金融工具和金融服务主体，也需要跟上金融创新的步伐，不断改进业务流程，拓宽服务边界和供给能力，打造以科技数据为基础、信息技术为驱动、客户体验为核心的农业担保服务团队。

甘肃农担以“数据赋能金融，金融贴近农业”为指导思想，紧跟金融科技发展步伐，紧贴农村金融服务需求，通过“金融科技+信用数据”，自主创新设计软件模型，开发符合农业经营分析的风控决策模型和风控管理体系，强化数据资源的整合与应用，提升数据挖掘能力，提高业务办理效率，重点解决人员网点不足、业务半径过长，成本高、效率低等一系列制约扩大担保服务能力的问题。

【主要做法】

建立业务服务渠道。用移动互联网技术拓展农村金融服务范围，开发“农担助手”专属App，通过App客户端实时收集客户需求与业务资料；建设甘肃省新型农业经营主体数据平台，打通银担业务合作通道，实现银行快速受理，农担快捷审批的服务流程，推动担保服务向基层下沉。

实现业务线上办理。开发更新业务系统，通过担保业务线上与线下的系统整合，成功应用电子印章、电子签名、生物识别、OCR识别、影像存储、线上支付等技术，实现担保业务全线上化办理。

打造业务风控系统。利用大数据增强对农村的担保服务能力，开发创新风控决策模型和风控管理体系，增加地理定位、视频录入、风险预警等功能，从传统的保前调查与保后管理相结合模式转向全流程数据分析、全阶段风险管理。

【取得成效】

截至2022年10月，甘肃农担累计担保145.23亿元，累计支持3万多个新型农业经营主体，其中，自2021年7月数字化转型以来，甘肃农担共计注册客户2万户，完成担保业务5 948笔，实现担保金额29.6亿元，担保业务覆盖全省14个市州，持续深入86个县区的乡镇村，惠及广大农业适度规模经营主体，充分发挥政策性融资担保职能作用，深入贯彻落实国家乡村振兴战略，助力乡村产业振兴，坚守“农担使命”，贡献“农担力量”。

【经验启示】

以数字化为抓手提高贷款可得性。通过数字化转型，逐步降低涉农业务的运营成本和风控成本，让利于农；扩宽担保业务服务半径，深入乡村基层提供担保服务，提高了广大农业经营主体担保贷款可得性。

以数字化为基础提升服务效率。建立业务服务渠道，打通担保服务“最后一公里”。通过业务线上化，优化传统的担保业务线下资料传递、人工审批的模式，实现让数据多跑路，解决了人员不足与距离制约的问题，有效地提升了服务效率和客户体验感。

“兴泰科创通”打通服务科技小微“最后一公里”

合肥兴泰科技小额贷款有限公司

【案例背景】

科技型中小微企业在发展初期因核心技术和知识产权的研发及投入导致融资需求较大，且自身一般具有“轻资产、无抵押、少担保”等显著特点，“融资难、融资贵、融资慢”成为困扰科技型中小微企业发展的突出问题。为打通服务科技小微“最后一公里”，合肥兴泰科技小额贷款有限公司（以下简称兴泰科贷）推出“兴泰科创通”产品，以“投贷联动”的创新业务模式解决科创企业的融资难题。

【主要做法】

一是创新产品，探索“大债权+小股权”业务发展模式。与传统企业相比，科创企业有两个明显特征：第一是轻资产，科创型企业以“人” 为中心，属于智力密集型，难以提供金融机构认可的合格抵押品；第二是缺乏规范的财务报表，或者说现行的会计方法、资产评估制度、财务制度不能有效反映企业的潜力和特征。针对以上特点，兴泰科贷推出“兴泰科创通”产品，该产品面向区域内高潜力的科技型企业及团队和产业园区、研究院、孵化器等中具备较高技术研发能力或具有高成长潜力的科技型企业，以“信贷投放”和“股权投资”相结合的方式，实现科创企业信贷风险和收益的平衡，为科创企业提供持续的资金支持。该模式的主要特点是对企业盈利指标没有硬性要求、无须强担保，仅需企业授予金融机构一定金额的认股期权即可，就能为科创企业筹集资金解决燃眉之急。

二是结合实际，量身定做个性化融资方案。投资企业WF科技有限公司是一家专业从事永磁传动产品研发生产的国家高新技术企业，产品广泛应用于电力、冶金、化工、水泥、煤炭、钢铁、军工等领域的大功率电机的节能技改环节，节能率达到20%~40%，在调速机构、轴承、总体结构设计选型等关键技术方面拥有大量核心专利。2021年WF科技公司正处于业务上升期，因为其产品全部属于ToB（面向大型企业，为企业提供服务）类型，下游存在账期，而上游没有账期，导致同时开展几个大项目时存在资金缺口。公司项目人员在核实企业的真实情况、对其产品及市场进行分析后，认为永磁技术目前处于大规模应用初期，且属于节能环保板块，其发展具备行业内的核心竞争力同时符合绿色可持续理念，有较好的发展前景，为其制订了风险可控的配套“股+债”投放方案，解决了该企业中短期的生产备货资金需求，得到企业的高度认可。目前WF科技有限公司依托“兴泰科创通”量身定制的个性化融资解决方案，2021年被评为安徽省科技小巨人、瞪羚培育企业、“专精特新”企业。兴泰科贷通过改变传统的基于财务报表和实物抵押的信贷产品设计思路，为企业量身定制个性化的融资方案，实现产品创新与科创企业需求之间的精准对接。

【取得成效】

一是有力解决科创企业融资难题。2018年下半年兴泰科贷正式获批开展投贷联动业务，经过3年多的运营，公司科技企业库中已储备科创企业33家，截至2021年底，公司科技类贷款产品累计为81户科创企业提供资金支持超过1亿元。二是有力支持科创企业发展。兴泰科贷还相继推出“高新贷”“科创通”“专精特新贷”“孵化宝”等科技金融业务产品，并与WF电力、YF智能、HG库讯等20家科技企业开展业务合作，其中9家为省市“专精特新”、瞪羚培育企业。三是有力助推公司业务转型升级。自开展该项业务以来，兴泰科贷积极进行科创类客户积累，设立了完整的审批流程及风险防控措施，团队打造逐渐趋于完善。在对科技型企业进行扶持的同时，完成自身的收益要求，建立保持可持续运转的长效机制，提升了国有资产运营效率，打通“最后一公里”的投资通道，对公司业务向科创金融转型发展具有重要意义。

【经验启示】

“兴泰科创通”业务产品通过信贷投放与股权融资的结合，以债权业务作为“试金石”并获得投资选择权，在企业成长进入VC视野时考虑行使该权利实施投资。“投贷联动”创新业务模式既可以令科技小贷公司从早期开始贷款支持科创企业并为股权投资储备项目，又能够较好地平衡短中长期的收益，降低直接投资的风险，同时，在VC阶段投资也提高了议价能力，规避成熟期的激烈竞争。

以普惠金融和司法协同理念和谐处置金融不良债权

厦门诚泰小额贷款股份有限公司

【案例背景】

普惠金融的本质，要求金融机构不仅应当为普通的社会主体及民众提供有效的金融服务，也应当在处置那些“诚实而不幸”的债务人的金融不良债权时，坚持普惠金融和司法协同理念，主动履行社会责任、主动让利、和谐处置，体现对债务人的人文关怀。

【主要做法】

厦门S公司是猪饲料研究小微企业，为厦门市农业信贷财政扶持对象。2017年8月，厦门诚泰小额贷款股份有限公司（以下简称诚泰小贷）向S公司发放扶持贷款80万元。但借款期限届满时，借款人尚欠贷款本金600 856元及利息等未还，且该公司已倒闭。2018年9月，诚泰小贷持公证债权文书和执行证书向厦门市同安区人民法院（以下简称同安法院）申请执行。

执行中，同安法院查封了保证人钟某和其配偶、女儿三人共同预告登记的预售商品房（该房产已具备交房和办理权属登记条件）。经执行法官征询预告登记权利人钟某和其配偶、女儿三人意见，三人均同意由法院拍卖处置该房产，并按份分割，钟某份额直接用于偿债。同时，执行法官又将案涉查封处置的相关法律文书送达不动产登记部门和开发商，并征得抵押预告登记银行同意法院拍卖处置该房产。

2020年5月7日，案涉房产拍卖成交，成交价326万余元。扣减抵押预告登记银行债权145万元后，余款178万元按三人份额均分，诚泰小贷获款近60万元，清偿了全部本金。执行和解时，诚泰小贷又主动将债务人未还的利息降至15万元并自此不再计息，且同意被执行人分期给付，至此本案顺利执结。

【取得成效】

本案的成功执结，既保证了小贷公司债权利益的实现，又充分保护了当事人及其他案外人、开发商、银行实体的合法权益，体现了小贷公司推进普惠金融的社会责任担当和对债务人的人文关怀，实现了“案结、事了、人和”的良好社会效果。

通过本案，说明金融机构在推进普惠金融中，不仅应当关注扶持小微企业，更应当在相关不良债权处置中注重司法协同，对非恶意逃债的小微企业债务人，主动让利，和谐化解债务。

通过本案，彰显司法协同机制的重要性。在司法实践中，预售商品房的强制执行不仅涉及当事人，还涉及不动产登记部门、开发商、银行等其他案外人，执行效果如何，离不开相互主体之间的联动协调与协同，单靠司法强制力是远远不够的。鉴于此，从2020年开始，厦门市中级人民法院开展了司法协同机制改革实践，本案即为该司法协同实践中成功的典型案例。

【经验启示】

一是预售商品房的执行查封特点。根据现有法律规定，对预售商品房的查封仅是“预查封”，“预查封”的效力只有在购房人办理不动产权属登记后，才具有查封的效力。因此，预查封并不影响合同当事人依约行使合同解除权。故执行法院对此类预查封，除应把预查封裁定和协助执行通知书送达不动产登记部门外，还应把该等法律文书一并送至开发商，并告知预查封的效力及解除合同后，不得自行向被执行人返还已收的房款，这样才能有效维护债权人以及案外人开发商实体上的权益。

二是预售商品房抵押预告登记下的执行查封处置。实践中，预售商品房被执行人都与银行办理了抵押预告登记。但该预告登记只是一种预先排他性的保全措施。根据司法解释，除“已经办理建筑物所有权首次登记，且不存在预告登记失效等情形的”，抵押权可以自预告登记之日起设立外，抵押预告登记并不当然享有抵押优先权。故在此类预售商品房符合一定条件下予以拍卖时，法院应先将所涉的预查封法律文书、协助执行通知书等一并送达抵押预告登记权利人银行，依法保障银行的知情权，再根据法律规定依法处置和分配。

三是对共有且非案件当事人房产的执行查封与处置。根据法律规定，对被执行人与其他人共有的财产，人民法院可以查封、扣押、冻结，但应当始终把保护其他共有人的合法权益摆在第一位。值得肯定的是，在本案的执行中，执行法官注重依法维护预告登记共有人的合法权益，取得他们同意由法院拍卖处置该房产，并按三人份额均分，钟某份额直接偿债的明确意思表示，这就为本案的顺利执结奠定了依法并和谐的基础。

“1+N”债股联动新模式赋能科创型中小微企业成长

广东省粤普小额再贷款股份有限公司

【案例背景】

为解决科创型中小微企业的融资困境，广东省粤普小额再贷款股份有限公司（以下简称粤普再贷）坚定不移地践行国企担当，依托主发起人股东——广东省粤科金融集团有限公司（以下简称粤科金融集团）在科创投资领域的资源优势，创新性地通过开展“1+N”债股联动模式，赋能科创型中小微企业成长。

【主要做法】

根据近9年来的市场深耕，结合广东省科创型中小微企业的融资诉求，粤普再贷针对广东省20个战略性产业集群发展和九大领域关键核心技术攻关领域相关企业，与粤科金融集团协同推出“1+N”债股联动服务，其中，“1”是由粤科金融集团凭借其近30年来聚焦科创投资领域的成熟经验，筛选具有良好成长性的科创型中小微企业，并为其提供中长期的股权投资；“N”是由粤普再贷围绕粤科金融集团拟投资或已投资的科创型中小微企业，结合其自身特点及实际需求，设计及提供包括科技惠保贷、产业链融通贷、知识产权质押贷、园区经营贷、英才经营贷等多个个性化科技信贷方案。

具体操作如下：一是粤普再贷与粤科金融集团共同设立业务协同的客户准入标准，建立优质项目信息的互联互通机制。二是针对粤科金融集团已过会未拨款的投资项目，粤普再贷为其提供短期贷款，并协议约定待项目获得投资款后，偿还贷款本金、利息。三是针对粤科金融集团已投资项目出现流动性不足的情况，粤普再贷进行分析研判，对具有发展前景、风险可控的项目企业，提供短期流动性贷款服务（见图1）。

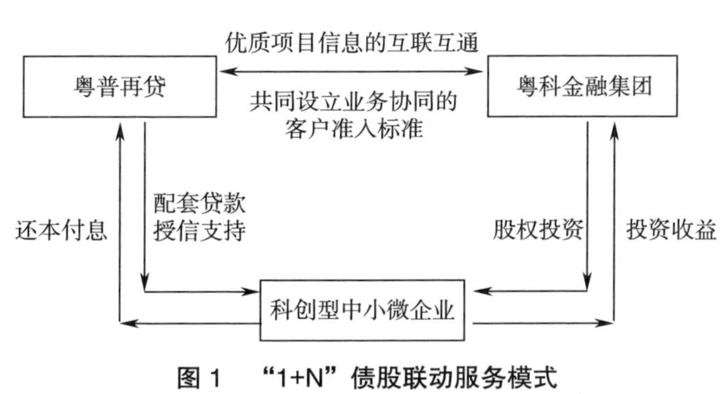

图1　“1+N”债股联动服务模式

【取得成效】

自2021年推出“1+N”债股联动服务以来，截至2022年5月末，粤普再贷已累计为60多家广东省科创型中小微企业提供超过3.16亿元的专项融资服务，服务行业涉及高端装备制造、智能机器人、生物医药与健康、软件与信息服务等战略性新兴产业及战略性支柱产业。

XT智能公司是“1+N”债股联动服务的首批客户之一，公司作为国内外领先的物联网技术和方案提供商，拥有多项发明专利、实用新型授权、软件著作权，其研发的物联网产品和方案广泛被大型超市、智慧园区、智慧楼宇等线下商业门店应用，有效解决大空间、高密度、低延迟场景对无线物联的需求。基于XT智能公司在无线通信领域产业链的重要作用，粤普再贷与粤科金融集团创投板块联合组建业务小组，主动上门为其提供债股联动的综合服务。其中，为支持其长期研发投入，粤科金融集团创投板块为其提供大额股权投资资金；粤普再贷则根据XT智能公司拟启动工业园智能建设和智慧展馆项目的短期资金需求，为其提供综合授信额度300万元、期限一年、随借随还、无须抵押的低息保证贷款。获得债股联动支持后，XT智能公司长期研发投资和短期项目开拓的资金问题迎刃而解，为培育其成为“专精特新”企业打下坚实基础。

【经验启示】

“1+N”债股联动服务的创新模式能有效解决传统科技信贷的三大痛点，一是解决业务收益与风险不匹配的痛点，通过股权与债权业务的合理搭配，能以科创型企业客户长期成长的股权溢价对冲短期信贷的不确定性风险，构建可持续的商业模式；二是解决业务风控难以闭环控制的痛点，通过与专业创投机构的协同合作，在贷前能从项目来源上筛选出更优质的客户，在贷中能更准确地掌握客户真实发展状况，在贷后能配套更安全、多元的资金回款方式，真正实现业务风控的闭环控制；三是解决科创型中小企业多元化融资需求难以全面覆盖的痛点，通过多机构合作，能为客户企业提供全链条的科技金融配套服务，帮助其持续成长壮大。

“油服贷”金融产品

甘肃公航旅小额贷款股份有限公司

【案例背景】

石油是“工业之血”，在整个国民经济中处于上游产业的位置，具有牵一发而动全身的战略地位。甘肃省庆阳市域内油气储量近50亿吨，油田建设由大型央企主导，充足的项目资金、丰沛的石油储量、较长的开采周期，以及独立分层的专业化工序都为当地中小微企业参与油田产业建设提供了广阔空间。为保证工程施工质量及效率，参与油田建设和开采的各类企业均需经过严格准入审核，一旦中标入选，项目合作周期普遍保持在2~3年，这极大地保障了参建企业工程的稳定性和持续性。

面对如此庞大的市场，公航旅小额贷款公司基于近十年的市场运营和风险管理经验，结合油田产业运行规律和客户需求，研发“油服贷”产品。产品以庆阳市辖区内大型油田开采企业为核心，对其上游服务企业进行授信，通过对相关企业专业资质和过往履约记录的核实，还原企业施工能力，测算其中长期业务规模，使未来应收账款质押融资成为可能。该产品授信期最长可达36个月，授信期内可多次循环使用，按日计息。

【主要做法】

经过详细的调查研究，公司发现油田产业供应链存在“两高一长”的特征。一是准入标准高。为实现标准化管理，业主单位按工程各环节工艺要求，对参建企业在机械设备配置、技术人员专业等级及工程履约记录等方面需要达到的条件进行了详细的规定。所有项目在参建投标前，先要经过严格的资质审核，通过审核的企业可获得由业主单位核准授予的专项资质证书。二是行业利润高。油田项目的毛利润较为可观，普遍保持在30%以上，企业获得油田项目准入资质后，长期规范服务的积极性较强，中标后违约概率极低。三是结算周期长。油田项目前期的垫资成本较大，但结算账期长达6个月，这就造成企业中标项目越多，前期投入资金就越多，因而产生的融资意愿也就越强烈。

基于上述的产业特征和客户需求，公司将获得资质和项目中标作为“油服贷”产品的主要准入要素，并将应收账款作为产品的底层资产，操作中，经办人员要依据历史数据和当期项目合同测算履约周期内应收账款的平均保有额度，以此为基础给予不高于应收账款平均保有额度70%的贷款授信。最后结合合同预期工期，给予较为合理的授信期，授信期内客户可分批循环提款，按实际用款金额和天数计息。

【取得成效】

近两年，油田企业受油价波动影响不断缩减生产计划，行业陷入低迷期，油服企业生产经营遭遇严重冲击。一方面，工程量萎缩，结算周期拉长，导致流动性吃紧；另一方面，部分银行抽贷压贷，融资环境进一步恶化。在这种极端行情下，公航旅小额贷款公司并没有盲目设置行业壁垒，而是通过对历史行情和市场走势的分析研判，保持了对油田行业长期看好的态度，坚定地推出了“油服贷”产品。

经过两年多的市场验证，期间油田行业由衰转盛再次进入高景气周期，产业规模得到快速发展，公航旅小额贷款公司也由此培养了一批忠实客户，达到了双赢的目的。自“油服贷”产品推出以来，累计帮扶油服企业70余户，资金支持达6亿元。

【经验启示】

一是高度契合产业规律，解决普遍问题是金融产品的意义所在，更是产生金融需求的源头，发现了普遍问题，也就发现了潜在的客户需求。账期较长是油田服务企业面临的普遍问题，“油服贷”即是公航旅小额贷款公司瞄准消除产业痛点形成的创新成果。

二是制订非标准应收账款质押方案。不能一味地要求核心客户对应收账款进行盖章确权，用产业自身的高门槛和良好履约记录，总结提炼对未来应收账款额度的预测和管理能力。

三是结合企业生产周期创造便利。油服企业普遍垫资较大，用款集中，其中3—11月为施工期，用款较多，12月至次年2月为冬歇期，用款较少，针对这一情况，“油服贷”设置了灵活的用款和计息机制，既契合周期性需求，也最大限度地提升了资金成本的可控性。

以创新引领、科技赋能
走“绿色+数字”的可持续发展信贷道路

佐力科创小额贷款股份有限公司

【案例背景】

佐力科创小额贷款股份有限公司（以下简称佐力小贷）成立于2011年8月18日，于2015年1月13日在香港联合交易所成功挂牌上市，是浙江省第一家境外上市的小贷公司，国内第一家在香港H股上市的纯主营小贷业务的公司。自成立以来，佐力小贷始终致力于服务“三农”，支持实体经济，扶持中小微企业，遵循“小额分散”“灵活高效”和“支农支小”的原则，贯彻可持续发展经营理念，践行普惠金融。

【主要做法】

自主研发绿贷信息管理系统。佐力小贷投入近300万元，由技术团队自主研发了绿色贷款信息管理系统，基于环境、政策、行业和企业等数据对贷款进行绿色智能识别，将绿色服务融入贷款全流程，并于2020年9月1日取得了国家计算机软件著作权。该系统对项目分类、贷款的投向进行全流程的评估和管控，全力推进贷款操作的自动指引、绿色项目的自动识别、贷款风险的自动预警、贷款效益的自动测算，实现绿色信贷业务的全方位、可视化管理。接下来公司技术部计划进一步优化该系统，不仅要从报表类型、产品种类等基础模块入手，更要将碳排放和碳中和的概念嵌入信贷产品，增加碳排放和碳中和的相关功能模块。

创新开发数字化绿贷产品。以分布式光伏发电项目为例，公司充分利用科技赋能，将商用光伏屋顶监控、实时发电量监测、智能测算等技术融入光伏贷产品的研发，便于更好地进行项目可行性调查、数据测算、价值评估及项目落地后的贷后监测。比如利用太阳能发电和4G网络数据传输技术，在光伏屋顶安装太阳能无线监控摄像头，实时监控场地情况；通过App了解发电情况和企业用电情况，结合当地光照情况就能得出公司的收益情况。

【取得成效】

获得国际融资和技术支持。近两年，公司的绿色发展理念和方向获得了国际上一致认可，与多家国际投资机构开展了境外融资合作。2022年以来，公司还获得了DEG（德意志复兴银行子公司）及GCPF（全球气候伙伴基金）7 500万元及授信850万欧元的融资，并将启动对公司的绿色技术援助计划。公司有望将自身的绿色贷款信息管理系统与GCPF测算客户节能减排数据的专业系统相结合，升级优化原有功能；此外还由其提供技术顾问，为公司设立ESMS，提供完整的绿色贷款审批流程，进一步完善风险控制管理。后期，DEG将为公司提供24万欧元的技术支持费用，用于系统的建设和维护，实现绿色金融的全面信息化管理。

助力客户绿色转型发展。佐力小贷作为银行等金融机构的补充，为小微客户更好地解决资金难题，同时进一步助推企业绿色发展，加速企业绿色转型，为绿色贷款业务提供了更加便捷、高效灵活的服务。截至2021年12月31日，佐力小贷绿色贷款余额约4.2亿元，占总余额的15.8%。

积极承担社会责任。作为一家上市公司，佐力小贷积极承担社会责任并愿创造更多社会价值。目前佐力小贷已完成投放和待跟进的光伏项目总计体量达到10兆瓦，预计每年可节约近3 000吨标准煤，减少二氧化碳排放9 000吨左右；并通过ESMS将社会环境效益纳入贷款审核，进一步助力碳达峰、碳中和目标。此外，在与境外投资机构的合作中，公司通过建立和实践自己的绿色标准和评价体系，输出中国绿色发展理念，向世界传递绿色湖州经验。

【经验启示】

佐力小贷始终紧跟政策步伐的引领，在绿色发展道路上勇敢探索实践，通过自建绿色贷款信息管理系统；开发创新数字化绿贷产品；引进境外资金、技术及理念等，开辟了一条小贷行业的新道路。

未来，佐力小贷将一如既往地练好内功，争做行业发展的建设者、行业经验的分享者、行业成果的收获者，激发行业正能量，以促进共同提高，共谋稳健发展。同时作为金融体系中的“毛细血管”，发挥打通绿色金融“最后一公里”的作用，促进区域经济高质量发展，并为中国实现“30·60”“双碳”目标作出自己的贡献。

以产业链金融服务助力中小微企业纾困解难

中国石化财务有限责任公司

【案例背景】

中石化集团产业链有涉及行业广泛、链条完整、产业链长等特点，在集团产业链中存在大量中小微企业，财务公司作为集团的“内部银行”，在满足集团成员企业资金需求的同时，积极落实国家帮扶中小微企业缓解融资难、融资贵的政策要求，依托产业链金融产品，帮助中小微企业缓解资金困难。A公司是北京地区经中国石化审核认可的一家危化品公路物流运输公司，一直为中国石化甲公司、乙公司等石化集团企业提供汽车运输服务，为集团成员单位的上游客户。由于其经营规模较小、危化品运输安全投入大，物流成本较高，在生产经营中成本支出挤占了大量利润空间，公司日常经营经常面临资金压力。

【主要做法】

精准制订融资方案。通过对A公司与甲公司、乙公司等集团企业的业务往来分析，财务公司营销团队发现，集团企业向其支付物流费用主要使用承兑汇票背书，因此A公司持有大量小面额承兑汇票，作为一个仅有不到50名员工的小微企业，其在市场上融资渠道较为有限，变现成本较高，日常流动资金运转受到较大影响。为此，营销团队推荐办理产业链票据贴现业务，该产品具有利率优惠、手续简便、放款迅速等优势，能够快速帮助企业将票据资产变现。

抓住时机，降低客户融资成本。针对中小微企业对利率敏感度较高这一特点，营销团队持续跟踪当期金融市场变化，从市场政策、市场资金量、资金成本、信贷投放等方面深入分析票据贴现利率的未来走势，抓住票据市场贴现利率下探窗口期，及时进行报价，帮助企业降低资金成本。

优化流程，不断提高业务办理效率。为满足A公司紧急用款需求，财务公司为其指定专人客户经理，及时响应并制订贴现业务优化方案，进一步提高业务办理效率，对票据贴现业务的审批流、合同文本和系统操作资金流等进行调整，在合规和风险可控的基础上，不断缩短客户从提交业务申请到资金到账的时间，使客户能够高效完成业务办理，快速获取资金。

【取得成效】

截至2021年底，财务公司累计为A公司办理产业链票据贴现业务16笔，金额共计323.67万元，均当天申请当天到账，不仅有效缓解企业运营资金压力，精准助力其解决资金压力，而且进一步加强了A公司与集团成员单位的合作关系。截至2022年5月，公司累计服务供应链金融客户达到4 000多家，客户涵盖采矿、制造、建筑、批发零售、交通运输、科学研究和技术服务等多个行业，其中中小微及民营企业占比80%以上。2017—2022年，财务公司通过持续加大买方信贷、产业链保理、票据贴现等产业链金融业务的推广和拓展力度，其中仅票据贴现业务就达875亿元，帮助集团产业链客户降低融资成本、缓解中小微企业融资难、融资贵问题卓有成效，以实际行动响应国家支持实体经济、服务中小微企业的号召，实现财务公司、集团成员单位和产业链客户三方“共赢”，有力支持石化集团产业链上中下游的可持续健康发展。

【经验启示】

中小微企业的生产经营模式较为单一，在收支模式上话语权不够，资金周转需求较大，同时由于其资产规模和经营实力限制，在市场上的融资渠道较为有限，容易出现日常经营周转不开而流动资金紧缺的情况，因此对中小微企业办理业务时，要善于深入挖掘企业经营模式、结算方式、资金周转等问题的症结，结合财务公司金融产品特色，制定符合企业需求的金融服务策略。

中小微企业对金融产品的价格敏感度相对较高，存在对市场价格波动了解不多的情况，在为中小微企业制订服务方案时，应持续跟踪当期金融市场变化，积极为中小微企业提供低成本的资金获取方案，为企业节约资金成本。

构建综合服务能力　打通绿色金融"最后一公里"

中信财务有限公司

【案例背景】

"十四五"期间，中信集团提出"五五三"战略，将集团业务划分为综合金融、先进材料、先进智造、新型城镇化和新消费五大板块，其中新型城镇化板块在绿色环保领域拥有中信环境等行业龙头企业，在水处理、固体废弃物（固废）处理、危险废弃物（危废）处理、循环经济产业、节能减排等领域进行了重要布局。相关领域资金需求大，回报周期长，区域分布广泛，对成员单位的管理能力提出较高要求。中信财务充分发挥自身决策链条短、化解信息不对称能力强的优势，及时跟进相关成员单位资金管理需求，构建了高效的绿色金融服务体系。

【主要做法】

在结算业务方面，中信财务与开发厂商合作，主导开发了共享知识产权的"小核心+大外围"业务系统并不断根据成员单位意见进行迭代升级。通过企业网银、财企直连提供"7×24"小时全渠道、全天候结算服务，确保成员单位日常结算不中断。在信贷业务方面，中信财务积极提供以"全品种覆盖、多币种支持、境内外联动"为特色的信贷服务。针对行业"重资产"、回报周期长特点，中信财务积极平衡风险防控和信贷需求，灵活接受上市公司股权质押、污水处理费质押等多种增信措施，助力盘活存量资产，解决项目融资难问题；针对产业链上下游膜生产、工程施工、水厂运营等环节不同需求，积极提供贸易融资、流动资金贷款、项目贷款和并购贷款"组合拳"，有效地支持了相关成员单位的业务发展。在中间业务方面，中信财务结合成员单位项目公司遍布全国，单笔业务规模小、成本高特点，提供"全线上"定制化、个性化绿色金融服务：开发上线资金池委贷业务模块，实现小额、高频资金调拨需求的"线上化"办理，有效降低用户资金管理成本；实现与保险公司数据互通，推动成员单位统保业务落地，通过个性化批量采购助力成员单位"降本增效"。

【取得成效】

截至2022年4月末，中信财务向相关成员单位发放贷款余额33.63亿元，占中信财务贷款总额的11%；累计办理资金池委贷18笔，单笔金额低至150万元；累计为相关成员单位办理30笔保险，累计保额69.65亿元。经过多年发展，相关成员单位已在MBR（膜生物反应器）技术、连续膜过滤（CMF）技术和反渗透（RO）技术等领域形成竞争优势，特别是对高难度的工业废水、高要求的大型市政污水以及饮用水的处理具有丰富经验。在供水和污水处理系统设计、建设、安装、调试及技术服务方面实力较强，承建了多个行业内的标杆工程，累计投资环保项目近百个。截至2021年末，中信集团运营水厂超过60家，日均处理当量规模超过600万吨。

【经验启示】

支持绿色环保产业发展，提供绿色金融服务是中信财务践行社会责任的一部分。下一步，中信财务将继续坚持“讲诚信、重担当，与成员单位共创价值”的经营理念，针对相关成员单位行业特点，确保金融服务解决“痛点”，发挥自身差异化优势，通过结算、融资和金融科技等综合手段，打通绿色金融服务的“最后一公里”，助力绿色环保产业成员单位的发展和集团“五五三”战略的实现。

“通用技术——机床票”服务制造强国

通用技术集团财务有限责任公司

【案例背景】

机床作为“工业母机”，事关国家的产业发展和工业振兴。机床强，则制造强；制造强，则国家强。然而中国机床大而不强，高端技术、核心部件缺失导致行业利润率低、资金链紧张，经营亏损等问题始终是国产机床企业的“痛点”。机床企业融资难，但机床行业多以票据结算流转，导致企业必须缴纳高额保证金才能确保用票需求，进一步占压资金，增加财务成本。通用技术集团积极服务国家战略，聚焦机床主业，组建了中国机床行业的“国家队”。通用技术财务公司作为集团内的金融机构，一直致力于服务集团主责主业。然而财务公司行业承兑票据的市场认可度不高，供应商更愿意选择接收银票，导致财票的应用场景受限。“通用技术——机床票”的推出有效地解决了上述痛点问题。

【主要做法】

通用技术财务公司瞄准机床企业资金痛点给予产品精准定位，推出“通用技术——机床票”，通过引入国有大型商业银行作为财票的承兑保证人，由国有大型商业银行作为第二承兑人，与财务公司承担同等的承兑义务，借助银行信用打通票据流通渠道。随着通用技术集团机床企业的增加，业务规模持续扩大，对票据的需求越来越多，但是机床企业目前因经营困难，在上游供应商和银行面前都处于弱势地位。“通用技术——机床票”能有效解决机床企业融资贵、支付难的经营“痛点”，有效地降低了集团和机床企业的财务成本，其主要原因：一是能够帮助企业解决支付结算问题，缓解资金压力，可替代银行借款，避免支付高额贷款利息；二是避免机床企业交纳高额比例保证金，节约了资金成本；三是经过银行加保的机床票市场认可度更高，流通性更强，供应商将更愿意接收，能够帮助解决上游供应商对机床企业的“卡脖子”问题。在机床票的带动下，通用技术财务公司已累计为机床企业开具近18亿元的财票，切实帮助机床企业解决了融资难题。另外，通用技术财务公司充分利用各类途径对该产品服务进行推广，结合线上与线下、业务与品牌，形成多维度的宣传。发挥融媒体优势，利用公司官方公众号、财务公司协会等媒体网站多地多渠道播出宣传片；并制作宣传手册向机床企业及供应商发放，开展产品推介，实现业务的直接转化。

【取得成效】

取得市场业绩并获得客户认可。自2021年6月开出首张机床票以来，截至2021年末，累计为6家机床企业开出机床票65张，涉及金额2 800余万元。机床票得到了机床企业及供应商的一致认可。在机床票的宣传带动下，机床企业整体票据业务规模飞速增长。2021年财务公司为机床板块累计开票超过5.7亿元，较上年同期增长近5倍，如替换银行借款，可节约超过2 000万元财务利息成本。在机床票的带动下，越来越多的供应商愿意接收使用机床企业开出的财票，由上年度的200余家增加至超过500家，包括业内多家知名供应商。

提升了通用技术财务公司的知名度和美誉度。“通用技术——机床票”是公司创新开发的个性化金融产品，既得到了银行的大力支持，也得到了机床企业及供应商的广泛认可，加速树立起公司主动服务、创新服务、精准服务的品牌形象，为继续拓展其他金融业务奠定良好基础。

形成了通用技术集团机床企业“国家队”的品牌效应，随着机床票推广使用，机床企业国家队的规模效应和品牌信誉在行业中凸显，助力机床企业与上游供应商、外部银行等巩固合作关系、提升商业信用，不断向着高端制造迈进。

【经验启示】

“通用技术——机床票”是通用技术财务公司切实服务集团企业、助推集团装备制造产业高质量发展的积极创新和尝试，是助力通用技术集团扛起中国机床制造大旗的重要利器。通用技术集团将坚定不移地把发展高端机床装备制造业作为第一核心主业，举全集团之力推动集团机床产业转向高质量发展轨道。在机床产业的发展道路上，“通用技术——机床票”将继续努力发挥更重要的作用。

普惠小微助发展　产融协同促共富

浙江省交通投资集团财务有限责任公司

【案例背景】

近年来，随着国家经济改革深化、普惠金融及产业转型升级的需要，国务院、地方政府以及银保监会相继出台了积极推动供应链金融发展的文件，要求通过建渠引流、产融结合，推动行业龙头企业实现供应链整合、推进供应链升级。但在实务操作中，供应链金融业务受制于“信息孤岛”、风险范围广、业务流程复杂等难题影响，业务推广效率偏低，业务管理和风险控制也面临挑战。在这样的背景下，浙江交投财务公司积极贯彻落实相关部门关于推动现代供应链体系建设的重要工作部署，打造“交易融”产业链金融平台。

【主要做法】

一是以优质信用输出，塑造供应链全新业态。通过供应链金融模式把集团优质的信用和金融资源传导到供应链上的中小微企业，盘活沉淀在产业中的应收应付账款，有效压降链上企业融资成本，助力集团链上主体提质增效。

二是以高新科技赋能，打破供应链信息壁垒。通过与工商、电信运营商、税务等系统交互，采用大数据分析验真、OCR智能识别、区块链存证、移动端操作等多种技术手段，有力解决信息共享、信息不对称、贸易真实性校核难等难题，提供安全、高效、智能的运营环境。

三是以个性化服务增效，拓宽供应链融资渠道。推动“因企施策、一企一策”理念，按照客户交易特点，设计个性化业务模式；平台积极接入外部银行作为融资方，打造“成员单位+财务公司+金融同业”的协同合作新模式，为供应链客户特别是融资困难的中小微企业客户拓宽多元化融资渠道，解决融资难题，营造良好的交易生态圈。

四是以专业化团队提质，强化供应链服务效能。为进一步提升供应链金融服务质量，浙江交投财务公司以资深金融专业人才为主，组建了专业化的供应链金融服务团队，统筹承担业务推广及办理等工作，为深化产融协同发展提供坚实的服务保障。

【取得成效】

一是坚持普惠金融服务导向，构建交通共富产融智链。2021年公司开展票据业务共计62.73亿元，贴现业务共计45.16亿元，贸易融资共计800万元，较上年同期分别增长了357%、490%、100%，业务发展迅猛。其中，2021年公司共服务小微客户16家，占比42.11%；2022年1—5月小微客户数量大幅上升至24家，占比高达72.72%。

二是切实压降融资成本，达成链上企业“共赢”。2021年和2022年1—5月，供应链业务融资加权平均利率分别为3.57%和3.31%，均显著低于人民银行统计的2021年平均加权贷款利率4.57%，切实压降小微企业融资成本。同时，平台执行行业最低收费标准，免收保证金。与银行相比，为成员单位节约开票手续费超过200万元。

三是打通外部融资渠道，实现“强链、补链、延链”。平台陆续开展外部金融机构接入工作，为产业链客户特别是融资困难的中小微企业客户拓宽多元化融资渠道。于2022年5月实现浙商银行的接入并成功完成首笔全线上、免开户的数字信用凭证融资，不仅标志着供应链协同合作模式全新启动，同时也意味着平台金融服务能力进一步提升，有力迈向以融促产、产融协同的良性发展局面。

【经验启示】

与传统的线下业务相比，浙江交投财务公司打造的产业链金融平台凸显了服务效率高、业务延展性强、风控能力优等特点：其一，线上化服务满足小微企业“短、频、急”融资需求。通过与集团门户、财务公司系统、电子签章SaaS平台等联动，实现注册、审批、交易流转、融资、合同签署等全流程线上化，提升融资时效性与便捷性。其二，可流转的平台产品强化供应链业务延展性。供应链凭证可拆分可流转的特点有利于供应链服务纵向延伸，可覆盖链条上N级供应商，延伸业务服务维度。其三，“智能化”系统提升供应链业务风控管理能力。通过大数据验真、风险预警，形成风险评估报告，提供智能决策参考。运用区块链技术，将交易数据区块链存证，全流程跟踪记录，增加资产可信度。

普惠金融促进供应链稳定
助力企业"减包袱添活力"

珠海格力集团财务有限责任公司

【案例背景】

2022年第一季度，规模以上工业企业利润增速虽然保持增长态势，但增速比上年第四季度回落3.8个百分点，很多中小微企业发展仍面临原材料价格上涨等挑战，"增产不增收、增收不增利"矛盾突出，企业生产经营困难加大，工业经济持续恢复的基础仍不牢固。国务院总理李克强于2022年5月5日主持召开国务院常务会议，部署进一步为中小微企业和个体工商户纾困举措，金融帮扶方面，引导银行加强主动服务，对中小微企业合理续贷、展期、调整还款安排，不影响征信记录，并免收罚息，加大对小微企业信贷投放和金融服务，适当降低贷款利率，更好地支持实体经济恢复发展。

【主要做法】

格力财务公司响应政府工作部署，为保障中小企业金融供给，强化金融支持疫情防控，加大"强链补链"的金融扶持力度，重点围绕民营企业和中小企业，完善普惠金融服务；格力财务公司通过延伸产业链金融服务，以产融结合助力供应商扩大产能，提升经营管理水平，提高向格力电器的供货能力和供货质量，促进提高供应链稳定性和竞争力。格力财务公司贯彻国家战略布局，对存量客户积极开展疫情调研，全面摸排集团成员单位及产业链上下游企业经营情况和融资需求，制订疫情期间差异化金融服务方案，确保客户基础业务需求不间断、不拖延、不打烊，不盲目抽贷、断贷，针对小微企业遇到的困难，加大减费让利力度，开通线上绿色审批通道，为企业纾困解难，持续做好疫情防控期间金融服务工作。

【取得成效】

受疫情冲击和国内外因素叠加影响，我国经济发展面临的需求收缩、供给冲击、预期转弱三重压力加大。格力财务公司2021年全年累计对产业链上游企业实现信贷投放4.75亿元，其中对高新技术企业的信贷投放1.45亿元，占比30.53%。2021年全年累计服务小微企业35家，占授信客户总数的41.18%。其中，延伸产业链金融服务的小微企业占比达68.97%，全年信贷投放2.35亿元，占延伸产业链金融业务总量的49.47%。2022年1—5月实现产业链信贷投放4.04亿元，其中对中小企业实现信贷投放1.94亿元，累计服务中小企业21家，占授信客户总数的60%，其中延伸产业链金融服务的中小企业占比达90%。2021年，格力财务公司持续减费让利，全年累计为企业节约财务成本415.60万元，其中，受惠的中小企业占比91.43%。2022年1—5月，格力财务公司累计对上游供应商发放的保理融资18 983万元，贷款利率较疫情前下调30~100个基点，有效缓解了供应商应收账款回收的压力，畅通产业链供应链，帮助供应商盘活应收账款存量，产融结合提升格力供应链韧性，普惠金融精准扶持产业链协同发展。

【经验启示】

国内疫情错综复杂，经济下行压力加大，市场主体面临的困难增加。很多中小微企业发展仍面临原材料价格上涨等挑战，“增产不增收、增收不增利”矛盾突出，企业生产经营困难加大，工业经济持续恢复的基础仍不牢固。格力财务公司积极响应国家号召，贯彻落实经济政策，发挥普惠金融力量，金融“活水”精准滴灌。为保障中小企业金融供给，强化金融支持疫情防控，格力财务公司加大“强链补链”的金融扶持力度，重点围绕民营企业和中小企业，完善普惠金融服务；通过延伸产业链金融服务，以产融结合助力供应商扩大产能，提升经营管理水平，提高向格力电器的供货能力和供货质量，促进提高供应链稳定性和竞争力。

心系农民工 解决农民工烦"薪"事

广东省广晟财务有限公司

【案例背景】

为进一步贯彻落实国务院对全国根治拖欠农民工工资工作的部署，持续推进"我为群众办实事"见行见效，解决广晟集团系统内施工企业农民工"急难愁盼"问题，广晟财务公司于2021年9月成功上线了产融数字化资金网链平台，并推出全国财务公司业内首创的平台线上融资产品"农民工工资专项贷款——惠民贷"，切实聚焦主责主业，突出专业优势，全力做好广晟集团内施工企业的农民工工资支付保障及信贷支持工作，进一步增强人民群众获得感、幸福感、安全感。

【主要做法】

2022年1月11日，广晟财务公司通过产融数字化资金网链平台成功为成员企业中南建设发放首笔惠民贷业务，平台先将信贷资金从广晟财务公司账户自动划转至中南建设的银行账户，再自动划转至劳务分包商的银行账户，该平台从接收广晟财务公司指令后仅几分钟就将工资发放到位，最终线上联动建设银行为102位农民工发放工资共计228.96万元，用实际行动诠释金融责任与担当，推动金融业高质量发展。

【取得成效】

"惠民贷"产品是将农民工工资专项贷款、银行代收代付、银行代发工资组合而成的线上融资产品。通过产融数字化资金网链平台，对工程总包（核心企业）、劳务分包和农民工的银行账户进行实名认证，并实现线上资金自动划转和银行代发工资，确保工资真正发放到农民工个人账户。"惠民贷"产品的推出，是广晟财务公司首次运用金融科技的力量打通整个劳务产业链，实现农民工代发工资资金来源有保障、工资管理有依据、发放路径全监管。

【经验启示】

广晟财务公司将进一步贯彻落实广晟集团"企业发展更有高度、关爱职工更有温度、职工待遇更有厚度"的"三度"企业文化，聚焦系统内施工企业农民工"急、需、盼"问题，持续将产融数字化资金网链平台和惠民贷业务惠及广晟集团其他成员企业，为各兄弟企业降低财务成本、缓解资金周转压力，助力广晟集团扎实做好"六稳""六保"工作，切实履行国企社会责任，彰显国企担当。

创新“融资+融物”商用车租赁模式助力乡村产业就业发展

民生金融租赁股份有限公司

【案例背景】

民生金融租赁股份有限公司（以下简称民生金融租赁）认真贯彻落实党中央、国务院乡村振兴战略，按照民生银行党委要求，强化责任担当，发挥租赁特色，通过大力发展商用车租赁业务，积极参与民生银行在河南省封丘县、滑县的定点帮扶工作。公司瞄准物流行业覆盖面广、客户下沉特征明显的商用车领域，精心研究，精准开发与脱贫地区相匹配、传统金融产品覆盖不到位的客群及其产品。

【主要做法】

专题部署金融帮扶，精准开发租赁产品。商用车作为生产资料是定点帮扶封丘县、滑县一些农民和低学历群体致富的重要工具。但农民、小微企业受困于自有资本有限、信用资源较小、抵押物品缺乏等情况，难以通过传统银行信贷产品获取购车资金。租赁产品可发挥“融资+融物”的独特属性，满足其使用权和所有权相分离且租赁物自身能产生现金流可实施分期还款便利的优势。

践行普惠金融，对帮扶地区减负让利。2021年全国疫情不断反复，对于商用车这种长距离跨省运输车辆来说影响较大，也给封丘县、滑县的中小企业车主带来冲击。为最大限度地降低疫情的影响，民生金融租赁坚持以客户为中心，在封丘县、滑县继续落实车辆零售业务抗疫九项举措，包括减免租金、展期、重整等，其中优惠展期利率较常规利率下降约3%，进一步减负让利，及时缓解当地客户的阶段性困难。

【取得成效】

据统计，截至2021年末，民生金融租赁在滑县实现商用车业务投放超过6 000万元，在封丘县实现商用车业务投放超过2 000万元，累计服务中小企业车主超过240户。民生金融租赁已成为帮扶地区最大的商用车融资租赁机构，在当地培养打造了“民生易租”的知名金融品牌。除了定点帮扶地区封丘县、滑县，民生金融租赁还把帮扶产品展业到内蒙古察中旗等贫困地区，截至2022

年第一季度末，在22个省份832个脱贫县中，商用车租赁业务开展涉及531个县。公司坚持回归租赁本源，以商用车租赁业务为抓手，满足帮扶地区的金融需求，促进帮扶地区经济发展。截至2021年末，民生金融租赁在封丘县、滑县累计投放300余台商用车，每年帮助当地实现小麦、玉米等农作物产品外销超过140万吨，促进了当地农业发展和农民增收。截至2021年末，民生金融租赁在封丘县、滑县与6家车辆经销商进行业务合作，发挥租赁的设备销售作用，帮助当地经销商扩大车辆销售，直接拉动当地重卡行业产值超过6 000万元，带动当地物流运输行业实现年营业收入超过1.2亿元，并间接带动汽车维修保养、零部件更换等服务型产业年收入超过1 000万元，通过商用车租赁业务逐步激发帮扶地区的经济发展活力。

【经验启示】

民生金融租赁创新的“融资+融物”商用车租赁模式，有效地弥补了传统银行信贷产品渗透和覆盖不足，不仅帮助农户致富，带动乡村发展，而且拉动农产品打开市场，在产业、消费、就业方面以金融力量助力帮扶地区乡村振兴，为帮扶地区的保就业、保民生、惠企利民作出积极贡献，走出了一条具有自身特色的金融租赁帮扶之路，得到了帮扶地区客户、相关企业的认可和赞许，“民生易租”成为当地寻求创业致富的知名金融品牌。

AI智能贷款解决方案——“行云”系统

陆金所控股平安普惠陆慧融

【案例背景】

数字经济已成为我国经济发展的重要组成部分。2022年1月，国务院印发的《“十四五”数字经济发展规划》提出，“十四五”时期，我国数字经济转向深化应用、规范发展、普惠共享的新阶段。金融机构以数字化服务能力提升普惠金融服务力度、广度和深度，将进一步使小微企业融资呈现量增、面扩、价降的局面。通过数字营销模式和线上服务，能够点对点精准触达小微企业，既有效降低金融服务的门槛和成本，扩大服务覆盖面和精准度，同时还可以降本增效。

【主要做法】

平安普惠依托“AI+O2O”即线上线下相融合的业务模式，运用科技手段主动压降综合借款成本，进一步加大小微企业扶持力度，优化小微企业服务有效性。公司在国家政策及疫情背景下陆续推出“小微扶持专项计划”“陆慧融生意通专项扶持计划”“611纾困小微再加码”“行业4+1+1”“升级渠道方案”等多措并举服务小微企业。同时创新推出“一站式”智能融资产品“陆账房”，打造小微企业身边的“一站式”融资管家，只要通过手机上一个流程、只申请一次就能获得满意的融资服务。流程方面，“陆账房”作出两大革新，一是让客户先申请，根据初步评估得出的融资额度、成本选择融资服务方案，不盲选，更直观。二是通过应用科技，一套流程申请多个融资服务方案，更便捷。传统的小微企业融资业务流程是客户先选择产品再进行申请，小微企业融资服务的复杂性造成了客户选择难题，客观上为贷款形成了使用门槛，在一定程度上造成了“首贷难”。

【取得成效】

“陆账房”自2021年9月在部分地区开始试点，截至4月24日，累计帮助2万名客户获得了60亿元融资。在此期间，客户对“陆账房”的累计选择率为96%，受到广泛好评。小微企业融资产品创新任重道远，仅凭流程优化是不够的，一站式精准服务离不开AI科技、风控科技的加入。“陆账房”的流程全面应用了平安普惠2021年推出的AI智能贷款解决方案“行云”，可实现“零文字”输入、全程拟人AI面对面服务体验、大幅降低等待时间，将小微企业客户借款申请流程平均耗时下降了44%。平安普惠在2022年逐步切换为“陆账房”统一入口，实现自身融资服务的一次迭代发展。与小微企业在经济社会发展中所发挥的重要作用相比，目前只是迈出了一小步，小微企业金融服务仍有待进一步加强。金融服务产品是连接金融机构和小微企业的桥梁，为小微企业高质量发展提供更好的金融支持，需要不断加强金融服务产品创新。据陆金所控股财报数据显示，报告期内83.5%季度新增贷款流向小微企业主，较上年同期增长7.8个百分点，已连续三个季度八成新增借款流向小微企业实体。

【经验启示】

金融科技的赋能，正成为小微企业发展的新引擎。便捷智能的金融服务，解决了小微企业疫情当下获取贷款难、审批周期长、发放贷款慢等融资症结。而随着大数据、云计算、人工智能等新一代信息技术的发展，科技与金融的融合正不断加速。一方面，一些颇具创新基因的头部金融机构开始思索如何利用科技为小微企业主打造产业链生态圈，提升其对接上下游供应链的质效，从而更好地开拓业务；另一方面，小微企业的蓬勃发展也能反哺金融机构。此所谓金融、实体共生互荣。未来，平安普惠将继续发挥“金融+科技”基因，持续以“AI+O2O”线上科技+线下服务模式，服务实体小微企业，提升金融服务普惠性、可获得性，为经济高质量发展作出贡献。

毕昇小微数字赋能平台助力小微金融数字化新基建

东方微银科技股份有限公司

【案例背景】

当前我国正处在经济转型升级的关键时期，相对于大型企业，小微企业具有轻资产、高风险的特征，抗风险能力也相对较弱。政府出台一系列政策加强对小微企业的信贷支持与引导，但小微企业融资难、融资贵的问题仍十分突出。与此同时，许多中小银行的数字化业务仍处于建设起步阶段，数字化应用产品相对较少且缺乏整体布局；风险管理仍以线下形式为主，未能充分发挥大数据风控效能；产品营销也未能完成以产品为中心向以客户为中心的模式转变；并且随着产品的不断增多，许多中小银行在运营管理上也出现了运营成本高、优化压力增大等一系列问题。

【主要做法】

毕昇小微数字赋能平台可以快速帮助金融机构获得新思路、确立新战略、打造新架构、构建新运营，与传统金融深度融合，充分挖掘数据价值，提高服务效能，拓展金融服务边界。在系统架构方面：预置可适应不同客户特征、细分服务产品、业务流程、展业规则、风控规则与模型策略等多样化智能审批业务基础架构。在信贷流程方面：全面提供客户特征动态AI尽调、客户续贷合作等数字化信贷流程。在质量监测方面：全面提供数字化产品质量链路监测。具体包括客户运营、客户画像管理、产品业务与风控报表运营及分析监测，不同人员与合作方运营和管理监测分析等环节。毕昇小微数字赋能平台在开发过程中坚持系统本地化部署、专线对接、分级管理、权限管理、流转权限审批等原则，同时在项目投产的前期、中期、后期交叉验证模型信息，确保项目可以取得较好的市场表现。

【取得成效】

2020年10月，毕昇小微数字赋能平台一经推出便受到了大量客户的认可，广西北部湾银行、厦门国际银行、张家港农村商业银行、武汉农村商业银行、合肥科技农村商业银行等相继确认合作，截至2022年第一季度末，已有多款小微产品上线投放并取得不错的业绩表现。在经济效益方面，毕昇小微数字赋能平台可以帮助中小银行大大降低营销成本、营运成本和风险成本。以某合作银行为例，其在提高数字化应用水平后，客户经理人均客户营销数提升约4倍，人均管户数提升约3倍，尽职调查周期可缩短为实时调查，大大提高了行内人员效能，数字化产品的投产周期仅需传统产品的四分之一，并在产品迭代效率上实现了实时迭代，大大提高了该行金融服务的深度和广度。在社会效益方面，数字小微金融作为数字普惠金融的重要组成部分，促进了数字普惠金融服务的均衡发展以及数字普惠金融体系的健全发展，它从小微金融的底层架构出发探索出了一种可参考、可借鉴、可持续发展的数字化小微金融创新解决方案，为国内银行业发展数字小微金融、深化金融业供给侧改革、解决金融服务供给不平衡、不充分问题提供了崭新的思路。

【经验启示】

综观国内普惠金融数字化转型的实践经验，主要创新基本都是围绕具体金融产品和服务模式的创新，而毕昇小微数字赋能平台将金融科技能力贯穿于业务运营、客户运营、管理运营的每一个环节，并且成功实现了面对不同区域金融机构、不同行业、不同企业间的小微金融产品的快速部署与转化，对于打破“数据壁垒”，提升小微企业的多维信用价值，以及防控系统性金融风险，加强金融风险监测预警具有重要意义。

‖专家点评：

创新产品与服务 提升普惠金融质效

中国社会科学金融研究所 李广子

新形势下，大力发展普惠金融，满足人民群众日益增长的金融需求，解决好不同群体在金融服务方面的不平衡、不充分问题，是实现共同富裕的必然要求。在国家有关政策的支持下，各类金融机构纷纷把金融产品和服务创新作为普惠金融业务发展中的重点，逐步探索出一系列具有创新性的产品和业务模式，在提高普惠金融质效方面发挥了重要作用。

第一，创新供应链金融产品。供应链金融是金融机构围绕核心企业，管理上下游中小企业的资金流和物流，并把单个企业的不可控风险转变为供应链企业整体的可控风险，通过立体获取各类信息，将风险控制在最低的金融服务。供应链金融模式将单纯对小微企业的授信转换为依托小微企业所处的供应链对小微企业进行授信，通过改变授信方式实现了对小微企业的间接信用增级。从实际看，供应链金融已经成为各类金融机构创新小微企业金融服务的一项重要抓手。比如，农业银行按照中台思维打造“农银智链”平台，不断优化完善以“链捷贷”为代表的“智链融资”线上供应链融资产品和以“融通e信”为代表的“智链融通”线上供应链金融服务，有效地提升了链上小微企业融资需求服务能力。2021年，农行率先与票交所对接，推出供应链票据在线贴现产品“供票e融”，为链上小微企业提供在线贴现服务。针对军工行业付款周期长的特点，浦发银行与中航金网络平台联合推出小企业在线保理产品，依托军工央企优质信用，通过平台进行信息脱敏，多级流转快速融资，解决了军工业务链条小微供应商融资问题。华润银行通过产业链上下游的交易场景和交易数据，运用大数据、互联网、区块链、开放银行服务等新兴技术，开发了全流程线上化服务中小微企业的“金销贷”“金采贷”产品，目前已与120余家核心企业建立合作关系，为产业链上下游的1.2万户中小微企业提供了近280亿元信用贷款。科技手段在小微企业金融服务中发挥了重要作用。2021年6月，平安普惠于业内率先推出的AI智能贷款解决方案“行云”，以人工智能为核心，借助拟人AI客服、无感人脸识别、OCR光学字符识别、ASR自动语音识别等技术实现了操作流程的数字化再造，可实现“零文字”输入、全程拟人AI面对面服务体验、大幅降低等待时间，将小微客户借款申请流程平均耗时降低44%，从申请到放款最短一笔仅花费13分钟。

第二，打造高效普惠金融生态圈。近年来，场景化、生态化已经成为金融机构开展普惠金融业务的一大趋势。打造高效的普惠金融生态圈是将政府部门、行业组织、风险分担机构、资金提供方、场景提供方等不同主体连接在一起，实现各类机构的分工合作和优势互补，提高对普惠群体的综合服务能力。比如，2022年交通银行湖北省分行在交行系统内率先上线“政采e贷”产品，为小微政府采购供应商提供融资解决方案。“政采e贷”专为解决政府采购中标企业融资难而生，对小微供应商而言，具有无抵押担保、流程快捷、利率优惠、审批额度高等特点。台州银行通过手机银行推出“生活圈”平台，帮助“生活圈”商户引流、获客和综合经营管理，帮助“生活圈”用户获得生活便利和消费折扣等增值服务。广西农业信贷融资担保公司以广西糖业体制机制改革推行“订单农业”为切入点，首创“担保+银行+糖企+蔗农”的糖业融资新模式，有效解决蔗糖结算痛点。

第三，助力绿色低碳转型。绿色发展是以效率、和谐、持续为目标的经济增长和社会发展方式，已经成为社会各界的普遍共识。2020年9月，中央提出“碳达峰”“碳中和”的“30・60”目标。从实践看，很多金融机构在普惠金融产品和服务创新中坚持绿色低碳发展方向，引流绿色金融资源精准滴灌普惠对象，发挥二者的协同效应，推动实现让绿色金融更加普惠、让普惠金融更加绿色的目标。比如，中信百信银行2021年推出“京绿通Ⅱ”绿色金融专项再贴现产品，产品服务企业范围包括人民银行支持绿色企业目录范围内的绿色工厂和绿色供应链管理示范企业，致力于发挥商业汇票在推动节能减排、发展清洁环保产业、解决突出环境问题等方面的支持作用，具有专项额度保障、名单制管理、流程优化和利率优惠等优势。苏州银行推出“苏碳融”产品，该产品通过与再贷款政策对接的创新模式，实现对绿色低碳项目的精准支持。“苏碳融”再贷款主要是人民银行对地方法人金融机构发放的再贷款，主要支持其强化绿色企业、绿色项目，特别是绿色涉农、绿色小微和绿色民营企业的金融支持，切实将央行政策资金优惠利率传导至绿色企业，最大限度地实现减碳效果。2022年1月，苏州银行太仓支行成功发放首笔500万元“苏碳融”贷款，可推动企业年减排二氧化碳17.81吨。

第四，发挥普惠金融在支持科技创新中的作用。提高创新发展能力是适应新发展阶段高质量发展的必然要求，对于实现高水平自立自强、助力构建新发展格局具有重要意义。从普惠金融角度看，金融机构通过产品和服务创新，引导金融资源流向科技创新企业，将普惠金融与支持创新发展相结合，不断提高创新发展能力。比如，中国银行为支持小微企业知识产权质押融资，2021年创新研发推出了“惠如愿·知惠贷”产品，该产品运用大数据，创新了针对知识产权小微企业的“矩阵式”评估方法，实现了线上申请，支持知识产权单一质押担保或组合担保。青岛银行聚焦科技型中小微企业，借助山东省出台的科技成果转化贷款风险补偿政策，推出科技成果转化贷款风险补偿业务。科技成果转化贷款风险补偿业务是指青岛银行向借款人发放的，用于企业科技研发、经营周转的流动资金贷款，贷款发放后青岛银行向当地市科技局申请备案，并由山东省科技厅进行复核，符合备案条件的纳入风险补偿范围。为解决科创型中小微企业的融资困境，广东省粤普小额再贷款公司针对广东省20个战略性产业集群发展和九大领域关键核心技术攻关领域的相关企业，与粤科金融集团协同推出“1+N”债股联动服务，其中，“1”是由粤科金融集团筛选具有良好成长性的科创型中小微企业，并为其提供中长期的股权投资；“N”是由粤普小额再贷款公司围绕粤科金融集团拟投资或已投资的科创型中小微企业，设计及提供包括科技惠保贷、产业链融通贷、知识产权质押贷、园区经营贷、英才经营贷等多个个性化科技信贷方案。

第五，以金融手段改善民生。普惠金融业务不仅能够满足普惠群体的金融需求，在改善民生方面也可以发挥重要作用，实现“金融好社会”的目的。中原银行围绕粮食收储推出优粮优信模式和粮食收储——太一平台智能仓管粮食收储融资模式，实现放款、还款以及贷后流程线上化、仓储和动产监管数据对银行可视、在库和出库的全流程监控等功能，有效纾解企业融资难，为粮食收储、流通、加工等各环节提供多元金融服务，保障粮食安全。广晟财务公司于2021年9月上线产融数字化资金网链平台，推出线上融资产品“农民工工资专项贷款——惠民贷”，做好广晟集团内施工企业的农民工工资支付保障及信贷支持工作。2022年1月，广晟财务公司通过产融数字化资金网链平台成功为成员企业中南建设发放了首笔惠民贷业务。东北中小企业融资再担保公司推出“粮贷保”普惠业务产品，“粮贷保”主要借助公司再担保运营体系建设优势，引入合作担保机构和监管公司，共同为粮食企业在银行贷款提供担保支持，主要以粮食质押监管作为反担保措施，将粮食质押给合作担保机构，监管公司对粮食进行远程和现场双监管，合作担保机构向公司提供反担保，公司向银行出具担保函。民生金融租赁公司创新“融资+融物”商用车租赁模式，对落后地区进行定点帮扶。商用车作为生产资料，是定点帮扶一些农民和低学历群体致富的重要工具，不仅帮助个人脱贫，而且拉动农产品打开市场，为帮扶地区的保就业、保民生、惠企利民作出积极贡献。

第四篇
金融消费权益保护

概　述

上海金融与发展实验室　曾　刚

2022年12月，银保监会发布《银行保险机构消费者权益保护管理办法》（以下简称《管理办法》）。《管理办法》共8章56条，强调了银行保险机构应承担的消费者权益保护主体责任，明确提出其应建立的工作机制，并通过一系列要求强化了对其经营行为的监督管理，以此确保金融消费者的八项基本权利（即知情权、自主选择权、公平交易权、财产安全权、依法求偿权、受教育权、受尊重权、信息安全权）有所保障并有效落实；此外，针对相关的违法违规行为，《管理办法》提出了多元化的监管措施及严格的处罚规定。

总体来看，《管理办法》体现了对银行保险等金融机构的多元化业务以及各个环节的全流程管理，在工作机制长效化、监管措施有效性方面更扎实，符合当今国际金融领域盛行的行为监管思路和理念。与此同时，我国审慎监管与行为监管并重的“双峰”监管体系建设也将更为充实与完善。

回顾我国金融消费者权益保护体系的发展历程，专门针对金融消费者的权益保护体系的建立由来已久，并根据我国经济发展不同阶段的时代特征和现实情况不断改进和创新。2012年3月，原银监会印发《关于完善银行业金融机构客户投诉处理机制切实做好金融消费者保护工作的通知》，以及2013年5月人民银行出台《中国人民银行金融消费权益保护工作管理办法（试行）》，标志着我国金融消费者权益保护的基本框架已初步建立。随后，2014年3月修订的《中华人民共和国消费者权益保护法》将银行、证券、保险等金融机构在收费信息公示、安全保障和风险提示等方面的义务，以及与消费者相关的个人信息保护、格式合同条款等金融领域消费者保护相关规定，首次体现于最高层级的国家法律中。而此次《管理办法》作为主体内容的金融消费者八项基本权利，也可追溯至2015年国务院印发的《关于加强金融消费者权益保护工作的指导意见》这部堪称我国金融消费者权益保护领域的首个国家级纲领性文件。

随着银保监会《管理办法》的落地，可以说，我国已建立具有多层次、广覆盖、全流程的金融消费者权益保护法律体系。体现在以下几个方面。

一是法律层级从国家级纲领性文件、国家法律，到部门规章、规范性文件，再到各类政策发文、自律规则、行业规范等。二是机构类型覆盖商业银行、保险机构、汽车金融、消费金融、信托公司、理财公司、支付机构等多元化金融机构（及其合作机构）和非金融机构，金融领域涉及理财、资管、贷款、支付、保险等多类金融产品与服务。三是业务环节囊括产品设计、风险评估、信息披露、合同签署、系统管控、合作外包、营销推广、定价收费、反洗钱、身份识别、支付结算、贷后催收、征信管理、核保理赔、投诉处理、纠纷化解、知识普及、教育宣传等。

可以预见，未来我国专门针对金融消费者权益保护的法律体系将持续优化、日臻完善。与此同时，我国金融消费者权益保护政策有望得到更加全面、切实地落地。

在法律法规日益完善、监管力度持续强化的背景下，金融机构在实践中不断加强对金融消费者权益保护工作的重视，完善管理制度，增强科技支撑，在防范风险的同时，持续提升客户满意度，培育核心竞争力。具体创新体现在以下几个方面。

一是强对金融产品和服务的日常监督。金融机构把消费者权益保护纳入日常经营管理，通过舆情监测、消费者投诉分析等渠道，抓住银行业消费者反映强烈的热点难点问题，及时采取有效措施，纠正各类违规行为。将有关加强消费者权益保护体制机制方面的要求作为一项重要内容纳入考核体系。

二是科技赋能金融消费者权益保护。金融机构综合探索多样化的消费者保护管理措施，不断深化不同部门和分支机构之间的金融消费者保护协作，积极探索大数据和云计算等监管科技在金融消费者保护中的应用，充分发掘大数据技术对管理质效提升的巨大价值，提高信息科技对金融消费者保护的服务和支撑能力，增强管理措施的针对性、适用性和可操作性。

三是强化金融信息安全。聚焦重点领域，强化消费者金融信息保护。严格按照《消费者保护法》的相关要求，同时积极配合《数据安全法》《个人信息保护法》等法律法规在金融领域实施。金融机构建立健全消费者金融信息保护机制，进一步细化完善信息保护全流程管控机制，严格信息分级授权和使用审批等管理程序。同时，加强消费者金融信息保护相关标准化建设，尤其要关注算法方面的自律和管理，将监管要求、公平公正的社会伦理等内容嵌入算法相关规范统筹考虑。

四是加强金融消费者教育，加强对特殊群体的关爱与帮助。实践中，金融机构组织和动员分支机构通过“请进来、走出去”等多种途径，充分利用现代传媒方式，积极提升金融消费者金融知识素养，持续培育和提高客户的反欺诈意识和反欺诈能力。“一老一小”、残障人士、低学历人群等特殊群体是金融知识普及的重点关注对象，其金融素养的能力和水平具有较大差距，严重影响了金融消费中对自身合法权益的有效保护。特殊消费者群体权益保护作为银行业消费者权益保护的重要内容，金融机构应持续完善金融服务过程中关于农民工、残障人士、下岗失业者、老年人等特殊群体的相关权益。应通过实行相关费用减免优惠、根据其消费特点和风险偏好开发金融产品、针对其行为特点设计人性化的服务流程、加大相关服务配套设施投入、提高服务特殊消费者群体的应急处理能力等措施，提供必要便利，满足其合理金融需求，创造适宜的金融服务环境，有效维护特殊消费者群体的公平交易权和受尊重权。

提升听障人士金融素养　让爱听得见

中国农业银行股份有限公司

【案例概述】

农行陕西分行积极践行“金融为民”的工作理念，聚焦听障人士等特殊群体推出暖心金融服务，针对金融消费者可享受的权益、如何防范电信诈骗等金融知识等开展公益宣讲，为特殊群体带来更便利的金融体验，更全面的金融知识，增强金融风险和金融陷阱的防范意识，以金融之力帮特殊群体解难题、办实事，让金融服务更加有爱。

【案例背景】

“十四五”规划中明确提出，要健全老年人、残障人士关爱服务体系和设施。听障人士作为金融消费者中的特殊群体，满足他们的金融服务需求是推进普惠金融的重要环节。农行陕西分行聚焦听障人士金融需求，推出暖心金融服务，为听障人士带来更便利的金融体验、更全面的金融知识，帮助他们增强金融风险和金融陷阱的防范意识，不断提升听障人士金融服务获得感、幸福感和安全感。

【主要做法】

农行陕西分行积极践行金融助残，一方面持续优化金融服务设施，出台一系列针对特殊客户群体服务的实施细则，优化服务细节和服务流程，还针对性地开展对听障人士等特殊群体的服务培训，将基本的手语知识、盲文交流知识等纳入培训内容，实施专人“一对一”引导帮助，更好地满足听障人士金融服务需求。另一方面加强金融知识普及教育，提升听障人士金融素养。通过开展专场宣传活动等，提升听障人士群体参与金融活动的意识和金融风险识别能力。2021年9月26日国际聋人日当天，该行携手西安市残疾人联合会，在陕西省金融教育示范基地举办针对听障人士的金融知识教育宣传活动。活动现场，该行工作人员在手语老师的翻译下带领听障人士参观了金融知识教育专区，重点向听障人士介绍了他们在银行如何高效、便捷的办理各类金融业务以及如何操作智能柜员机。现场还做了专题讲座，讲解了如何预防电信诈骗，提醒听障人士在日常生活中如何保护好个人金融信息，增强了听障人士的金融风险防范意识。活动得到了人民银行西安分行、西安市残疾人联合会及在场听障人士的肯定和欢迎，他们表示，这样的活动是真正把金融知识与消费者权益保护要点传播给有需要的人群，非常有意义。

【取得成效】

服务质量得到切实提升。通过与听障朋友的“面对面”交流，一方面传递了农业银行温暖和关怀，另一方面也更加深刻地了解到他们的金融消费需求与业务办理难点。有利于针对性地改善网点无障碍设施、完善上门服务流程、提高沟通交流技巧等，不断提高履职效能，切实提升客户服务质量。

责任担当得到全面彰显。通过开展针对听障人士的金融知识宣传活动，有效加深了农业银行与当地残联、监管机构的长期沟通协作机制，构建起常态化、长效化服务机制，有效保障特殊群体的权益，积极履行社会责任。

品牌形象得到充分展示。农行陕西分行组织开展听障人士专项金融知识宣传活动，不仅得到了人民银行西安分行、西安市残联等单位的高度肯定和大力支持，还得到了现场听障人士的认可赞扬，既弘扬了友爱互助的正能量，又传播了“平等普惠”的金融理念，还树立了农业银行助力保障特殊群体金融需求的良好企业形象。

【经验启示】

服务是一件既简单却又不简单的事，对于特殊群体而言，服务远不止于一个无障碍坡道那么简单。要不断深入研究特殊群体的金融需求和生活难处，充分保障特殊群体的金融消费权益，培养和提升他们的金融素养，助力特殊群体享受均等化、便捷化的金融服务。后续，农行陕西分行将继续践行“金融为民”的工作理念，急客户之所急，想客户之所想，切实采取有效措施，帮助特殊群体真正“懂金融”“信金融”“用金融”，助力创建“公平、有序、和谐”的金融消费环境。

金融知识普及与消费者教育新媒体品牌“招小宝”

招商银行股份有限公司

【案例背景】

招商银行顺应移动互联网时代要求，创新探索，开启“互联网+金融知识教育宣传”新模式，以“保护金融消费者，守住百姓钱袋子”为主旨，持续推出大众喜闻乐见的金融知识普及和消费者教育内容。

【主要做法】

为了突出金融知识教育宣传的公益性，使其区别于产品宣传营销，招商银行以有守护神含义的猫头鹰为原型，塑造出原创金融宣教卡通形象——“招小宝”（“招消保”的谐音），并依托同名微信公众号向消费者推广系列主题内容。强化互联网思维，加强策划和议题设置能力，坚持输出特色鲜明的原创漫画、视频等优质内容，做到既符合互联网传播规律，又贴近消费者情感共鸣点。

【取得成效】

2018年，招商银行在金融知识教育宣传方面的探索受到各官方媒体的关注，新华社主动报道了银行对公众教育新形式的探索。2020年，招商银行原创图文作品被国务院宣传微信号“中国政府网”、中共中央组织部微信号“共产党员”主动转载；微信团队主动邀请“招小宝”加入视频号平台，成为首个受邀加入的金融机构，视频号发布了金融人爱岗敬业好故事，凝聚金融人蓬勃向上的正能量。同年，中央广播电视总台网站收录“招小宝”处理残损币的视频作品。2021年，“招小宝”视频号年度阅读量过亿次，单个视频观看量最高达2 000万次，部分原创视频作品被公安部刑侦局“国家反诈中心”官方平台认可和转载。在第三方财经视频号榜单中，“招小宝”视频号影响力进入财经自媒体前10名，得到社会各界广泛认可，深受粉丝喜爱。2022年，“招小宝”原创作品被最高人民法院公众号及人民法院新闻传媒总社公众号转载。

【经验启示】

未来，“招小宝”将持续以“保护金融消费者，守住百姓钱袋子”为核心主旨，不断推出大众喜闻乐见的金融知识普及和消费者教育内容，在发挥普及基础金融知识、个人信息保护、征信知识等功能的基础上，围绕消费者日常关注的热点问题，宣导金融消保领域政策、法规等，加强典型案例剖析和风险提示。

守好群众“钱袋子”　筑牢反诈“防火墙”

延边农村商业银行股份有限公司

【案例背景】

电信诈骗是指通过电话、网络和短信方式，编造虚假信息设置骗局，对受害人实施远程、非接触式诈骗，诱使受害人打款或转账的犯罪行为，通常以冒充他人及仿冒、伪造各种合法外衣和形式的方式达到欺骗的目的，如冒充公检法、商家公司、厂家、国家机关工作人员、银行工作人员等各类机构工作人员，伪造和冒充招工、刷单、贷款、手机定位等形式进行诈骗。随着现代科技的发展，一系列技术工具被开发和使用，不法分子借助手机、固定电话、网络等通信工具和现代技术等实施非接触式诈骗，给人民群众造成了很大的经济损失。

2022年4月10日，延边农商银行前台柜员接待了一位年过花甲的老人，老人手持定期存单神色慌张地来办理定期存款提前支取业务，并要求进行转账汇款。在办理业务过程中，老人频繁地接听电话，并不时传来催促的声音，引起了银行网点负责人的警觉。经与老人沟通了解到，她要将钱款汇给一个认识十年的网友购买“高回报”基金。网点负责人在网上搜索此项基金，结果显示此项基金是电信诈骗的一种手段，便立即中止转账业务，对老人进行了详细的解释工作，老人了解是电信诈骗后，非常感激并致谢，对延边农商银行的服务十分满意，随后延边农商银行向老人推荐下载了国家反诈中心App。

【主要做法】

延边农商银行结合实际情况，认真组织开展有针对性、有特色的金融知识宣教活动。

一是立足网点，广泛宣传。在营业网点显著位置张贴“风险提示”；网点LED电子屏幕滚动播放防范电信诈骗宣传标语；在营业网点张贴宣传海报，向客户发放防范电信诈骗宣传折页；网点临柜人员开展金融知识宣传一句话提醒服务；大堂经理利用客户等待时间借助的普及微沙龙课堂开展金融知识活动，向客户讲解电信诈骗相关知识，进一步化解金融风险。

二是扩大阵地，外出宣传。营业网点通过组织宣传小组走出网点，走进市场、公园，发放宣传折页，现场向群众讲解电信诈骗特点及常用的手段，引导老年人、农民、务工人员等重点人群自觉防范电信诈骗，保护好个人金融财产安全。

三是形式多样，线上宣传。该行充分利用网络和自媒体阵地辐射作用，以短视频、美篇等形式，有重点地开展金融知识宣传活动。该行通过微信公众号、微信工作群等线上渠道发布防范电信诈骗相关信息，组织辖内员工积极转发朋友圈，扩大宣传影响力，增强消费者对电信诈骗的风险识别能力。

【取得成效】

2021—2022年，延边农商银行59个网点积极参与电信诈骗宣传活动，占全行网点总数的100%。参与线上宣教活动员工数达到910人次，发布电信诈骗原创风险提示或以案说法信息3条，发放宣传折页6 000余份，累计受众人数达9.5万人次，成功拦截电信诈骗4起，取得了良好的效果。通过对电信诈骗相关知识的宣传，增强了金融消费者的风险防范意识，树立了金融消费者信心，促进了金融知识的进一步普及，为社会公众营造了一种懂金融、用金融的良好氛围。

【经验启示】

在信息化高度发展的时代，商业银行也同时面临来自多方面不法分子违法操作的案件风险，如票据诈骗、电话诈骗、短信诈骗等，不法分子企图利用客户信息的薄弱环节进行诈骗，此类案件在近几年呈高发态势。作为商业银行既负担着避免银行的经济损失，又承担着告知客户风险点的义务，在前台柜员操作技能上，必须做到规范操作，无懈可击，严格按流程操作，不放过任何一个环节，绝不能给犯罪分子可乘之机。前台柜员办理业务中要重点关注客户身份信息识别工作，核实客户身份，避免虚假操作。遇到大额转账汇款业务时，要多询问客户用途，办理电子银行业务时，多给客户做安全提示，有效堵截不法分子的诈骗行为，保障客户资金安全。

海南自由贸易港特色“大金融”教育基地

海口农村商业银行股份有限公司

【案例背景】

2021年，中国人民银行等四部门下发《金融支持海南全面深化改革开放的意见》，其中第三十七项政策措施支持金融机构加强金融消费者权益保护，开展集中性金融知识普及活动，在海南建立金融知识普及教育示范基地；人行海口中心支行等部门发文要求金融管理部门共同推进金融教育示范基地建设，积极开展常态化、阵地化、系统化金融知识宣传普及教育，探索金融教育新模式。

海口农商银行建立省级金融教育示范基地，以“为群众提供便捷的金融知识宣传教育服务”为宗旨，坚持“公益性，专业性，教育性”原则，坚持线上“外拓教育延伸”+线下“基地现场感受”、“引进来”+“走出去”模式，聚焦老年人、在校大中小学生、新市民、都市白领、公务人员等受众群体，提供获取金融知识的途径和防范风险的技能，引导金融消费者合理选择金融产品和服务，自觉抵制网络金融负能量。

【主要做法】

建立海南省首家“金融教育示范基地”。为落实《中国人民银行办公厅关于开展金融教育示范基地建设试点工作的指导意见》要求，海口农商银行精心选址，结合海口市政治、经济、金融便利等综合条件，最终决定选择海口农商银行省府支行创建海南省首家人民银行与金融机构共建的“金融教育示范基地”。2019年3月14日“海南省金融教育示范基地”挂牌成立后，主要承担开展金融知识普及、提升金融消费者素养、增强金融消费者责任意识和风险防范能力等工作。

打造具有海南自贸港特色的涵盖银行、证券、期货、保险金融知识的“大金融”教育基地。2021年，海口农商银行积极推进基地优化建设，一是扩充功能区：公众教育区、金融知识宣教区、普惠金融宣教区、征信诚信宣教区、社保卡知识宣传区、货币展示区、金融知识讲座区、金融体验互动区；二是增设硬件设备：触摸及非触摸电视屏幕、平板电脑、声控吸顶音响、触屏一体式计算机、VR人工智能互动体验机等设备55件；三是丰富软件内容：含银行、证券、期货、保险等金融知识的视频、动漫、长图等产品近200个。真正实现集公益、服务、教育于一体的金融消费者教育基地。

【取得成效】

2021年，基地通过线上线下全覆盖，“走出去”与“引进来”相结合的方式，保持金融消费者教育活动的高覆盖率，保证金融消费者教育工作的效果，提升金融消费者素养，构建和谐自贸港金融环境。通过一系列主题宣教活动，基地与金融消费者建立了互动与沟通的良性循环。基地现场受众人数达1.5万人，平均月接待人数1 200人。基地通过线上渠道，组织各种金融教育活动，发布各类金融教育产品，通过线上直播获得442万人次在线观看。

【经验启示】

促进了金融消费权益保护和金融市场健康发展，为海南自贸港建设营造了和谐的金融环境。金融市场成熟与否很大程度上取决于金融消费者的成熟程度，金融消费者成熟程度直接影响金融市场能否稳定运行。加强基地建设，持续做好金融消费者教育工作，维护好金融消费者的合法权益，是金融市场长远发展的基石。示范基地致力于培养成熟理性的金融消费者，为海南自贸港建设营造和谐的金融环境。

增强了全社会的金融消费者保护理念。通过在金融机构网点设立金融教育示范基地，能够树立金融机构金融消保主体责任意识。示范基地作为海南省第一家由金融机构负责运营的金融知识普及教育示范基地，在全行业起到了很好的示范带动作用。

增强数字普惠金融产品和服务供给，促进普惠金融高质量发展。通过创新金融知识普及教育数字化方式，建设金融知识普及教育数字化平台，搭建数字化金融知识普及教育示范基地，全面提升金融知识普及和教育质效，实现金融教育全覆盖。

提升适老化服务能力　守护金融消费者“钱袋子”

新疆石河子交银村镇银行股份有限公司

【案例背景】

2022年4月20日上午11时，一位65岁的老人前来新疆石河子交银村镇银行炮台镇支行办理开卡业务。当柜面员工按要求向其询问开卡用途时，老人含糊应对、闪烁其词，可疑的行为当即引起了柜面人员的警惕，并立即上报营运主管。营运主管得知后耐心同老人交流，了解其真实的办卡用途。在沟通过程中得知，同其前来办理开卡业务的还有一位“认识的朋友”。营运主管随即在老人目光的指引下找到了该名男子并向其询问带老人开卡的原因。该男子自称其在手机下载了名为“YY购商城”的App，在缴纳990元会费后，通过浏览该App内的广告，已获返利20 000元。在营运主管与其交流的间隙，该男子还在电话中向他人讲解注册该App会员的操作流程。

【主要做法】

面对眼前高度符合新型网络诈骗特征的行为，营运主管在上报支行行长的同时拨通了报警电话。

民警到达现场后，老人情绪激动急于离开，对民警的善意提醒不予配合，民警与支行员工以实际案例向两人讲述新型电信网络诈骗的手段和特征，向他们宣传“不上当，不传播”“天上不会掉馅饼”等反电信网络诈骗术语。最终，在民警和支行员工的共同努力及耐心劝导下，两人意识到了电信网络诈骗的危害，老人打消了办卡充钱办会员的念头。同时，派出所民警对同行男子传播可疑App的行为进行批评教育并给予警告，在得知该男子还向自己的5位朋友宣传过此款软件的情况后，民警当即逐个向这5位人员电话询问了解情况，并告知他们不要有“贪图小便宜”“轻轻松松赚大钱”的心理，不要轻信所谓的高额回报，不要轻易点击陌生链接，一定要提高警惕，做到不轻信、不贪利，不给犯罪分子以可乘之机。

事后，老人向银行员工和民警表示感谢，表示多亏银行员工和派出所民警的及时劝阻才避免了自己的财产损失。民警对银行员工的这种责任感、职业敏感度、一级风险把控能力及其反电诈意识予以肯定，希望今后继续交流合作，共同学习全力保障人民群众的财产安全。

【取得成效】

积极利用“3·15消费者权益保护日”“存款保险宣传月”“金融知识普及月”等特殊节点，充分发挥消费者权益保护知识宣教区的示范、引领作用，集中宣传防范电信网络诈骗、倡导理性消费、合法使用账户、保护个人征信等金融知识，提升消费者的金融素养和安全意识。通过“进社区、进街道”对老年人聚集地开展集中宣讲的契机，积极开展针对老年人投资养老、保健品诈骗、投资返利、以房养老及养老银行等养老诈骗知识的普及，宣传防范电信诈骗的相关措施，同时结合诈骗案例更生动地还原案发过程以警示老年群体。积极提升厅堂服务，保障特殊老年客户办理业务的便利度。上述举措大大提高了老年群体防范各类电信网络诈骗案件的意识，增强了老年群体维护自身资金安全和合法权益的能力，得到了广大老年客户群体的一致好评。

【经验启示】

金融消费者是金融市场的重要参与者，也是金融业持续健康发展的推动者，加强金融消费者权益保护工作是防范化解金融风险的重要内容，对提升金融消费者信心、维护金融安全与稳定具有积极意义。随着中国老龄化社会特征的日益凸显，金融机构面临的特殊客户需求也日益增多，通过一系列适老化金融消费者保护工作，避免金融机构和老年金融消费者的矛盾纠纷，积极构建金融知识普及长效机制，促进自身服务能力和水平的提高，持续做好服务老年客户工作，为老年人提供便捷、安全、高效、温暖、无障碍的适老化金融服务，坚持履行社会责任，让金融知识走进千家万户，真正做到金融服务贴近百姓、惠及民生。

打造金融消费者权益保护“新高地”

恩施兴福村镇银行股份有限公司

【案例背景】

金融教育示范基地是恩施兴福村镇银行保护金融消费者合法权益的重要举措，2021年5月，在人民银行恩施州中心支行的指导下，恩施兴福村镇银行联合小渡船街道办事处机场路社区居委会开始创建“金融教育示范基地”，基地创建内容主要包括金融文化广场、金融知识辅导站以及金融知识志愿服务队。经过精心选址和筹建，基地最终落户恩施州施州大道39号院，“银行+社区+基地”的创建思路，让基地具有极强的包容性和较广的受众面，该行通过基层社区的凝聚力、组织力将金融政策逐渐传导给辖内居民，潜移默化地将金融知识渗透到百姓心里，不断提升金融服务的覆盖率、可得性和满意度，形成金融教育的长效工作机制。

恩施兴福村镇银行秉承“为群众办实事”的初心，以服务地方经济发展和保护金融消费者合法权益为己任，无论是在产品与服务管理、金融知识宣传教育，还是在客户投诉处理中，始终坚持“以客户为中心”的办事准则，用心呵护每位消费者的合法权益。当前经济社会发展充满诸多不确定性，各行各业都在经受较为严峻的考验，金融消费者的行为和心理也不免遭受影响，因此，加强金融知识宣传教育，构建和谐稳定金融环境显得更为迫切和必要。

【主要做法】

2021年5月，在人民银行恩施州中心支行的指导下，恩施兴福村镇银行联合小渡船街道办事处机场路社区居委会开始创建金融教育示范基地，经过精心选址和筹建，基地以恩施州施州大道39号小区为主线建设金融文化广场，通过在文化广场设立金融知识宣传橱窗、宣传展板、电子显示屏等方式，打造出别具一格、独具地方特色的金融知识宣传教育阵地；在机场路社区成立金融知识辅导站，主要为社区居民提供日常的金融知识宣传、金融服务咨询、金融矛盾纠纷调解等服务，增强社区居民和各类经济组织主动运用金融工具的能力和运用惠民金融政策的意识；由村镇银行组建金融知识志愿服务队，通过开展金融知识宣传、协助“辅导站”提供金融服务等形式提升消费者的金融素养，增强消费者的风险意识和维权意识，着力构建金融知识宣传与普及的长效机制。

自基地创建以来，恩施兴福村镇银行立足社区，持续推动金融教育重心下沉、下移，通过健全完善基地建设，丰富基地内容，充分发挥基地金融知识宣传、金融纠纷调解的引领作用和金融“活水”赋能、助力基层发展的积极功能，让更多社会公众共享金融发展成果，该行以基地为依托已累计开展金融知识宣传教育活动达20余次，覆盖人数达2 000人次以上。

【取得成效】

作为全国成立较早的村镇银行之一，恩施兴福村镇银行始终牢记国家设立村镇银行的初衷，在不遗余力支持“三农两小”，助力乡村振兴的同时，一直以来都将金融消费者权益保护工作纳入银行战略管理体系，正是因为对消保工作的高度重视和大力投入，该行连续多年在当地人行组织的消费者权益保护工作评级中获得“普惠金融产品和服务创新案例级”的亮眼成绩，在恩施州金融机构中排名居前列。2021年12月，金融教育示范基地被人民银行武汉分行授予“湖北省金融教育示范基地”称号。

【经验启示】

村镇银行由于成立时间短，经营规模小，加上社会公众对村镇银行普遍存在偏见，村镇银行的社会信用和社会公众的风险承受能力更低，恩施兴福村镇银行扎根当地10余年，普通百姓对该行从“绕道而行”到“存贷首选”，从“心怀疑虑”到“无比信任”，该行所依靠的正是全心全意支持地方经济发展的服务精神，正是为社会公众提供贴心、细致、周到金融服务的经营理念。因为对金融消费者合法权益的重视和保护，也给该行业务发展注入最强劲的推动力，10余年累计服务存贷款客户超过45万户，累计放贷超过300亿元，户均不到20万元。

坚持普及金融反诈知识　守护老百姓的“钱袋子”

重庆小雨点小额贷款有限公司

【案例背景】

自2015年成立以来，重庆小雨点小额贷款有限公司（以下简称重庆小雨点）坚持每年组织开展“反诈骗宣传月”活动，将金融知识普及工作常态化。通过线上线下相结合，自有平台和社交平台同步宣传的方式，重庆小雨点将金融知识带进社区、工厂、校园、商圈等。宣传借助游戏互动、知识讲座等多种形式，帮助消费者增强风险辨别和自我保护能力，有效识别金融风险，主动预防侵权事件，培养合理健康的消费观念及行为，实现消费者保护工作从事后处置向事先预防的转变，营造和谐健康的金融消费环境。多年来，重庆小雨点形式多样的“金融反诈知识”活动受到广大市民连连称赞。2022年的反欺诈宣传是走进公租房，因为数据表明，电信欺诈的很多受害者是年轻的低收入人群，虽然受到疫情封控的影响，相关的宣传板，宣传折页还是经过防疫消毒后通过社区发放给了公租房的居民群众。

【主要做法与成效】

提高社会公众防范金融风险和正确使用金融服务意识，通过开展多种形式的金融消费者教育和金融知识普及宣传工作，一直是重庆小雨点践行企业社会责任的常态化工作。从公司成立伊始，每年都通过各种活动形式会举办金融反诈骗宣传活动。

一是举行金融知识进社区、工厂、校园、商圈活动等线下活动。重庆小雨点曾多次举办将金融知识带进居民社区、工厂、高校、繁华商圈等线下活动。以格力工厂的活动现场为例，重庆小雨点采用悬挂防金融知识诈骗的主题横幅，在展示架上张贴宣传海报等方式进行宣传，并设立了专门“金融知识防诈骗”宣传台。重点对防范诈骗、保护财产，个人贷款小常识，警惕非法集资等几个方面的金融知识进行宣传，并发放宣传资料500余份，由公司专业的法务人员现场回答工人们关心和关注的问题。重庆小雨点还进入重庆市沙坪坝区某街道社区开展金融防诈骗社区活动。除了现场宣讲，还组织了普及防骗飞行棋游戏活动。活动规定，参与者手持骰子以飞行棋的方式向防骗毕业终点前进，一旦遇到特殊格子，就要迅速正确回答防骗问题，否则将重回起点。以娱乐方式普及诈骗手段、提高防骗意识活动获得了广泛的好评。

二是助力第四届重庆市公民科学素质大赛，普及金融反诈常识。2021年，重庆小雨点全程赞助了第四届重庆市公民科学大赛，在大赛期间积极发挥自身科技实力优势，为大赛提供了科普知识、防金融诈骗、网络诈骗等与群众生活紧密相关的知识题库，并为观众提供了精美的礼品。大赛以“弘扬科学精神提高科学素质”为主题，分为现场赛和网络赛两大板块，现场赛又分为区县选拔赛、复赛和总决赛三个阶段，活动在多家媒体，包括本地主流电视频道多次播出，数十万名群众在活动过程中得到了科学素质提升的同时，其金融反诈意识也得到了强化。

【经验启示】

重庆小雨点从设立之初就把消费者权益保护作为基准线，从产品到运营，再到客户服务，将消费者权益体现在消费者的整个生命周期中。从公司只有十几人到现在三百多人，重庆小雨点坚持消费者反诈骗教育已有七年，也会继续坚持积极推进金融知识普及活动，并且不断探索更灵活新颖的宣传形式、丰富宣传渠道，切实履行金融知识宣传教育主体责任，为构建健康的金融服务氛围和金融生态环境而努力。

专家点评：

进一步做好金融消费者教育的宝贵经验

西南财经大学北京研究院　欧阳俊

在推动普惠金融发展的过程中，必须自始至终把消费者权益保护放在中心位置。否则，不仅达不到通过发展普惠金融提升边缘群体福利的目的，还可能使部分群体因为普惠金融项目而掉入债务陷阱。印度的普惠金融实践为此提供了深刻的教训。在小额信贷之都安德拉邦，由于缺乏监管和消费者保护，过度竞争引发过度信贷、道德风险、暴力催收等一系列问题，到2010年末最终爆发了大面积的债务违约，导致大批小额信贷公司倒闭，大量农民因深陷债务陷阱而变得更加贫困。

在发展数字普惠金融过程中，消费者教育是金融消费者保护的一项基础性工作。随着金融科技的蓬勃发展和广泛应用，金融产品和服务日益数字化，交易场所和交易方式日益在线化，金融业务迅速转向以客户为中心，呈现出比传统业务模式更强的虚拟性，进一步加剧了金融市场信息不对称问题。一方面，金融机构出于推销业务的考虑，往往强调金融产品与服务的高收益一面，而对其风险的一面避而不谈。另一方面，普通消费者由于认知水平跟不上，难以对金融产品与服务的真实收益作出准确的判断，对其潜在风险作出全面客观的评估，从鱼龙混杂的金融产品中甄别出合法合规的产品。在此情形下，消费者如不能及时更新自身金融知识，即使侥幸避开了不良金融机构设置的金融陷阱，也可能因所选择金融产品与服务不适合自身的需求而蒙受损失。由此可见，加强消费者金融教育，提升消费者金融素养，不仅是消费者保护的重要内容，也是防范和化解金融风险的必要举措，还是金融机构履行社会责任的重要方式。2022年的7个金融消费权益保护典型案例，在扩大受众范围、创新提供方式、聚焦教育内容、建立长效机制等方面进行了有益探索，为金融机构进一步做好普惠金融消费者教育提供了宝贵经验。

扩大受众范围。尽可能对弱势群体、边缘群体以及风险易感人群进行全覆盖，是当前金融消费者教育工作的重点内容。在这方面，中国农业银行股份有限公司的探索值得借鉴。近年来，越来越多的在校大学生参与了贷款、理财等金融活动，但由于缺乏金融基础知识，金融风险意识淡薄，容易引发金融纠纷，不仅影响他们的学习及生活，也不利于社会稳定。

创新教育方式。如何吸引更多的群体参与，一直是开展金融消费者教育面临的难题。有关调查显示，即使在参与者整体素质较高的公募基金市场，也只有四分之一的投资者参加过消费者教育活动。普惠金融业务对象大多既没有时间又没有精力且学习能力还差，通常更缺乏参与金融消费者教育活动的积极性。因此，必须通过有针对性的创新教育方式以提高对此类群体的吸引力。在这方面，招商银行股份有限公司进行了卓有成效的探索，创造性地推出了"互联网+金融知识宣传教育"新模式。他们以原创漫画、视频等形式持续推出大众喜闻乐见的金融知识普及和消费者教育内容，做到既符合互联网传播规律，又贴近消费者情感共鸣点，成功打造了一个头部财经"大V"品牌。据统计，"招小宝"视频号年阅读量已超过1亿人次，影响力也进入财经自媒体前10名。除此之外，重庆小雨点小额贷款有限公司通过游戏互动开展金融教育的做法也颇有新意。2021年"第四届重庆市公民科学素质大赛"期间，他们充分发挥自身科技实力优势，为大赛提供了科普知识、防金融诈骗、网络诈骗等与群众生活紧密相关的知识题库，向数十万名活动参与者宣导金融反诈知识。

聚焦教育内容。发展普惠金融既强调金融服务的可获得性、可负担性，又强调金融服务的可持续性，在数字化时代高度依赖金融科技的广泛应用，不仅产品交付与消费主要通过线上完成，相应的交易场所和交易方式也都是虚拟化的，由此产生了大量消费者个人的大数据信息。这些信息与消费者"衣食住行医"等日常生活息息相关，不仅拥有较小的数据粒度，而且涉及大量的个人隐私信息。由于网络上存储和流转环节多，个人信息容易泄露，给了犯罪分子可乘之机，导致电信网络诈骗案件频频发生。在此背景下，帮助金融消费者特别是老年群体防范金融诈骗，成为当前金融消费者教育的焦点内容。2022年收集的金融消费者保护典型案例中，重庆小雨点小额贷款有限公司、新疆石河子交银村镇银行股份有限公司和延边农村商业银行股份有限公司提交的案例都把普及金融反诈知识、守护老百姓的"钱袋子"、筑牢反诈"防火墙"作为金融消费者教育的核心内容。其中，新疆石河子交银村镇银行的做法尤为典型。他们积极通过"3·15消费者权益保护日""存款保险宣传月""金融知识普及月"等特殊节点，特别针对老年人进社区、进街道积极开展投资养老、保健品诈骗、投资返利、以房养老及养老银行等养老诈骗知识普及，集中宣传防范电信网络诈骗、倡导理性消费、合法使用账户、保护个人征信等金融知识，得到了广大群众的一致好评。

建立长效机制。金融市场成熟与否很大程度上取决于金融消费者的成熟程度，金融消费者成熟程度直接影响金融市场能否稳定运行。持续做好金融消费者教育工作，维护好金融消费者的合法权益，是金融市场长远发展的基石。国务院办公厅《关于加强金融消费者权益保护工作的指导意见》明确提出，金融机构应当进一步强化金融消费者教育，积极组织或参与金融知识普及活动，开展广泛、持续的日常性金融消费者教育，要建立金融知识普及长效机制。在这方面，海口农村商业银行股份有限公司做出了表率。海口农商银行于2019年3月14日在海口市挂牌成立了海南省首家人民银行与金融机构共建的“金融教育示范基地”，主要承担开展金融知识普及、提升金融消费者素养、增强金融消费者责任意识和风险防范能力等功能，真正实现集公益、服务、教育于一体。2021年，基地积极开展“小小银行家，成就大梦想”“党建共建+金融宣教”“存款保险条例施行”“打击和防范经济犯罪”“诚信兴商合规用汇”“云游金教基地+金融讲座”等系列线上线下教育活动，现场受众人数达2.5万人，平均月接待人数1 200人，建立了与金融消费者互动沟通的良性循环。

尽管2022年收集的金融消费者保护典型案例数量较少，但总的来看还是具有较强的代表性，在金融消费者教育各方面都有着卓有成效的探索，可为其他金融机构开展消费者教育提供有益的参考与借鉴。美中不足的是，本次案例征集缺乏金融消费者信息保护方面的案例。在数字时代，消费者信息保护是金融消费者保护另一项重要的基础性工作。做好消费者信息保护工作不仅是打击金融诈骗犯罪的需要，也是保护消费者隐私的需要，同时还是确保金融消费公平的需要。今后，金融机构在继续做好金融消费者教育工作的同时，也应切实重视金融消费者信息保护工作。

后　记

党的二十大报告中明确指出，高质量发展是全面建设社会主义现代化国家的首要任务。高质量发展需要高质量金融提供支持保障，而普惠性是高质量金融的重要特征和要素。近年来，我国普惠金融事业快速发展，普惠金融发展理念不断深入人心，普惠金融的理论与实践日益丰富和完善，普惠金融在服务实体经济、助力打赢脱贫攻坚战和全面推进乡村振兴等方面均发挥了积极作用。“十四五”规划提出“健全具有高度适应性、竞争力、普惠性的现代金融体系”，增强金融的普惠性依然是我国金融业发展的主要方向之一。

为了全面、及时地反映当前我国普惠金融的实践、探索和创新，挖掘最具代表性、可供行业参考和借鉴的普惠金融案例，促进行业内部经验交流和学习，2022年5月起，南方财经全媒体集团旗下《21世纪经济报道》的21世纪金融研究院继续联合中国银行业协会、中国融资担保业协会、中国小额贷款公司协会和中国财务公司协会举办“中国普惠金融典型案例征集”系列活动，上海金融与发展实验室提供学术支持。

2022年11月17日，“融普惠　新金融　中国普惠金融创新发展峰会”顺利在线上召开，中国普惠金融典型案例（2022）名单正式向社会公布，标志着活动主体流程圆满收官，本集锦收录名单中所有案例。

一、关于本书内容

本集锦的编写，力图通过监管机构和协会、一线实践单位和研究观察者三个维度构建当前我国普惠金融发展的全貌。

集锦主要由开篇和案例篇两部分构成。

开篇部分是人民银行消保局、银保监会普惠部和四家协会领导站在监管和行业的高度为本书所作的署名文章，梳理总结了我国普惠金融的发展脉络，分析和展现了普惠金融在新时代的发展现状，也概括了银行业、融资担保业、小贷行业、财务公司等金融行业在监管引领下落实党和国家对普惠金融各项要求所做的努力和业务发展趋势，对各类金融机构规划和开展普惠金融业务具有重要的指导意义。

需要说明的一点是，今年征集的案例共设置四大类，分别是普惠金融助力乡村振兴、普惠金融服务新市民、普惠金融产品与服务创新和金融消费权益保护。其中，普惠金融服务新市民案例为2022年特别增设，聚焦如何满足新市民群体在创业、就业、住房、教育、医疗、养老等领域的金融需求优化，提升此类人群的征信体系，不断提升新市民金融服务水平。

在各类典型案例篇中，“概述”是各类案例与普惠金融的逻辑关系阐释，随后是该类别的典型案例，案例按报送单位所属的单位性质排序，即按政府部门、银行、融资担保、小贷、财务公司和其他类的先后顺序排列。每类案例后面设置一篇专家点评文章，点评文章从研究者和观察者的角度对此类典型案例进行了具体的分析和点评。

二、关于征集与入围名单的出炉

2022年，活动组委会对案例的征集方式做了升级，对评审流程进行了优化。活动得到社会各方的广泛关注、参与和支持，案例质量和数量较上年均有明显提升。

在组织形式上，21世纪金融研究院联合中国银行业协会、中国融资担保业协会、中国小额贷款公司协会和中国财务公司协会，邀请到上海金融与发展实验室作为学术支持单位，并由15位专家组成顾问团队，形成了专业、权威的评选组织形式。

在案例征集环节，40天时间内，系统后台收到来自各地政府部门与事业单位、银行、融资担保公司、小额贷款公司、企业集团财务公司、保险公司、金融租赁公司、汽车金融公司、消费金融公司、信托公司、金融科技公司等共计834家单位提交的1 206份案例，从类别分布上看，普惠金融产品和服务创新案例679个，普惠金融服务乡村振兴案例350个，普惠金融服务新市民案例78个，普惠金融消费权益保护案例99个，这些案例来自全国30个省、自治区、直辖市。

经过组委会的初审，剔除了未达到评审原则要求的2家单位的4个案例，832家单位的1 202个案例正式进入网络投票环节。网络投票开放的10天内，21世纪金融研究院的后台收到高达347万多的总票数，平均每天316 208人次投票。

案例评审环节的工作是活动的核心和关键。各协会以监管评价要求为依据，认真研读行业每一份案例资料，参考了网络投票数据，分别圈定各自行业的入围案例名单；对于没有对应协会的54个案例，由21世纪金融研究院和上海金融与发展实验室联合推荐，经其他专家顾问审定了7个案例入围。

最终，入围2022年“中国普惠金融典型案例名单”的有141个案例，其中银行业典型案例100个，融资担保业典型案例18个，小额贷款公司行业和企业集团财务公司行业典型案例各8个，其他类典型案例7个。典型案例覆盖全国30个省、自治区、直辖市。从类别上看，141个典型案例包括普惠金融助力乡村振兴典型案例42个，普惠金融服务新市民典型案例17个，普惠金融产品和服务创新典型案例75个，金融消费权益保护典型案例7个。

三、致敬

141个案例脱颖而出，是每家单位的久久为功，是1 206个参评案例的托举，更是整个普惠金融从业群体的用心和努力。本书的出版，即是对你们的致敬！

典型案例名单的出炉和本集锦的出版不是普惠金融系列活动的结束，接下来，《21世纪经济报道》21世纪金融研究院会继续发挥媒体优势，持续、深入、多形式地对典型案例进行宣传推广。一是利用《21世纪经济报道》各传播终端对典型案例进行全媒体宣传报道；二是组织专家、记者进行实地调研采访，编写调研报告；三是继续编写并发布普惠金融与养老金融方面的系列轻报告。

秉持初心，普惠金融系列活动持续举办5年，又站到新起点。中国人民银行2022年9月发布的《中国普惠金融指标分析报告（2021）》认为，目前我国普惠金融发展已由过去关注“有没有”上升到当前的“好不好”直至未来的“强不强”阶段。随着普惠金融发展的不断深化，一定会涌现出越来越多的普惠金融经验和创新模式，让我们为推动普惠金融实现更高质量发展踔厉奋发，为构建现代金融体系添砖加瓦！

贺 霞

2022年11月28日

21世纪金融研究院

21世纪金融研究院是《21世纪经济报道》积极推进智库矩阵建设过程中建立的以普惠金融、养老金融为主要研究方向的平台型研究部门。21世纪金融研究院联合相关部门和研究单位开展普惠金融主题系列研究活动，每年征集和发布“中国普惠金融典型案例”、出版系列研究报告、举办主题研究和调研活动，并发挥专业媒体优势，联合各方力量，推进中国普惠金融事业和养老金融发展进步。

21 世纪金融研究院 2022 年作品	

《银行服务乡村振兴主要模式——基于多家大型银行、地方银行调研》轻报告	《〈国务院办公厅关于推动个人养老金发展的意见〉解读报告》

广东二十一世纪环球经济报社成立于2003年7月6日，《21世纪经济报道》是报社旗下的核心媒体。《21世纪经济报道》已经从一张报纸成长为覆盖上亿人群的融媒体矩阵，目前，“21财经App”下载量已超过9 000万次，彰显了《21世纪经济报道》在财经新闻报道领域的传播力、公信力以及影响力。

中国银行业协会

中国银行业协会(China Banking Association，CBA）成立于2000年5月。是经中国人民银行和民政部批准成立，并在民政部登记注册的全国性非营利性社会团体，是中国银行业自律组织。中国银行业协会主管单位为中国银行保险监督管理委员会。截至2022年10月，中国银行业协会共有764家会员单位，32个专业（工作）委员会，1个代表机构，会员单位包括开发性金融机构、政策性银行、国有大型商业银行、股份制商业银行、金融资产管理公司、城市商业银行、民营银行、农村商业银行、农村信用社、外资银行、台资银行、地方银行业协会（公会）、金融租赁公司、汽车金融公司、消费金融公司、货币经纪公司、理财公司及其他类会员等。

2021年，连续第三次被民政部授予“全国先进社会组织”的荣誉称号；2021年，连续第三次在民政部组织的全国性行业协会商会等级评估活动中获评5A最高等级；2021年荣获中国人民银行授予的金融单位定点扶贫先进集体荣誉称号；2020年，荣获中央精神文明建设指导委员会授予的“全国文明单位”称号；2014年，荣获国务院残疾人工作委员会“全国助残先进集体”称号，成为唯一获此荣誉的全国性行业协会。

中国银行业协会以促进会员单位实现共同利益为宗旨，履行自律、维权、协调、服务职能，维护银行业合法权益，维护银行业市场秩序，提高银行业从业人员素质，提高服务会员的水平，促进银行业的健康发展。

中国财务公司协会

中国财务公司协会（China National Association of Finance Companies，CNAFC）于1994年经中国人民银行批准成立，其前身是1988年成立的"全国财务公司联合会"，是企业集团财务公司的行业自律性组织，全国性、非营利性的社会团体法人。在中国境内批准设立的企业集团财务公司均可自愿申请成为中国财务公司协会会员。中国财务公司协会的业务主管机关是中国银行保险监督管理委员会，社团登记机关是中华人民共和国民政部。

截至2021年末，中国财务公司协会共有会员单位253家，分布在能源电力、机械制造、民生消费、农林牧渔等关系国计民生的17个重要行业。财务公司行业始终以"立足集团、服务实体"为原则，充分发挥"资金归集平台、资金结算平台、资金监控平台、金融服务平台"功能，在帮助企业集团降低财务成本、优化配置金融资源、提高资金效率、调整产业结构和增强竞争力等方面作出了卓越贡献，在支持实体经济发展方面发挥了重要作用，已成为我国金融体系的重要组成部分。

中国财务公司协会成立34年来，以维护公平市场秩序，营造良好发展环境，引领行业发展方向，立足企业集团金融需求，提升行业服务实体经济质效为使命，认真履行"自律、维权、协调、服务"职责，在推动行业规范发展、协调行业监管政策、研究行业发展问题、提升行业社会影响力等方面做了大量卓有成效的工作。促进了会员单位实现共同利益，推动财务公司行业规范、稳健发展。

中国融资担保业协会

中国融资担保业协会经原中国银行业监督管理委员会和中华人民共和国民政部批准，于2013年1月18日正式成立，是由融资担保机构、地方融资担保行业自律组织和担保领域具有一定影响的个人自愿组成的全国性融资担保行业自律组织，是非营利性社会团体法人。中担协接受业务主管单位中国银行保险监督管理委员会和社团登记管理机关中华人民共和国民政部的业务指导和监督管理。

《国务院关于促进融资担保行业加快发展的意见》明确指出："中国融资担保业协会要加强行业自律建设，积极承担部分行业管理职能，在行业统计、机构信用记录管理、行业人才培养和文化建设等方面发挥重要作用，为行业监管提供有效补充；制订科学合理的人才培养、储备和使用的战略规划，研究制定从业人员管理制度，提高人员素质，推进队伍建设。"

融资担保业协会始终坚持自律、维权、协调、服务宗旨，积极发挥行业机构与主管部门间的桥梁和纽带作用。面对会员需求，服务为先，快速响应；面对相关主管部门，积极沟通，建言献策；大力开展各类培训活动，积极开展对外宣传，切实提升行业影响力，助力行业发展。

中国小额贷款公司协会简介

中国小额贷款公司协会（China Micro-credit Companies Association，CMCA）成立于2015年4月，是经原中国银监会批准成立，并在民政部登记注册的全国性、行业性、非营利性社会团体。中国小额贷款公司协会的业务主管部门是中国银保监会，同时接受中国人民银行和民政部的工作指导与监督管理。依法设立的小额贷款公司、小额贷款公司母公司，地方小额贷款公司自律组织以及为小额贷款公司提供服务的机构均可申请加入中国小额贷款公司协会成为会员。

中国小额贷款公司协会的宗旨：遵守国家宪法、法律、法规和经济金融方针政策，依法履行行业自律、维权、服务、协调职能；搭建沟通桥梁，为政府和会员服务；维护小额贷款公司合法权益，维护市场公平竞争；面向小额贷款公司，提供专业服务；参与法规建设，促进全国小额贷款公司健康发展。

截至2022年9月30日，协会会员单位共计320家。从区域分布来看，东部地区172家（占比54%），中部地区75家（占比23%），西部地区73家（占比23%）；从会员性质来看，地方协会46家（占比15%）、小额贷款公司及母公司260家（占比81%）、第三方服务机构14家（占比4%）。

上海金融与发展实验室

上海金融与发展实验室是上海市人民政府批准设立的学术性、非营利性高端金融智库，业务主管部门为上海市地方金融监督管理局，是上海市首批重点培育智库之一。

实验室拥有一支由国内顶尖学者和行业专家领衔的研究团队，统筹国内外研究资源，秉承科学性、建设性、独立性和开放性原则，紧紧围绕上海国际金融中心建设、长三角一体化等国家战略，聚焦“产融研”结合，开展课题研究、学术交流、决策咨询、培训服务、出版传播和国际合作等工作，推动政府、研究机构、金融机构与产业之间的融合与创新。

实验室下设中国资产管理人论坛、宏观金融中心、财富管理研究中心、产业数字金融研究中心、金融科技研究中心、全球化研究中心、自贸区金融中心、长三角乡村振兴研究院、园区金融研究中心等若干研究机构。

实验室充分发挥智库功能，积极搭建“产融研”沟通与交流的平台。例如，中国资产管理人论坛面向国内主流资产管理机构和有影响力的资产管理人，为成员提供多方面的行业资讯和业务指导，共享研究成果。安徽东至长三角乡村振兴实验基地旨在推动乡村振兴战略与长三角一体化发展战略相互融合，发挥课题研究、场景模拟、成果示范、经验推广、引资引智等功能。

在研究与咨询服务方面，一是开展专业研究，提交研究专报，包括金融与发展评论、金融业舆情与声誉风险月度分析报告等；二是提供决策咨询，为政府及相关部门咨政建言，如开展“十四五”规划研究、金融功能集聚区建设研究等；三是提供服务咨询，主要为金融机构提供战略和业务发展建议，包括开展战略规划研究、业务策略与路径研究等；四是开展行业研究，发布相关年度报告，如《中国特殊资产年度报告》《长三角中小银行数字化转型白皮书》《自由贸易区金融创新白皮书》等。

实验室定期举办多种形式的学术活动，包括大型品牌论坛、外滩沙龙、课题研讨会、资管人沙龙、金融科技沙龙等。